高等职业院校城市轨道交通“十三五”规划教材

城市轨道交通
列车自动控制系统维护

李俊娥　刘湘国　主　编

柯　倩　副主编

電子工業出版社
Publishing House of Electronics Industry
北京 · BEIJING

内容简介

本书密切结合现场实际，系统阐述列车自动控制技术的基本概念、基本原理、基本知识和基本技能，并结合城市轨道交通信号系统的建设实际，介绍先进的 CBTC 系统案例。本书主要介绍了列车自动控制的基础认知、ATC 系统的基本工作原理认知、SelTrac S40 CBTC 系统维护、Urbalis 888 CBTC 系统维护、CITYFLO 650 CBTC 系统认知、其他各类 ACT 系统认知等。

本书适合作为职业院校铁道信号等专业的教材，也可作为成人教育、现场工程技术人员和信号维修人员的培训教材或参考资料。

图书在版编目（CIP）数据

城市轨道交通列车自动控制系统维护 / 李俊娥，刘湘国主编. —北京：电子工业出版社，2018.6

ISBN 978-7-121-34819-8

Ⅰ. ①城… Ⅱ. ①李… ②刘… Ⅲ. ①城市铁路—自动控制系统—高等学校—教材 Ⅳ. ①U239.5

中国版本图书馆 CIP 数据核字（2018）第 174276 号

策划编辑：程超群
责任编辑：裴　杰
印　　刷：北京盛通商印快线网络科技有限公司
装　　订：北京盛通商印快线网络科技有限公司
出版发行：电子工业出版社
　　　　　北京市海淀区万寿路 173 信箱　邮编　100036
开　　本：787×1 092　1/16　印张：12.75　字数：326.4 千字
版　　次：2018 年 6 月第 1 版
印　　次：2021 年 7 月第 3 次印刷
定　　价：35.00 元

凡所购买电子工业出版社图书有缺损问题，请向购买书店调换。若书店售缺，请与本社发行部联系，联系及邮购电话：（010）88254888，88258888。

质量投诉请发邮件至 zlts@phei.com.cn，盗版侵权举报请发邮件至 dbqq@phei.com.cn。

本书咨询联系方式：（010）88254577，ccq@phei.com.cn。

前　言

城市轨道交通具有运量大、速度快、安全、准点、保护环境、节约能源和用地少等特点，因而近年来发展迅速。我国部分城市已进入城市轨道交通网络化运营阶段，通车里程接近发达国家城市水平。城市轨道交通信号系统是城市轨道交通机电设备的重要组成部分，是保证列车安全、高密度运行和行车的重要基础设备。信号系统的制式、技术标准、技术水平直接影响城市轨道交通的发展规模和速度。作为信号系统的核心，列车自动控制系统是指用于控制、监督、执行和保障轨道交通列车运行安全，以轨道交通信号控制技术和通信技术为基础发展起来的，融列车运行控制、行车指挥、设备监测和信息管理为一体的综合控制系统，不仅可以保证行车安全、提高运行效率、缩短行车间隔，还能起到促进管理现代化、提高综合运力和服务质量的作用。

为满足轨道交通建设、发展和运营对高层次、高技能、专业化技术人才培养的需求，推广、传播轨道交通专业技术知识，特编写本书。

本书从信号及控制角度出发，注重城市轨道列车自动控制相关基础知识及关键技术的介绍，详尽阐述了系统的基本工作原理。为保证教材的适用性，对实际运用的列车自动控制系统尽可能地有所涉猎。

本书由李俊娥（武汉铁路职业技术学院）和刘湘国（湖南高速铁路职业技术学院）担任主编，由柯倩（武汉铁路职业技术学院）担任副主编，参加编写的人员还有王若昆（南京铁道职业技术学院）、才让草（湖南高速铁路职业技术学院）。其中，项目 1 由李俊娥执笔，项目 2 由刘湘国执笔，项目 3 由王若昆执笔，项目 4 由才让草执笔，项目 5 及项目 6 由柯倩执笔，全书由李俊娥负责统稿及审核。

编者在编写本书的过程中参考和借鉴了相关教材、文献资料及案例，在此对这些资料的原作者深表感谢！

由于编者水平有限，资料收集不全，且编写时间仓促，书中难免存在疏漏和不足之处，恳请各院校师生及广大读者批评指正。

编者联系方式：54802175@qq.com。

编　者

目　　录

项目1　列车自动控制的基础认知

项目引导

城市轨道交通列车自动控制是城市轨道交通信号系统的核心技术环节，担负着保证列车运行安全、提高运营效率、服务城市轨道交通运营要求的任务，从其诞生开始就随着城市轨道交通发展及相关技术的进步不断升级换代。

1.1　城市轨道交通信号系统认知

1.1.1　工作任务

认知城市轨道交通信号系统并理解它和列车自动控制系统的关系。

1.1.2　知识链接

信号系统是城市轨道交通机电自动化系统中最关键的部分，它好比人体的中枢神经，利用它可以把城市轨道交通中配备的机电自动化系统有机地联系起来，实现各系统之间的相互联动功能。它是保证列车运行和乘客安全，提高运行效率，保证行车间隔，实现列车运行高效、指挥管理有序的自动控制系统。

1．城市轨道交通对信号系统的要求

城市轨道交通系统简称城轨系统，泛指城市中在不同形式轨道上运行的大、中运量城市公共交通工具，是地铁、轻轨、单轨铁路、自动导向系统、短途磁悬浮等轨道交通的总称。在列车运行过程中，轨道起着承载和导向的功能，为保证不追尾和正面相撞，其对信号系统的要求如下。

（1）具有完善的列车安全间隔监控功能，对安全性要求高。

城市轨道交通所承担的客运量巨大，对行车间隔的要求远高于铁路，最小行车间隔达到 90s 甚至更小，因此对列车运行速度监控的安全性要求极高。

（2）数据传输网络独立建设。

随着城市轨道交通信号技术从固定闭塞发展到基于通信的移动闭塞，高密度的列车间隔对信息的需求越来越多，信号系统也逐步采用速率较高且独立的数据传输系统以保证行车的可靠性。

（3）联锁关系较简单但技术要求高，车辆段独立采用联锁设备。

城市轨道交通的大多数车站没有配线，不设道岔，甚至也不设地面信号机（折返站除外），仅在少数有岔联锁站及车辆段才设置道岔和地面信号机，联锁关系远没有铁路复杂。往往正线上一个联锁车站可以兼顾好几个非联锁站的联锁。车辆段类似于铁路的区段站，信号设备相对集中，完成列车编解、接发列车和频繁的调车作业，设有自己独立的联锁系统。城市轨道交通信号自动控制最大的特点是把联锁关系和 ATP 编/发码功能结合在一起，且包含一些特殊的功能，如自动折返、自动进路、紧急关闭、扣车等，增加了技术难度。

（4）自动化水平要求高。

由于城市轨道交通的线路长度短，站间距离短，列车种类较少，行车规律性很强，因此，它的信号系统通常具有自动排列进路和运行自动调整的功能，自动化强度高，人工介入极少。

（5）抗干扰能力要求高。

城市轨道交通均为直流电力牵引，要求信号设备对其有较强的抗电气化干扰能力。

（6）限界条件苛刻。

城市轨道交通的室外设备及车载设备，受土建限界的制约，要求设备体积小，同时必须兼顾施工和维护作业空间。

2．城市轨道交通信号系统的构成

城市轨道交通信号系统是应用于城市轨道交通系统中，人工或自动实现行车指挥和列车运行控制、安全间隔控制技术的总称，简称城轨信号系统。

城市轨道交通信号系统由正线列车自动控制（Automatic Train Control，ATC）系统和车辆段信号控制系统两大部分组成，用于列车运行控制、行车调度指挥、信息管理、设备工况检测及维护管理等，是一个高效的综合自动化系统，如图 1-1 所示。

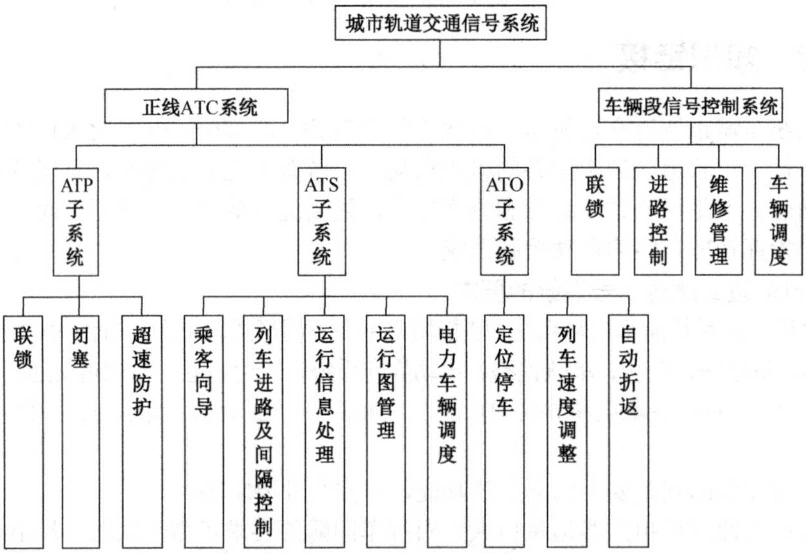

图 1-1　城市轨道交通信号系统的构成

正线 ATC 系统可根据与先行列车之间的距离和进路条件，在车内连续地显示出容许的速度信息，或给出按设定的运行条件达到该容许速度的距离信息，以达到自动调整行车间隔的目的，并实现列车在车站精确的定位停车，以及对运行列车的实时监督和运行信息的管理。

因此，在城市轨道交通信号系统中可以不设置地面信号机，车载设备可根据距离及速度要求，自动控制列车运行。在线路上设置地面信号机，只是对非“车载信号”控制的列车或自动控制列车系统失效时，才作为列车的运行指挥系统。

城市轨道交通车辆段单独设置一套联锁设备，用以实现车辆段内的进路控制，完成车辆运用、停放检修及进行列车技术检查、车辆维护作业。车辆段信号设备包括 ATS 分机、车辆段终端、联锁设备、维修终端、信号机、转辙机、轨道电路、电源设备等。

3．城市轨道交通正线 ATC（信号）系统

ATC 系统与车站计算机联锁系统（Computer Block Interlocking，CBI）一起构成正线列车自动控制系统，如图 1-2 所示。

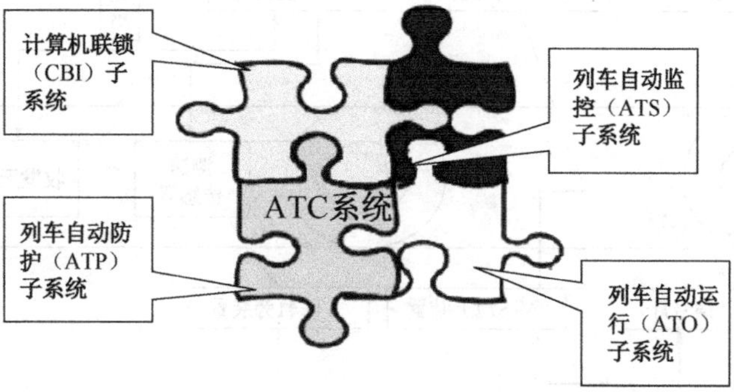

图 1-2　城市轨道交通正线 ATC（信号）系统

ATC 系统简称列控系统，它由列车自动防护（Automatic Train Protection，ATP）、列车自动运行（Automatic Train Operation，ATO）及列车自动监控（Automatic Train Supervision，ATS）子系统构成，又称 3A 系统。

ATC 系统是信号系统自动实现列车监控、安全防护和运行控制技术的总称。ATC 系统完成在自动区域内线路上运行列车的监督和控制调整，自动区域定义为允许列车以自动模式运行的所有区域，它包括除车辆段范围和非营业联络线之外所有的城市轨道交通线路。

其中，ATP 子系统与联锁系统属于“安全相关”类功能，ATO 子系统与 ATS 子系统属于“非安全相关”类功能。以上 4 个子系统之间有高速的数据通道进行数据交换，使得整个系统的运行高效、有条不紊。各子系统之间相互渗透，通过信息交换网络构成闭环系统，实现地面控制与车上控制相结合、现地控制与中央控制相结合，构成一个以安全设备为基础，融行车指挥、运行调整及列车驾驶自动化等功能为一体的自动控制系统。

ATP 是自动实现列车安全间隔、超速防护、进路安全和车门等监控技术的总称，它是 ATC 系统的安全核心，包括正线联锁、车载和地面设备等。

ATO 是自动实行列车加速、调速、停车和车门开闭、提示等监控技术的总称。它在 ATP 子系统的安全防护条件下使用，负责列车车速的调整和控制列车的运行，完成牵引、惰行和制动操作，实现列车的站间运行、车站的定点停车、折返控制等。它有利于行车效率的控制、列车节能、提高旅客乘坐的舒适度和减轻司机的劳动强度。

ATS 是根据列车时刻表，为列车运行自动设定进路，指挥行车，实施列车运行管理技术的总称，为 ATC 系统的上层环节，重点管理监督、控制、协调列车运行，根据客流与实际运行情况，选定并管理执行运行图。信号系统与其他系统的接口通常通过 ATS 子系统来实现。ATS 子系统主要由中央计算机及相关显示、控制列车记录设备和车站 ATS 设备构成。

联锁是指车站范围内进路、信号、道岔之间互相制约的关系，为保证行车安全，联锁关系必须十分严密。正线上的集中控制站（包括本站及其所控制的非集中站的道岔和信号机）由设于该站的联锁设备控制。该设备除了实现联锁关系外，还将联锁的有关信息传送至 ATP/ATO 系统，并接收 ATS 系统的命令。

按设备所处位置的不同，城市轨道交通正线 ATC 系统由现场轨旁设备、车载信号设备、控制中心和车站信号设备组成，如图 1-3 所示。

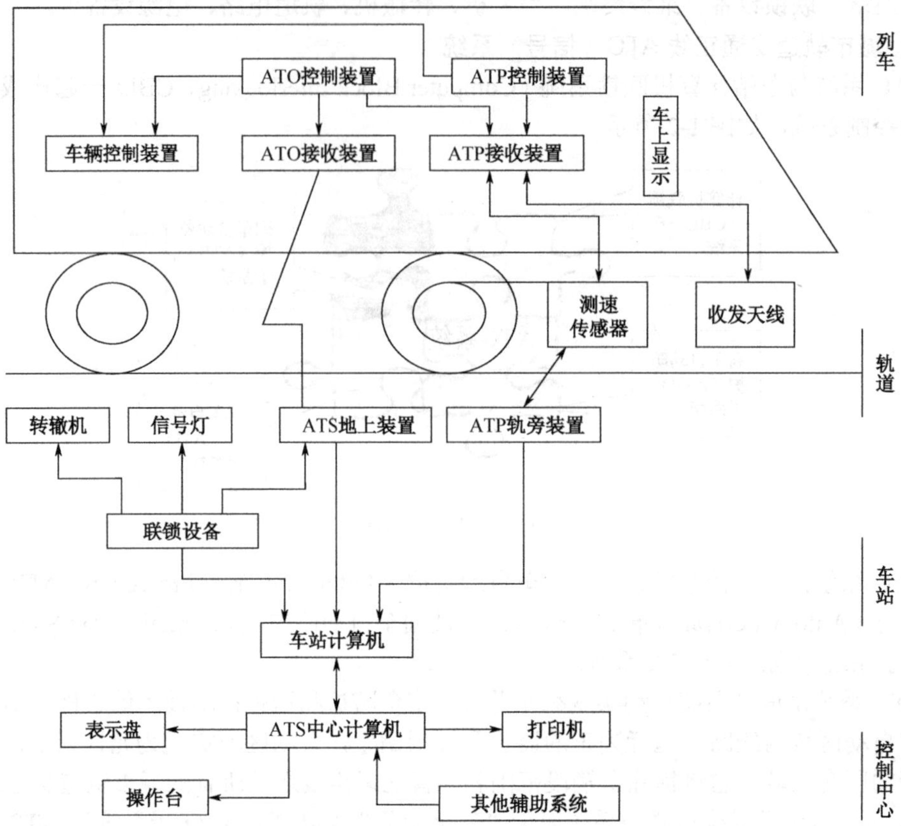

图 1-3　正线 ATC 系统的结构

（1）控制中心设备属于 ATS 子系统，是 ATC 的核心。控制中心设备主要包括中心计算机系统、综合显示屏、调度员及调度长工作站、运行图工作站、培训/模拟工作站、绘图仪和打印机、维修工作站、UPS 及蓄电池等。

（2）车载设备包括车载信号和自动停车或 ATP、ATO 及列车识别（PTI 车载设备）等，用来接收轨旁设备传送的 ATP/ATO 信息，计算列车运行控制曲线，测量列车运行速度和走行距离，实现列车运行超速自动防护及列车自动驾驶，保证行车安全并为列车提供最佳运行方式。

（3）车站分为集中联锁站和非集中联锁站。集中联锁站一般为有道岔车站，但也可能是无道岔站。非集中联锁站一般为无道岔站，但有道岔站根据需要也可以由临近车站控制而成为非集中联锁站。

集中联锁车站设有车站 ATS 分机、车站联锁设备、ATP 和 ATO 系统地面设备、电源设备、维修终端、乘客向导显示牌、紧急关闭按钮、信号机及发车表示器、转辙机。

非集中联锁车站只有乘客向导显示牌、紧急关闭按钮、发车表示器。无道岔非集中联锁站轨旁仅有轨道电路的耦合单元。有道岔非集中联锁站轨旁除了有轨道电路的耦合单元外，还有防护信号机和转辙机。

4．城市轨道交通信号系统的分类及功能

（1）城市轨道交通信号系统的分类。

① 按闭塞方式分类，分为固定闭塞制式、准移动闭塞制式和移动闭塞制式等系统。

② 按地面设备向车载设备传递信息的连续性分类，分为在固定地点传递信息的点式、沿线路连续传递信息的连续式等。

③ 按系统产生的控制模式曲线方式分类，分为分段式和连续的一段式速度-距离制动模式曲线等。

（2）城市轨道交通信号系统的功能。

城市轨道交通信号系统的功能框图如图1-4所示。

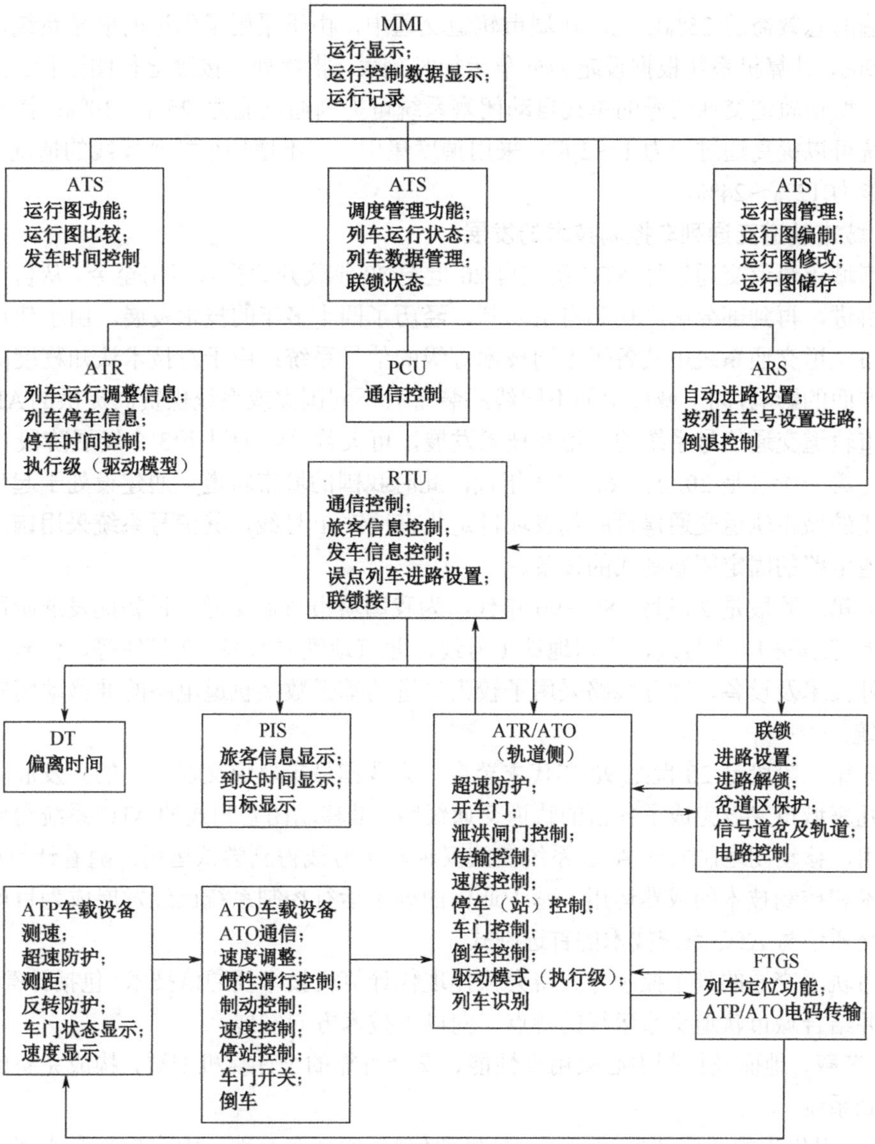

MMI—人机界面；ATR—列车自动调整；ARS—列车进路设置；PCU—电源控制单元；RTU—车站远程终端单元；DT—VCC数据传输；PIS—乘客信息显示、乘客向导系统、乘客向导显示牌；FTGS—电气绝缘节轨道电路

图1-4　城市轨道交通信号系统的功能框图

5．城市轨道交通信号系统的作用

城市轨道交通线路、车辆、供电、通信、信号、环控、售检票等系统，在运营管理人员的协调下，共同完成旅客输送任务。信号系统承担着保证行车安全、提高运输效率的重要任务。

（1）确保列车运行的安全。

只有列车运行前方的轨道区段没有列车占用（列车进路空闲）、道岔位置正确、敌对或相抵触的进路没有建立等条件满足，才能向列车发出运行前行的信号。

（2）提高轨道交通的运用效率。

在城市轨道交通建设中，用于通信、信号的投资约占总投资的5%，而效益占城市轨道交通运输的总效益的25%以上。在城市轨道交通中，由于采用了先进的信号系统，列车间隔可达90s，计算机系统根据设定的列车运行时刻表，指挥列车按照运行图运行。据有关资料统计，城市轨道交通信号的单线自动闭塞系统可提高通过能力25%～30%；而双线自动闭塞系统可以提高通过能力1～2倍；采用调度集中，在不增加车站到发线的情况下，可提高通过能力12%～24%。

6．城市轨道交通列车控制技术的发展

我国城市轨道交通信号ATC系统自20世纪70年代开始投入运用至今，从自主研制到全系统引进，再到部分国产化和自主研制，经历了四十多年的技术发展。由于建设时期不同，城市轨道交通系统中装备了不同技术等级的信号系统；由于对技术认知程度的差异及政策等方面的影响，同一城市中的不同线路装备有不同国家或系统供货商提供的ATC系统。我国城市轨道交通信号系统的应用及技术发展，可大致总结为以下3个发展阶段。

（1）第一阶段是20世纪60～70年代，此时我国的城市轨道交通建设处于起步阶段。这个阶段的城市轨道交通建设的代表项目是北京地铁1号线，其信号系统采用国产的基于模拟轨道电路的固定闭塞制式的设备。

（2）第二阶段是20世纪80～90年代，为我国城市轨道交通建设初期发展阶段。代表项目有上海地铁1、2号线，广州地铁1号线，北京地铁复八线、2号线等，信号系统开始引进国外技术及设备，部分线路采用了较为先进的基于数字轨道电路的准移动闭塞制式的ATC系统。

（3）第三阶段是20世纪90年代末至今，为我国城市轨道交通建设的大发展阶段。先后有十几座城市建设完成了各自的轨道交通线路，准移动闭塞制式的ATC系统得到更为广泛的应用，移动闭塞制式的ATC系统在武汉轻轨1号线得到尝试运用。随着计算机技术、通信技术和控制技术的成熟运用，基于通信的列车运行控制系统已经发展成为目前国内城市轨道交通信号ATC系统技术的首选制式。

城市轨道交通的列车控制方式将会依托现代计算机技术及通信技术（包括计算机通信）发展，并结合城市轨道交通运行的特点，向以下技术方向发展：

① 车载、地面及控制中心采用高性能、安全可靠的全计算机配置，构成完整的计算机列车控制系统。

② 采用先进的通信技术（包括计算机通信），实现车—地—中央控制中心间实时、双向、高速、大容量数据通信，实现列车位置报告、列车运行控制数据、列车运行状态、设备状态等信息传送，达到有效、可靠、安全、自动控制列车运行的目的。

③ 采用计算机大容量数据存储技术，将列车控制所需的静态数据（如线路数据）存储在车载计算机内，通过查询，方便、可靠地提取，并直接从车上输入及存储列车数据（如制动减速率、列车长度等），不但减少了车地间信息传输的数据，而且使列车具有完整的智能功能，为各种性能不同的列车运行在不同线路上创造条件。

④ 车地间通信采用无线通信技术，设备简单，工作可靠，降低了投资及运营维修成本。

⑤ 逐步制定相关标准，尤其是车地间通信协议标准，为城市轨道交通列车达到互联互通（使用不同厂商生产的设备、不同性能的列车，可运营在城市轨道交通的不同线路上）奠定基础。

近年来，我国 CBTC（Communication Based Train Control，基于通信的列车控制）信号系统核心技术已经完成国产化和自主化。由中国交通运输协会城市轨道交通专业委员会牵头，相关单位共同参与制定并于 2013 年发布了《城市轨道交通 CBTC 信号系统行业技术规范——需求规范（暂行版）》。

1.1.3 相关规范、规程与标准

国家标准 GB 50157—2013《地铁设计规范》第 2 条“术语”相关条文。

1.2 列车检测及车地信息传输设备认知

1.2.1 工作任务

认知列车检测及车地信息传递设备，会分析相关设备的工作原理。

1.2.2 知识链接

1. 测速定位技术

速度和位置信息是保证列车控制系统正常工作、列车安全运行的重要参数。只有了解列车的位置、速度等信息，才能控制车辆的牵引、制动和惰行等，获得行车效率和保证行车安全。运行速度和走行距离这两个参数是密不可分的，在不考虑车辆转向架蛇行运动的前提下，其中一个参数可由另一个参数对时间微分或积分求得。

1）测速设备

（1）测速发电机。

测速发电机是一个脉冲转速传感器，通过测量车轮转速来测定列车运行速度和距离。每个测速发电机上均有两个通道，可以发出两组脉冲流，脉冲相位呈 90°。每套车载 ATC 系统设备均备有两个测速发电机，分别安装在单独的非动力车轴上。

测速发电机安装在车轮外侧，发电机所产生的交流电压的频率与列车速度（主轮的转速）成正比。经过频率—电压的变换，把列车实际运行的速度变换为电压。

测速发电机所产生的频率可按下式计算：

$$f = \frac{1}{3.6\pi} \times \frac{V \times Z}{D} \tag{1-1}$$

式中 f——测速发电机产生的频率，单位为Hz；

V——列车速度，单位为km/h；

Z——发电机的齿数；

D——车轮直径，单位为m。

为了确保发电机线圈断线的故障-安全，在频率变换电路中使机车速度为零时也产生一定的频率，这样就可以区分机车速度为零还是故障。当频率为零时（或某频率以下），设备就可以报警或自动停车。

频率—电压变换电路的原理如图 1-5 所示。在速度增大，即交流信号增大时，多谐振荡器为射极耦合触发器，其输出与测速发电机同步。当列车速度低于一定值（近似为零）时，电路由射极耦合触发器变为自激多谐振荡器。由式（1-1）可见，f与车轮的直径有关。在速度相同时直径大的车轮其输出的速度电压频率低，反之则频率高。因此，需设置一个车轮直径补偿电路，以消除不同直径的车轮所产生的差异。

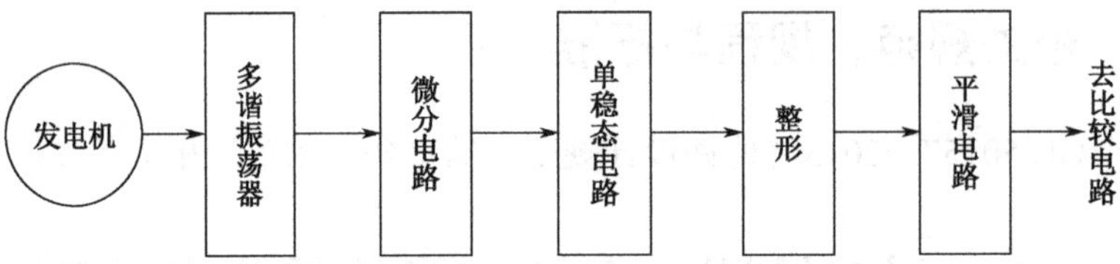

图 1-5 频率—电压变换电路的原理

（2）轮轴脉冲转速传感器。

转速传感器的种类很多，有磁电式、光电式、离心式、霍尔式等转速传感器。轮轴脉冲转速传感器测速的基本工作原理：利用车轮的周长作为“尺子”测量列车走行距离，根据所测距离测算列车运行速度，其基本公式为：

$$V=\pi Dn/3.6 \tag{1-2}$$

式中 π——取 3.14；

D——车轮直径；

n——车轮转速。

由式（1-2）可知，测量列车速度就是检测列车车轮转速和列车轮径。轮轴脉冲转速传感器安装在轮轴上，轮轴每转动一周，传感器输出一定数目的脉冲，使脉冲频率与轮轴转速成正比。输出的脉冲经隔离和整形后直接输入计算机 CPU 进行频率测量，再经换算从而得出车组速度和走行距离。其工作原理如图 1-6 所示。

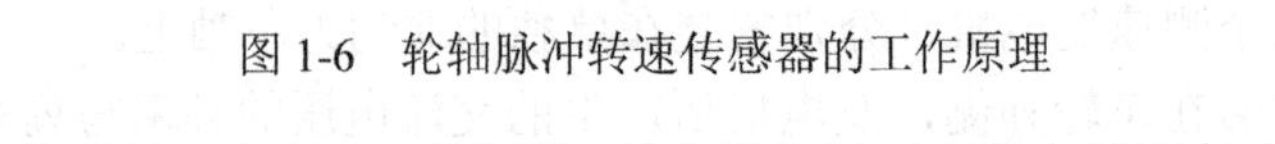

图 1-6 轮轴脉冲转速传感器的工作原理

轮轴脉冲转速传感器也存在一定的缺陷，即车轮空转或打滑会使列车速度的测量结果存在误差。为解决此类问题，在列车车轴上加装一个加速度传感器，配合脉冲转速传感器使用。

（3）惯性加速度传感器。

加速度传感器是一种能够测量加速力的电子设备。加速力是物体在加速过程中作用在物体上的力，可以是常量或变量。一般加速度传感器根据压电效应原理工作，加速度传感器利用其内部由于加速度造成的晶体变形产生电压，只要计算出产生的电压和所施加的加速度之间的关系，就可将加速度转化成电压输出。还有很多其他方法制作加速度传感器，如电容效应、热气泡效应、光效应，但其最基本的原理都是由于加速度使某种介质产生变形，通过测量其变形量并用相关电路转化成电压输出。加速度传感器的工作原理如图1-7所示。

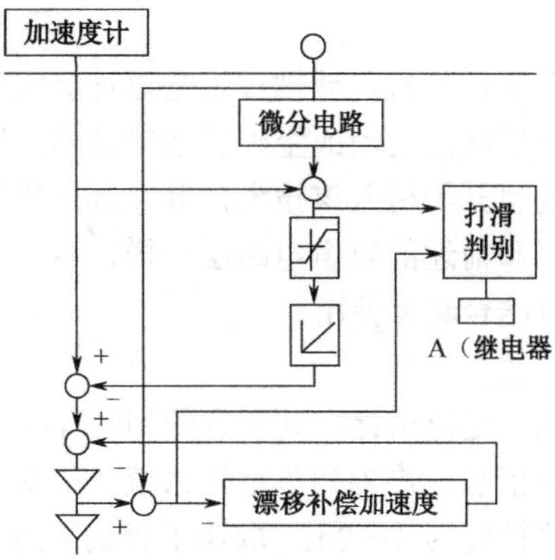

图1-7 加速度传感器的工作原理

在列车打滑期间，把机车的内加速度作为测速的信息源，该信息与车轮旋转的状态等信息不相关，而在其余工作时间仍用轮轴脉冲传感器测速。因此，该方式称为基于惯性加速度传感器的测速。在车轮打滑时，由加速度传感器测得加速度及车轮打滑前加速度的倾斜分量，进而计算出车轮打滑时的列车运行加速度，再将该值积分即得到车轮打滑时列车实时运行的速度。

（4）多普勒雷达测速。

该方法利用多普勒效应测量列车的运行速度。在车头位置安装多普勒雷达，雷达向地面发送一定频率的信号，并检测反射回来的信号。由于列车的运动会产生多普勒效应，所以检测的信号频率与发射的信号频率是不完全相同的。如果列车在前进状态，则反射的信号频率高于发射信号频率；反之，则低于发射信号频率。而且，列车的运行速度越快，两个信号之间的频率差越大。通过测量两个信号之间的频率差就可以获取列车的运行方向和即时运行速度。

雷达的测算结果完全不受列车空转和滑行的影响并可以实现连续测速。多普勒雷达输出的是一种脉冲流，其频率与被测量的列车速度成正比。多普勒雷达用于准确读取5km/h以上的速度。

2）列车定位设备

列车定位系统设备用来确定列车的位置，以及与列车行车安全相关的间隔及速度，为保证安全列车间隔提供依据。

（1）定位技术设备。

① 轨道电路定位。

轨道电路是最简单的列车定位设备，其优点是无须对既有系统进行大的改造即可实现列车定位功能，它的定位精度取决于轨道电路的长度。轨道电路定位示意图如图1-8所示。

轨道电路分为机械绝缘和电气绝缘两种类型，利用数字轨道电路对列车进行定位是目前城市轨道交通系统中应用最为普遍的技术手段。

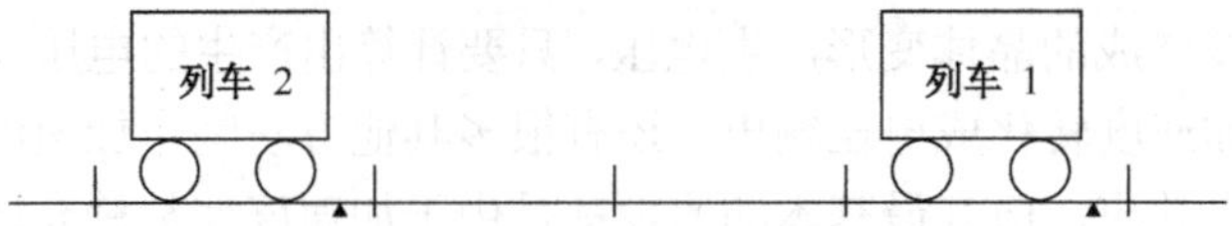

图 1-8　轨道电路定位示意图

② 计轴器定位。

计轴器是一种特殊的列车定位装置。计轴技术是以计算机为核心，辅以外部设备，利用统计车辆轴数来检测相应轨道区段占用或空闲状态的技术，适用于某些无法采用轨道电路的场合。我国城市轨道交通也开始引入该技术，并在部分线路上使用。计轴器定位继承了轨道电路定位的很多特点，和前述的轨道电路法一样，这种方法的定位安全性较高，精度较差，通常也需与测速装置结合起来使用。

③ 查询—应答器定位。

采用查询—应答器作为列车定位信标，其示意图如图 1-9 所示。它可以在设置查询—应答器的相应点给出列车定位信息。作为列车定位系统，查询—应答器具有很高的定位精度，它在应答器安装点的定位精度为 1～2m，取决于查询天线的作用范围。它同时还具有很高的可靠度，可以在任何气候、任何地点（包括 GPS 覆盖不到的地区）可靠地工作，并且具有维修简便、运行费用低等一系列优点。

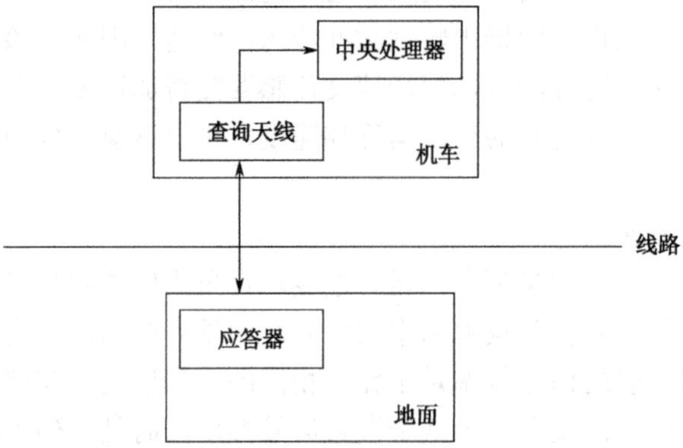

图 1-9　查询—应答器定位系统示意图

④ 测速定位。

测速定位就是通过不断测量列车的即时运行速度，对列车的即时速度进行积分（或求和）的方法得到列车的运行距离。由于测速定位获取列车位置的方法是对列车运行速度进行积分或求和，故其误差是累积的，而且测得的速度值误差对最终距离值的误差影响也是非常直接的。因此，利用该种定位方法的关键在于速度测量的准确性和求位移算法的合理性。另外，测速定位法总体来说属于相对定位，它无法获取列车的初始位置，要获得列车的绝对位置仅仅依靠这种方法本身几乎是不可能的。测速定位主要包括轮速（里程表）法和多普勒雷达法等测量方法。

⑤ 交叉感应环线定位。

感应环线电缆由扭绞铜制线芯和绝缘及防护外层组成。电缆敷设于轨道之间。一个环线区段的最小长度是 40m，最大长度是 350m，环线之间是相互分离的，仅在区域边界处相互邻接。为了解决与钢轨及相邻环线的退耦，电缆每隔 25～100m 进行交叉，车载设备在经过每个交叉时检测到信号相位的变化，以此进行列车的定位计算。

列车定位是从感应环、感应环交叉和测速发电机来获得的，它们之间的相互关系如图1-10所示。

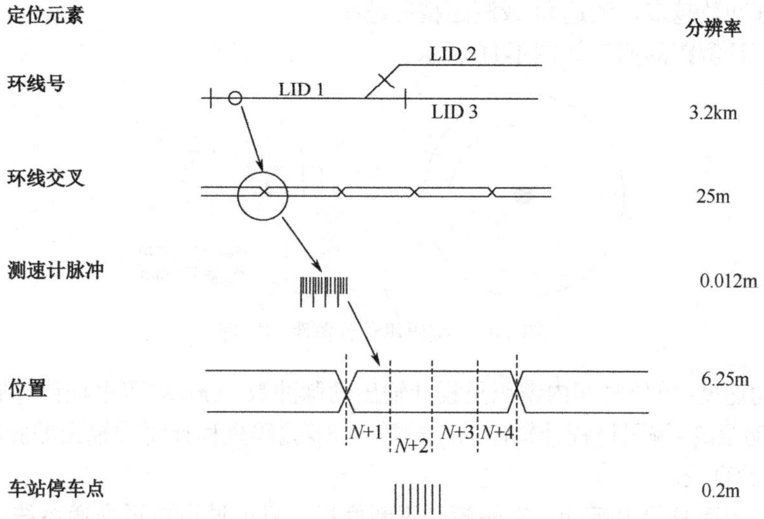

图1-10　交叉环线定位原理

⑥ GPS定位技术。

GPS系统由导航卫星、地面检测站和用户接收机组成。只要在列车两端安装GPS接收机和差分误差信息接收器，接收多颗导航定位卫星发送来的定位信息，就可以计算出自己确切的位置，从而通过导航卫星实现列车的精确定位。GPS定位方法的显著优点是定位精度高，实现连续定位，没有地面设备，节约了大量的安装和维护工作。

⑦ 无线扩频列车定位。

利用无线扩展频谱通信技术确定列车在线路中的位置，这种方法借鉴了军用定位技术，具备在恶劣电磁环境下可靠传输的能力。每隔0.5s可对每辆列车的位置进行检测，对列车定位的精度可达±5m。

在车站、轨旁和列车上设置有扩频电台，所有的电台都由同步时钟精确同步。一方面通过这些电台在列车与轨旁控制室之间传递安全信息，另一方面也利用它们对列车进行定位。轨旁电台的位置是固定不变的，并经过精确测量。轨旁计算机或车载计算机利用不同电台传输信息的时间延时可以精确计算出列车的位置。

⑧ IPS列车定位。

IPS是惯性定位系统（Inertial Positioning System）的英文简写，它根据牛顿力学定律，通过测量列车的加速度，将加速度进行一次积分后得到列车的运行速度，再进行一次积分即可得到列车的位置（包括经度、纬度和高度），从而实现对列车的定位。

此外，还有航位推算（Dead Reckoning，DR）系统定位及地图匹配定位等方法。

⑨ 编码里程计。

编码里程计是ATP/ATO用来测量列车位移，推算速度和加速度的车载定位设备，设置在列车车轴的尾部。

编码里程计通过编码盘与轮轴耦合，驱动一个或多个装在编码盘四周的光电传感器。

这些传感器产生一个和速度成比例的脉冲序列，车载设备通过采样电路得到列车运行的速度和距离。

列车车轮运动一周，编码里程计输出 64 个或 128 个脉冲。列车车轮运动一周，编码里程计输出的脉冲数越多，测速和/或测距精度越高。

编码里程计测距的原理如图 1-11 所示。

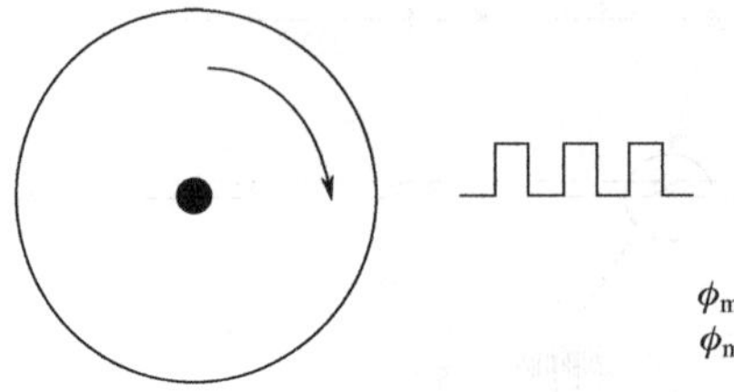

图 1-11　编码里程计测距的原理

列车运动速度=单位时间内编码里程计输出的脉冲数×（$\pi\phi$/编码里程计每周输出的脉冲数）；列车运动距离=编码里程计输出的脉冲数×（$\pi\phi$/编码里程计每周输出的脉冲数）。其中，ϕ为列车车轮的直径。

由于列车周而复始地运动，车轮轮径不断磨损，目前城市轨道交通系统中允许列车车轮的轮径范围为 770～840mm，因此ϕ是个变量，要定期或不定期地进行修正。

利用车载编码里程计确定列车运行的距离还需要考虑列车运动过程中车轮的空转和打滑。通常车载里程计只给出列车对应地面某个标识的相对距离，保证列车在线路中运行时，车载定位设备的距离测量不会有大的累积误差。

⑩ 多种设备融合定位。

实际工程应用中，可以综合运用多种设备进行定位，某 ATC 系统的列车定位信息的处理过程如图 1-12 所示。

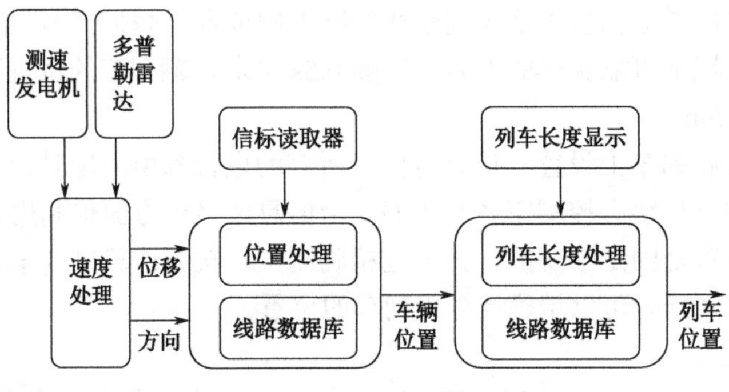

图 1-12　某 ATC 系统的列车定位信息的处理过程

第一，系统通过处理测速发电机和多普勒雷达的输出信息，生成行驶距离（位移）、速度和方向的精确数据。线路曲线半径过小可能会导致测速发电机产生一个较小的位移误差。为解决这一问题，ATP 在列车运行的整个距离上确定累积误差范围。

第二，为了防止定位误差累积过大，沿线路设置的每个信标都有一个唯一的编号并带有特定的位置信息。系统通过信标读取器识别信标，从而校正自身的位置。当遇到信标时，在更新车载位置和重新设置位置误差之前，ATP 会检查信标的位置坐标是否在当前计算的车载位置误差范围之内。此外，当列车经过信标标记时，ATP 还将自动校准轮径值，消除人为输入车轮直径所产生的误差。

第三，车载列车控制系统从上一个信标位置计算列车位移和位置误差。通过加上每一侧的列车长度和列车每一段的位置误差，确定列车的精确位置。

（2）列车定位技术的分类。

列车定位可以分为固定定位技术和移动定位技术两大类。

固定定位技术是一种被动的定位方式，其定位原理是将线路划分为若干不同的闭塞分区，列车定位是以固定闭塞分区的长度作为最小定位单元的，一个闭塞分区同时只能被一辆列车占用，但列车在闭塞分区内更加详细的位置信息无法获得，定位精度较差。列车的定位功能常利用轨道电路方式或计轴点的方式来实现。

移动定位技术是一种主动的定位方式，其定位原理是列车根据线路上预先设置的轨旁信息点，来推算出自身的实际地理位置，最小定位单元可以根据设置的轨旁信息点的精度来实现。列车的定位功能常利用测速定位加校正方式或外部参照定位方式等来实现。

测速定位加校正方式是利用查询—应答器、信标、电缆环线等技术手段，对车载里程计由于车轮滑行或空转、轮缘磨损等原因产生的测距误差进行修正，来实现列车的定位的。而外部参照定位方式就是列车根据预设的外部参照物来确定自身位置的方式，主要包括利用电缆环线、裂缝波导、无线扩频通信及GPS等技术手段。外部参照定位方式从定位原理来看分为以下两类：一是利用沿线路敷设外部介质特性在线路上形成标尺的功能，列车通过数刻度的方式实现自身的定位，如裂缝波导管定位和电缆环线定位就采用这种原理；二是列车通过综合多个距预设定位校正设备的距离的数据来获取列车所处的具体位置，如无线扩频通信定位和GPS定位就采用这种原理。需要说明的是，具体系统中采用何种定位技术，取决于对线路运输能力的要求。

2. 车地信息传输技术

在城市轨道交通领域，ATC系统的车地通信信道主要采用点式和连续式两种通信方式来实现列车与轨旁设备间的信息传输。地到车的信息主要是列车自动防护（ATP）信息，车到地的信息主要是列车动态信息（包括列车位置、速度、驾驶模式、停车保证等）和车载信号设备及列车车辆相关状态信息等。为了实现精确、安全、可靠的控车目标，要求车地通信通道具有高可靠性、安全性和兼容性。

1）点式通信方式

点式通信是在线路上特定的点进行车地信息传输，其通道主要用应答器建立。应答器是基于感应耦合和移频键控技术的数字式转发器。根据使用性质不同，应答器可分为固定数据应答器和可变数据应答器，二者均由来自列车的能量信号触发。应答器通常安装在道床上或其他有效位置。当列车经过应答器时，被激活的应答器向车载天线发送一个用于识别应答器的报文（识别号）。车载ATP设备可以依据该报文中的线路坐标的绝对位置信息，进行列车定位修正，同时也从应答器获取其他控车信息。

对于点式通信级的应答器，它主要为列车防护提供点式列控信息。其中，固定数据应答器是无源的，用于存储一个可重复编程的报文；可变数据应答器是有源的，它通过轨旁电子单元（LEU）和相应信号机相连。正常情况下，可变数据应答器接收LEU连续发送的报文，该报文内容取决于与LEU连接的信号机的显示信息，变化的显示信息再通过应答器向列车传送；一旦与LEU的连接中断，将向通过列车传送存储的默认报文。应答器车地通信子系统的构成如图 1-13 所示。

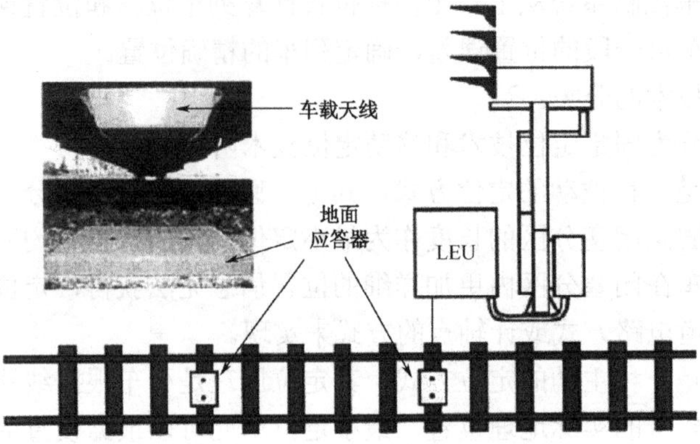

图 1-13　应答器车地通信子系统的构成

2）连续式通信方式

连续式通信是在线路全线进行车地信息传输。目前，城市轨道交通领域主要采用轨道电路、感应环线、无线电台、漏泄波导作为连续式通信的媒介。其中，感应环线属于电磁感应式；漏泄波导和无线电台属于无线通信式，其信息传输量较电磁感应式大。

（1）轨道电路。

轨道电路反映该段线路是否空闲，为开放信号、建立进路或构成闭塞提供依据，还通过轨道电路的被占用来关闭信号，使信号显示与轨道电路是否被占用结合起来。对于列车运行控制来讲，带有编码信息的轨道电路是其车地之间传输信息的通道之一。城市轨道交通一般采用直流牵引，所以车辆段内可采用 50Hz 相敏轨道电路，正线则多采用高可靠性、多信息量的数字编码式音频轨道电路，简称数字轨道电路。

目前，在我国的广州、上海等城市轨道交通中运用较多的音频无绝缘数字轨道电路有德国西门子公司的 FTGS 轨道电路、法国阿尔斯通公司的 DTC921 轨道电路，以及美国 US&S 公司的 AF-904 轨道电路。

随着电子数字技术的发展，日本铁路公司新开发了多种数字式 ATC 系统。数字 ATC 系统分地面设备和车载设备两部分。地面设备检查列车出清或占用，并将线路状况信息传输给列车；车载设备根据该数据确定能保证列车安全运行的速度，控制机车运行。

（2）电磁感应式。

感应环线通信是基于数据的电磁传输，它通常敷设于两条钢轨之间，作为发送和接收天线使用，与相应的车载天线一起，实现车载设备和轨旁设备间的双向通信和数据交换，如图 1-8 所示。感应环线车地通信子系统主要由室内环线控制单元、车载通信单元和天线、室外轨旁远程终端盒与感应环线电缆组成，其轨旁布置如图 1-14 所示。

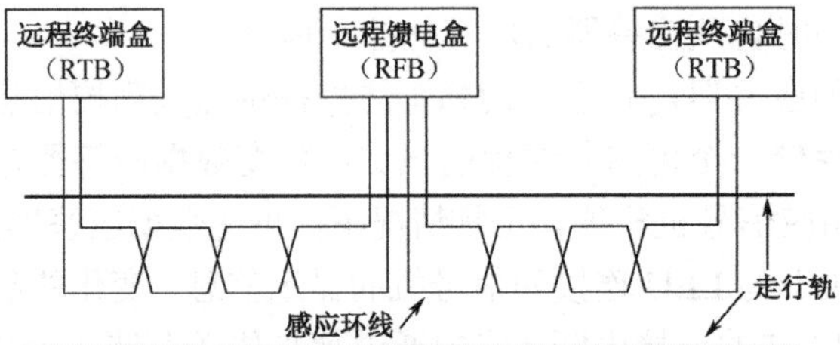

图 1-14　感应环线车地通信子系统的轨旁布置

（3）无线通信式。

无线通信式具有传输速率高、产品通用性强、对运营维护和乘客疏散的影响小、技术先进等优点，得到了广泛应用。无线通信式是利用自由空间波实现车载和轨旁设备之间的数据传输的。车地无线通信应用如图 1-15 所示。

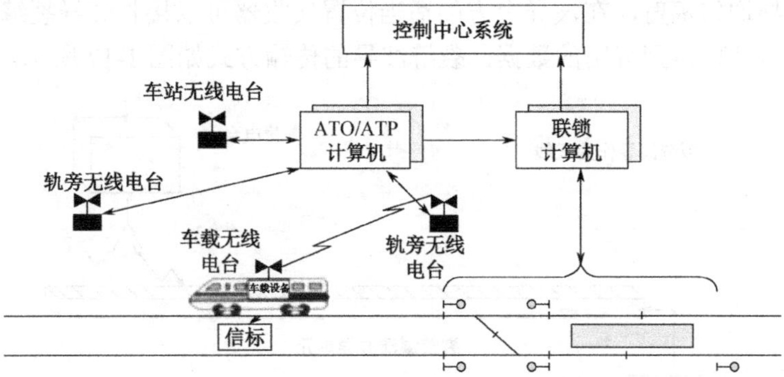

图 1-15 车地无线通信应用示意图

在无线通信中通常采用扩频技术，即扩展频谱通信。扩频通信技术是一种信息传输方式，其信号所占有的频带宽度远大于所传信息必需的最小带宽。频带的扩展是通过一个独立的码序列来完成的，与所传信息数据无关；在接收端，则用同样的码进行相关同步接收、解扩及恢复所传信息数据。扩频通信技术具有抗干扰性强、保密性好的特点。

在发射链路的某处引入相应的扩频码［扩频码通常称为伪随机码（PRN）或伪随机序列，它是类似于噪声的随机数字序列］，将传输的信号扩展到一个更宽的频带内，从而对其他系统表现为噪声；在接收链路中数据恢复之前移去扩频码，在信号的原始带宽上重新构建信息，从而提高无线传输的抗干扰性和安全性。根据伪随机码插入通信信道的位置不同，可以得到直序扩频（DSSS）、跳频扩频（FHSS）、跳时扩频（THSS）几种扩频调制方式，其中 DSSS 和 FHSS 是现在最常用的两种技术。

① 无线电台。

无线车地通信子系统由轨旁无线传输网络和车载无线设备两部分组成。轨旁无线传输网络由光纤骨干网和无线局域网［轨旁读取点（AP）、无线天线］构成，轨旁无线方向性天线通过 AP 与光纤骨干网连接，并与车载无线天线一起把车载设备和轨旁设备联系起来。轨旁无线传输网络的典型布置如图 1-16 所示。

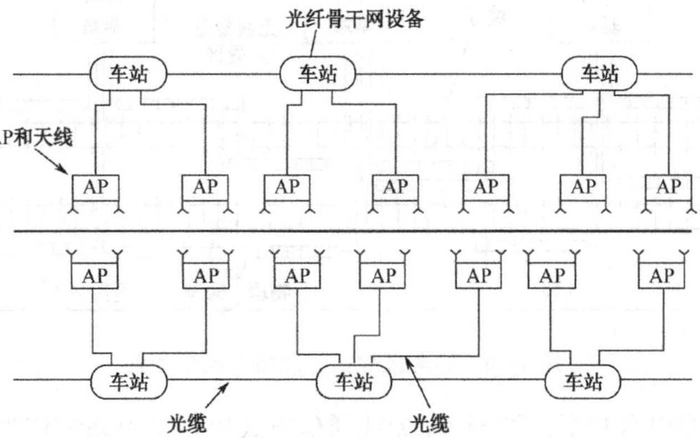

图 1-16 轨旁无线传输网络的典型布置

② 漏泄波导。

微波裂缝波导系统是波导信息网络的关键部分，它是具有较宽的带宽的可以同时传输数据、语音及视频信号的传输系统，用于车地双向连续数据传输及列车定位。

裂缝波导是一个中空的铝质矩形管，在其顶部等间隔开有窄缝，使得在载频范围内的微波沿裂缝波导均匀辐射，在波导上方的适当位置接收器可以接收波导裂缝辐射的信号，接收器通过信号处理得到有用的数据。裂缝波导的传输方式如图 1-17 所示。

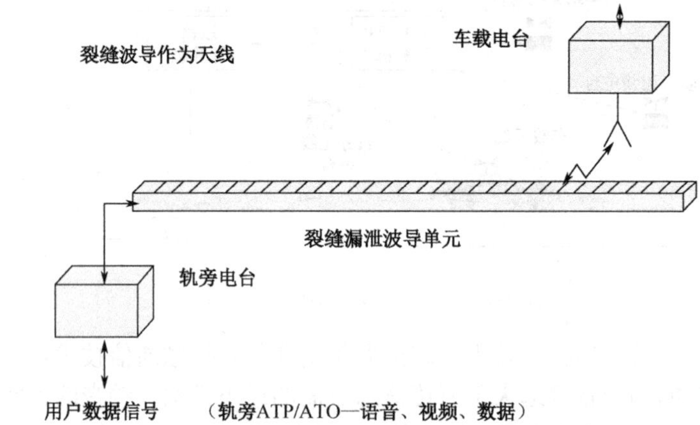

图 1-17　裂缝波导的传输方式

波导信息网络轨旁子系统产生一个高频的连续波，除传递列控信息外，当这一连续波沿着波导传输时，波导上方辐射的尖峰数等于波导的缝隙数，在检测尖峰的过程中，列车经过的距离等于两个波导缝隙的距离，从而实现列车位置的精确测量。由于这一测量过程独立于轨道与车轮的接触，当车轮打滑或空转时可以用它来对里程仪加以校正。

波导信息网络子系统包括固定在轨旁的漏泄波导、基站及车载天线。一个 ATC 区段内的车地双向连续传输由几个波导信息网络（WIN）基站提供，每个 WIN 基站通过一对频率管理一个通信单元。在通信单元的边界之间设有重叠的无线覆盖区，以保证列车在两个相邻的通信单元之间平稳地交接。轨旁波导信息网络的典型布置如图 1-18 所示。

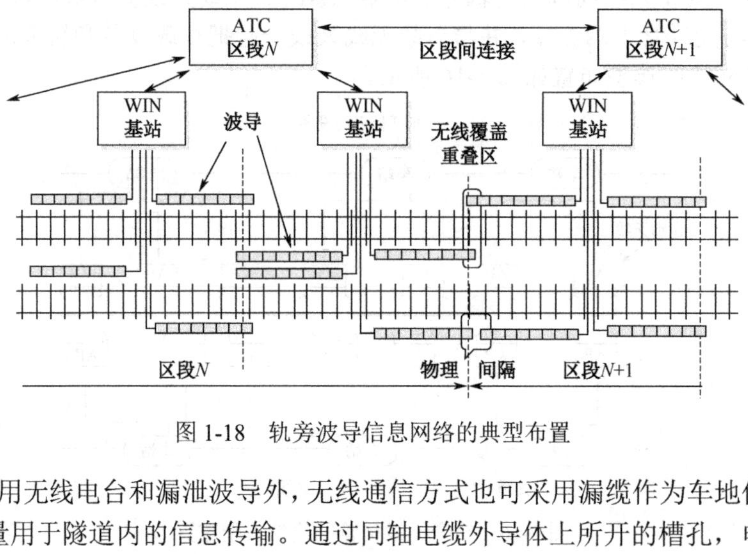

图 1-18　轨旁波导信息网络的典型布置

③ 除采用无线电台和漏泄波导外，无线通信方式也可采用漏缆作为车地信息传输的媒介。漏缆大量用于隧道内的信息传输。通过同轴电缆外导体上所开的槽孔，电缆内传输的

一部分电磁能量发送至外界环境中；同样，外界能量也能传入电缆内部。外导体上的槽孔使电缆内部电磁场和外界电波之间产生耦合，进行信息传输，具体的耦合机制取决于槽孔的排列形式。

3）点式和连续式车地通信方式的主要技术指标

根据点式和连续式车地通信原理，结合它们在城市轨道交通领域的实际应用情况，可对各种方式的主要技术指标加以分析总结，如表1-1所示。

表1-1 各种车地通信方式的主要技术指标

传输媒介	应答器	感应环线	无线电台	漏泄波导
传输模式	地到车单向传输	车—地双向传输	车—地双向传输	车—地双向传输
传输频率（kHz）	车到地（激活信号）：27×10^3； 地到车（数据通信）：4.23×10^3	车到地：56 地到车：36	2.4×10^6或5.8×10^6	2.4×10^6或5.8×10^6
数据传输速率（kb/s）	564	1.2波特	128	地到车：128 车到地：384
数据安全	报文信息采用编码技术； 控制发送功率，保证在规定的距离外不发生交叉干扰	报文信息采用编码技术，且数据保护程序工作于故障-安全系统； 采用独立的传输通道	报文信息采用编码和过程保护； 采用直序扩频（DSSS）或跳频扩频（FHSS）技术	报文信息采用安全编码保护； 采用直序扩频（DSSS）技术
特点	实现地到车信息的单向传输； 轨旁设备少，维护成本低； 可实现列车精确定位	实现车地信息的双向传输； 基本不受牵引回流、道床漏泄、防迷流网的影响； 列车位置检测精度较高； 避开了轨道电路的传输方向性，信息传输可靠性高	实现车地信息的双向传输； 基本不受牵引回流、道床漏泄、防迷流网的影响； 轨道设备简单，安装及维护成本低； 数据传输快； 组网灵活，易于实现互联互通	实现车地信息的双向传输； 基本不受牵引回流、道床漏泄、防迷流网的影响； 传输频宽带，速率高，信息量大； 传输损耗小； 可实现列车精确定位
限制条件	不能实现地车信息的连续传输； 信息传输量小	对轨旁电磁环境要求较高； 对轨道维护有影响	信息保密性要求高； 要求具有抗外界无线干扰措施	安装精度要求严格； 对轨道维护有影响

不同的车地通信方式，其性能指标差异较大。车地通信媒介的选择，应在满足运营要求的前提下，视ATC系统的构成及功能要求等因素而定。基于无线数据传输的通信方式，具有轨旁设备少、组网灵活等特点，非常有利于线路衔接、平稳过渡和系统扩展，是今后技术发展的趋势。点式通信通常仅作为连续式通信的后备级使用，以保证系统具有后退控制模式功能。

1.2.3 相关规范、规程与标准

国家标准GB/T 12758—2004《城市轨道交通信号系统通用技术条件》第12条“列车检测与信息传递”相关条文。

1.3 闭塞技术认知

1.3.1 工作任务

认知闭塞技术，理解城市轨道交通闭塞方式的运用及基本功能。

1.3.2 知识链接

区间是指两个车站或者线路所之间的轨道线路。相邻的两个车站之间的区间叫作站间区间，车站与线路所之间的区间叫作所间区间。根据区间线路数目的不同，区间可分为单线区间、双线区间及多线区间。

为了确保列车在区间内的运行安全，列车由车站向区间发车时，必须确认区间（分区）内没有列车，并需遵循一定的规律组织行车，以免发生列车正面冲突或追尾等事故。这种按照一定规律组织列车在区间内运行的方法，一般叫作行车闭塞法，或简称闭塞，办理闭塞所用的设备叫作闭塞设备。

目前，我国所采用的闭塞方法为空间间隔制式。简单地说，就是把线路分成若干线段（区间或闭塞分区），在每个线段内，只准许一列车运行，使前行列车和追踪列车之间必须保持一定距离的行车方法。

1. 区间和闭塞的划分

在满足列车长度、速度、密度、制动力和信号显示距离的条件下，区间和闭塞分区的划分可有效提高轨道线路的通过能力。闭塞分区的划分或列车运行安全间隔，应根据列车运行密度、线路条件、车辆特性及信号系统的列车控制模式、限速等级等条件设置，并通过列车运行模拟确定。

（1）一般情况下，轨道线路以车站为分界点划分成若干区间或若干闭塞分区。单线轨道线路上，进站信号机柱中心线内方为车站，外方为区间；在双线轨道线路上，进站信号机柱中心线到同方向站界标机柱中心线内方为车站，外方为区间，如图 1-19 所示。

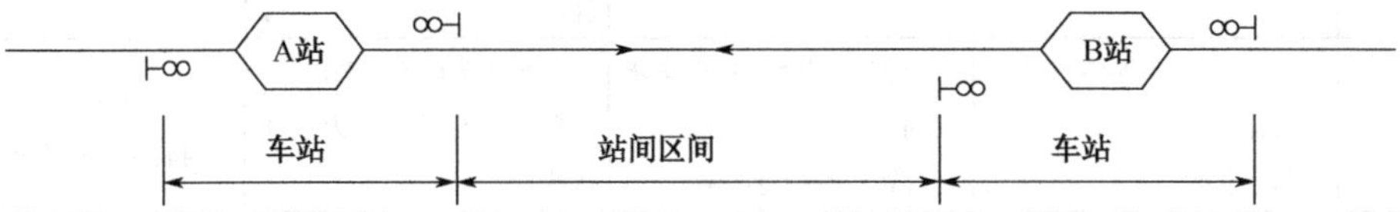

单线线路区间划分

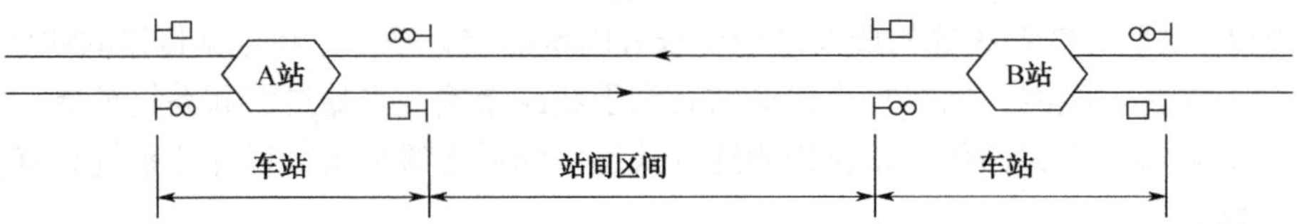

双线线路区间划分

图 1-19 区间划分示意图

（2）轨道线路采用大区间闭塞时，通常可根据需要将某些大（重要）车站设置为闭塞区车站，两闭塞区车站之间的线路区段为大区间，其他车站则为大区间内的闭塞分区分界点，如图 1-20 所示。

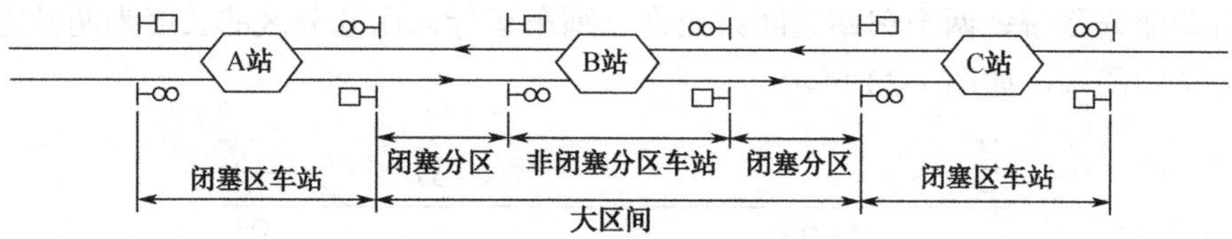

图 1-20　双线自动闭塞分区的划分

（3）采用移动闭塞制式时，以同方向保持最小间隔的前行车尾部和追踪列车头部为移动闭塞分区的分界线。该闭塞分区是一个与列车同步运动的虚拟分区，如图 1-21 所示。

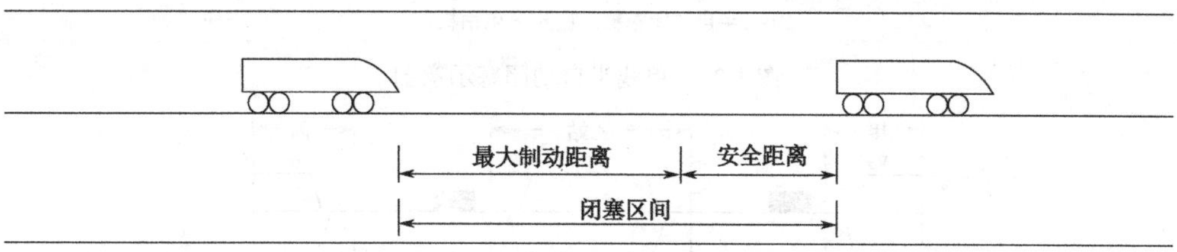

图 1-21　移动闭塞线路闭塞分区示意图

为保证列车在区间内的行车安全，列车由车站驶入区间运行需满足 3 个条件：① 区间空闲，可通过轨道电路或计轴设备完成；② 要有准许占用区间的凭证，通常采用车站的出站信号机和区间通过信号机的进行信号显示作为准许占用区间的凭证，在列车进入区间后信号机自动关闭；③ 实行区间闭塞。

2．实现区间闭塞的制式

1）人工闭塞

（1）电话闭塞和电报闭塞。电话或电报闭塞是区间两端车站值班员用电话或电报办理行车联络手续，由发车站填制路票，发给司机作为列车占用区间凭证的行车闭塞法。

（2）电气路签（牌）闭塞。只在单线铁路早期使用，以路签（牌）作为列车占用区间凭证的行车闭塞法。相邻两站各自设有电气路签（牌）机，只有在两站同意并办理相关手续后，才能取出一个路签（牌），保证了只有一列车在区间内运行。

人工闭塞制式中，需要工作人员全程参与凭证交接和区间状态的检查工作，一些设备只是辅助行车指示工作。

2）半自动闭塞

半自动闭塞用出站信号机或线路所的通过信号机作为列车占用区间的凭证，发车站的出站信号机或者线路所的通过信号机必须通过两站的同意，并且办理闭塞手续之后才能开放，从而保证了区间内只有一列车运行。半自动闭塞是单线区间闭塞的主要类型，如图 1-22 所示。

在区间两端车站各装设一台具有相互电气锁闭关系的半自动闭塞机，在车站进站信号机内侧设有一小段专用轨道电路，它和闭塞机、出站信号机间也具有电气锁闭关系。出站信号机受闭塞机控制，只有区间空闲时，双方办理闭塞手续后才能开放。列车出发离开车站时，出站信号机自动关闭，并使双方闭塞机处于“区间闭塞”状态，直到列车到达接车站办理到达复原时止。

半自动闭塞法办理手续简便，效率高，可比路签（牌）闭塞法提高区段通过能力，改善劳动条件。但区间轨道是否完整，到达列车是否完整，仍需通过人工检查才能确定。

半自动闭塞系统，两个车站之间只允许一列车运行，闭塞分区的长度为两站之间的距离，即为站间闭塞，如图 1-23 所示。

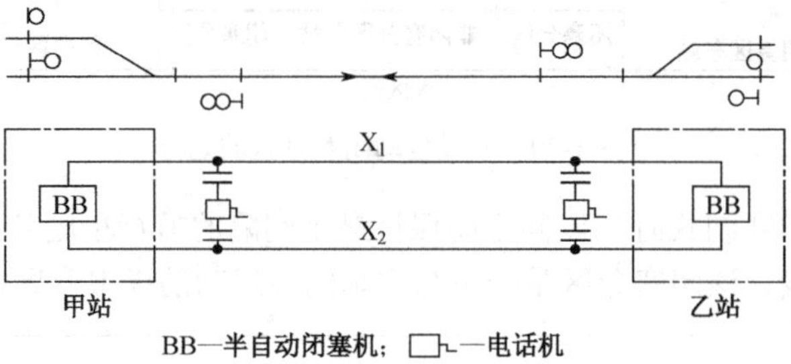

图 1-22　单线半自动闭塞示意图

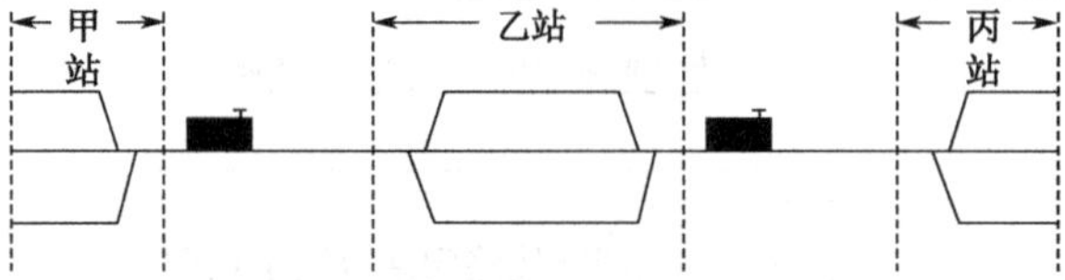

图 1-23　站间闭塞示意图

在城市轨道交通中，若基于无线通信的移动闭塞信号系统出现了故障，就可以“降级”采用半自动闭塞。

3）自动闭塞

为了提高列车运行效率，在两个车站之间划分出若干分区，称作闭塞分区。确保同一时间同一分区内，同一方向只有一列车在运行，这种控制方式叫作自动闭塞。根据闭塞分区的划分情况，自动闭塞有如下几种方式。

（1）固定自动闭塞。

固定自动闭塞是将一个区间划分为若干个闭塞分区，根据列车运行和闭塞分区状态，自动变换通过信号机的显示，司机凭信号显示行车的闭塞方法，如图 1-24 所示。

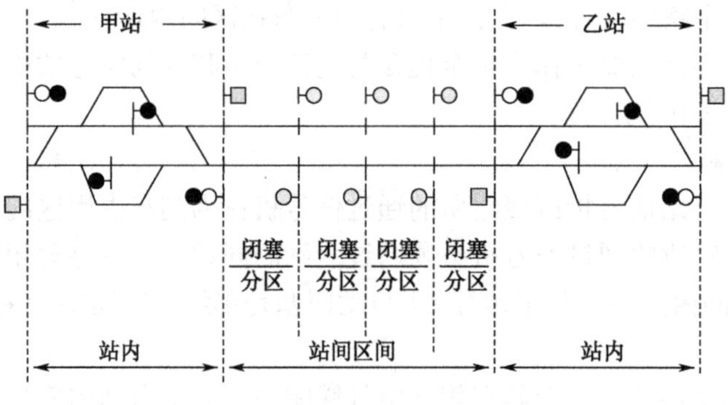

图 1-24　固定自动闭塞示意图

每个闭塞分区的始端都设置一架通过信号机，防护其后方的闭塞分区。这些通过信号机平时显示绿灯，即“定位开放式”，只有当列车占用该信号机所防护的闭塞分区或线路发生断轨、塌方等故障时，才显示红灯——停车信号。

每个通过信号机处为一个信号点。信号点的名称以通过信号机命名，如 1 号通过信号机就称为1信号点。通过信号机所防护的闭塞分区及轨道电路都以通过信号机命名。

下面以三显示闭塞系统为例，说明固定自动闭塞系统的工作原理，如图1-25所示。

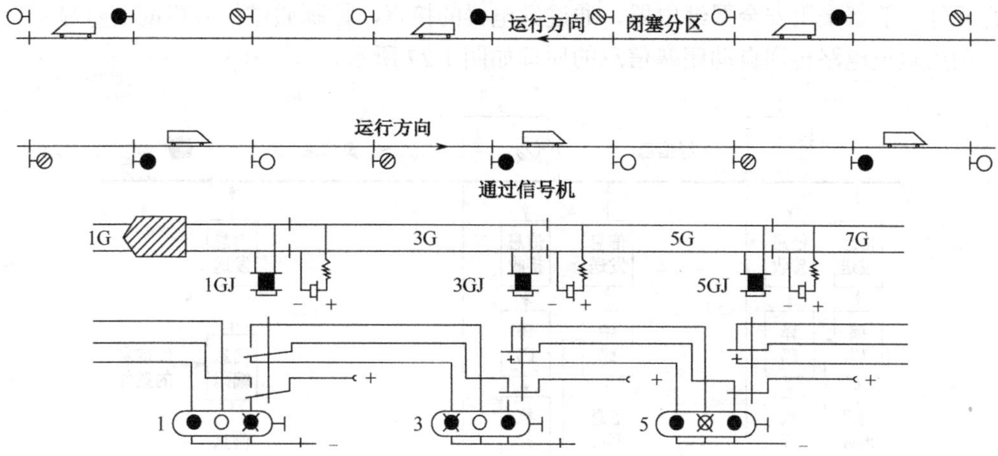

图1-25　三显示自动闭塞系统的工作原理

当列车进入3G闭塞分区时，3G区段的轨道电路被列车分路，轨道继电器3GJ落下，3号通过信号机显示红灯。由于3GJ落下，切断了1XLJ的励磁电路，使线路继电器1XLJ失磁落下，1号通过信号机就显示黄灯。当列车驶入5G闭塞分区，出清3G闭塞分区时，轨道继电器3GJ励磁吸起，5GJ失磁落下。由于5GJ落下，3GJ吸起，线路继电器3XLJ失磁落下，1XLJ励磁吸起，3号通过信号机显示黄灯，1号通过信号机显示绿灯。

从上面的原理分析，对三显示自动闭塞系统可以做出以下总结：

① 通过信号机的显示是随列车所在位置而自动改变显示的，当显示绿灯时，机车前方至少有两个闭塞分区空闲。

② 禁止信号（红显示）是利用轨道电路传送的，而其他命令可以利用轨道电路，也可利用其他通信道（架空明线或电缆）传送。对三显示自动闭塞必须传递3种以上的信息。

③ 若利用轨道电路传送信息，则在每一个信号点处不但要有接收本信号点信息的接收设备，同时还要具有向前方信号点发送信息的发送设备。

适应各种制式的自动闭塞系统如图1-26所示，各组成部分作用如下。

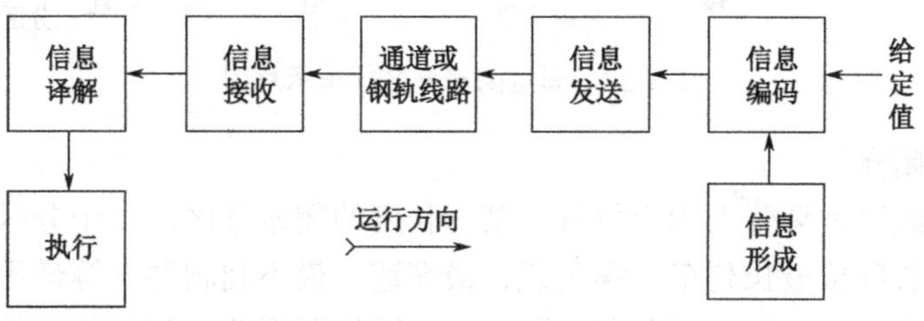

图1-26　自动闭塞系统

① 信息形成。它是自动闭塞系统的信息源，由自动闭塞所需要的信息数量及特征构成。

② 信息编码。根据本信号点的显示，把并行的信息源编制成符合设计要求的串行信息，主要由继电逻辑电路构成。

③ 信息发送。把编码环节输出的串行信息进行调制及功率放大。

④ 信息接收。把通道中接收的信息进行解调，以恢复原串行的信息。

⑤ 信息译解。把接收的串行信息译解出信息内容，按设计要求动作规定的执行元件。执行元件一般都采用安全型继电器，通过继电器的接点，控制通过信号机的信号显示。

利用轨道电路传递自动闭塞信息的原理如图 1-27 所示。

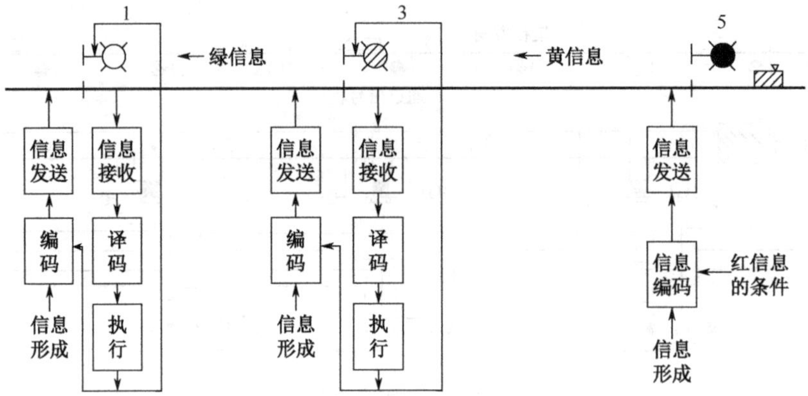

图 1-27　自动闭塞信息传递的原理

综上所述，自动闭塞把站间划分为若干闭塞分区，有分区占用检查设备，将列车运行与通过信号机的显示联系起来，可以凭通过信号机的显示行车，也可凭机车信号或列车自动控制的车载信号行车，在列车运行过程中自动完成闭塞作用，以指挥追踪列车运行，无须人工参与，故称为自动闭塞。

固定闭塞的列车安全间隔，应根据行车间隔、列车长度、列车限速等级、最不利条件下的制动距离等因素考虑，并应根据列车控制方式确定保护区段的设置。为了保证安全，在两列车之间还增加了一个防护区段，即双红灯区段防护。后续列车必须停在第二个红灯的外方，保证两列车之间至少间隔一个闭塞分区，如图 1-28 所示。

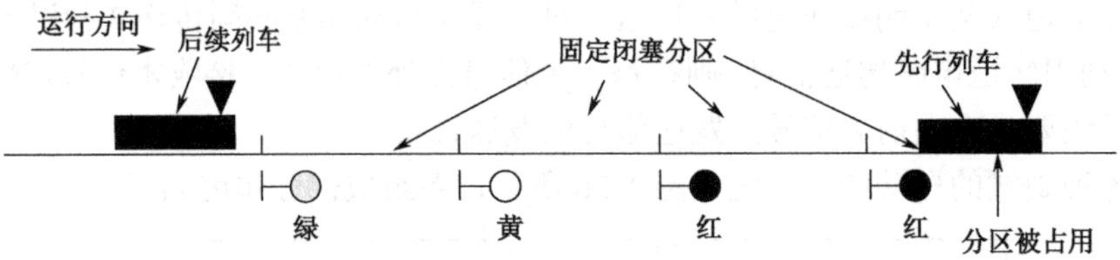

图 1-28　固定闭塞分区行车示意图

（2）准移动闭塞。

准移动闭塞线路被划分为固定位置、某一长度的闭塞分区，一个分区只能被一列车占用，闭塞分区的长度按最长列车、满负载、最高速、最不利制动率等最不利条件设计，列车间隔为若干闭塞分区，而与列车在分区内的实际位置无关，列车位置的分辨率也为一个闭塞分区（一般为几十米到几百米），制动的起点可以延伸，但终点总是某一分区的边界。

准移动闭塞的列车安全间隔，应以前方列车所在闭塞分区入口端为目标地点（危险点），由后续列车以当前速度制动停车所需的走行距离加安全保护距离确定。

（3）虚拟闭塞。

虚拟闭塞是准移动闭塞的一种特殊方式。它不设轨道占用检查设备和轨旁信号机，采取无线定位方式来实现列车定位和占用轨道的检查功能。线路被划分为固定位置、某一长度的闭塞分区，一个原固定闭塞分区可以被计算机技术虚拟为几个分区，轨旁信号机也是虚拟设定的，仅在系统逻辑上存在闭塞分区和信号机的概念，其余等效于准移动闭塞。虚拟闭塞分区可以划分得很短，当短到一定程度时，其效率就接近于移动闭塞。

（4）移动闭塞。

相对于固定闭塞而言，移动闭塞则没有固定的闭塞分区。移动闭塞的追踪目标点是前行列车的尾部，并留有一定的安全距离。追踪列车从最高速度开始制动的最大距离是根据目标距离、目标速度及列车本身的性能计算确定的，目标点是前行列车的尾部，与前行列车的运行和速度有关，是随时变化的。而制动的起始点是随线路参数和列车本身性能不同而变化的，空间间隔的长度是不固定的。

移动闭塞的列车安全间隔，可按前方列车骤然停车，后续列车按当前速度制动停车所需的走行距离加安全保护距离确定，参见图1-21。

移动闭塞又可分为：① 考虑先行列车的位置与速度的移动闭塞系统（MB-V 方式），这种方式保证在先行列车非常制动停车位置前，后续列车能以常用制动停车；② 不考虑先行列车的速度的移动闭塞系统（MB-VO 方式），这种方式只考虑先行列车的位置，不考虑先行列车的速度，即设定先行列车为停车。

3．闭塞的分类

（1）按行车组织方式分类。

按行车组织方式分类，闭塞可分为单线双向自动闭塞系统、双线单向自动闭塞系统和双线双向自动闭塞系统。

① 在单线区段上，一条线路需要双方向行车，为了调整双方向的列车运行而在线路两侧都装设通过色灯信号机，这样的自动闭塞称为单线双向自动闭塞，如图1-29所示。

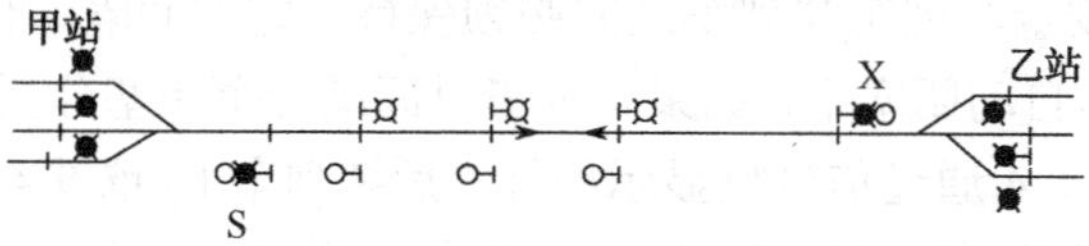

图1-29　单线双向自动闭塞

② 在双线区段上，一般都采用单方向运行，即一条线路只允许上行列车运行，而另一条线路只允许下行列车运行。为此，对于每条线路仅在一侧装设通过信号机，这样的自动闭塞称为双线单向自动闭塞，如图1-30所示。

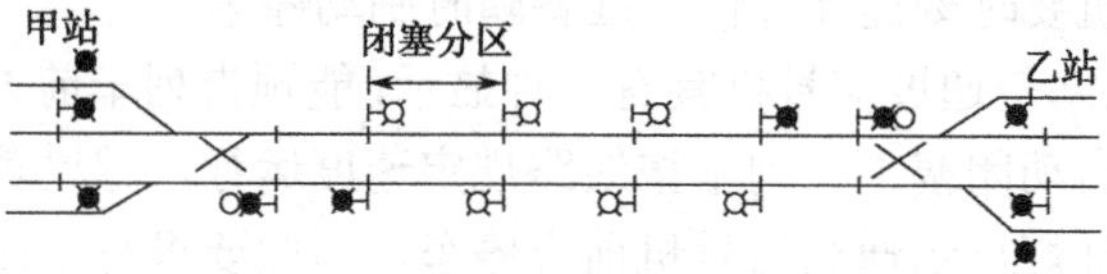

图1-30　双线单向自动闭塞

③ 在双线区段的每一条线路都能双方向运行列车，这样的自动闭塞称为双线双向自动闭塞。在这种系统中，地面通过信号机的设置与双向单线自动闭塞一致，如图1-31所示。反方向运行的列车以机车信号的显示作为行车的命令，即此时以机车信号作为主体信号。反向行车时按自动闭塞或站间闭塞行车。

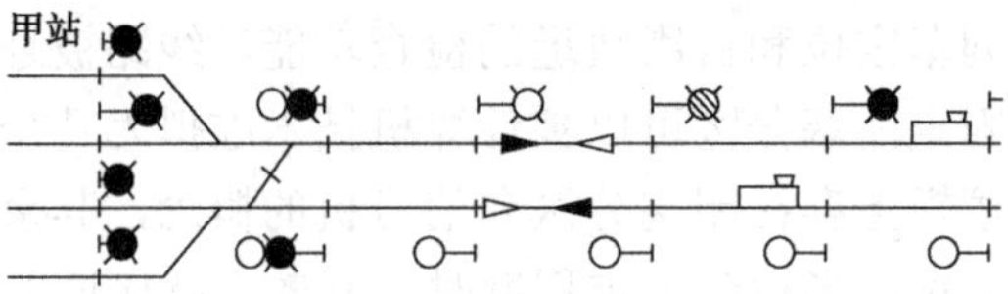

图 1-31　双线双向自动闭塞

不管是单线还是双线的双向自动闭塞，都必须对机车的尾部和头部两个方向进行防护。为了防止两方向的列车正面冲突，平时规定一个方向的通过色灯信号机亮灯，另一个方向的信号机灭灯（或双线区段另一个方向机车信号没有信息）。只有在需要改变运行方向，而且区间是空闲的条件下，由车站值班员办理一定的手续后才允许反方向的列车运行。所以双向自动闭塞要比单向自动闭塞复杂。

（2）按通过信号机显示制式分类。

按通过信号机显示制式分类，闭塞可分为二显示、三显示（三显示带防护区段）和四显示。无论哪种信号显示制式，都适用于单向自动闭塞系统和双向自动闭塞系统。

① 二显示自动闭塞是通过信号机具有两种显示，能预告列车前方一个闭塞分区状态的自动闭塞。二显示自动闭塞系统如图 1-32 所示。

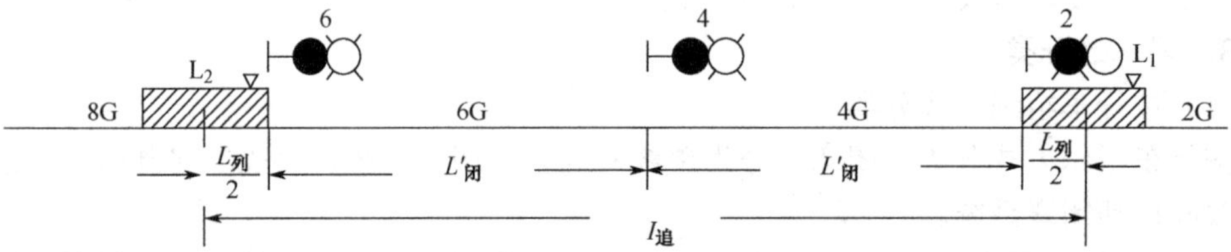

图 1-32　二显示自动闭塞系统

为保证列车运行安全，列车与列车之间必须保持一定的间隔，也就是要相隔一定数量的闭塞分区。在二显示自动闭塞下，如果两列车只间隔一个闭塞分区，列车 L_1 在 2G 区段，2 通过信号机显示红灯，4 通过信号机显示绿灯。后续列车 L_2 越过 4 通过信号机，进入 4G 区段，而列车 L_1 还没有出清 2G 区段，则后续列车 L_2 就要在红灯光下运行，司机就要低速运行，随时做好停车的准备。如果信号机显示不良，还可能冒进红灯的通过信号机而产生危险。为此，在采用二显示自动闭塞时，为了使后续列车在绿灯下运行，后续列车必须与先行列车保持两个闭塞分区的间隔。

由于二显示自动闭塞只有两种显示，后续列车无法判断越过绿灯通过信号机后是红灯还是绿灯，因此，司机要时刻提高警惕，准备随时制动停车。

② 三显示自动闭塞是通过信号机具有 3 种显示，能预告列车前方两个闭塞分区状态的自动闭塞。在三显示自动闭塞中，列车按线路规定速度运行，越过黄灯显示的通过信号机时开始降速，到前架红灯显示通过信号机前方停车，因此要求每个闭塞分区的长度绝对不能小于列车的制动距离。这种显示制式使列车经常在绿灯下运行，并能得到前一通过信号机显示的预告，如图 1-33 所示。

③ 随着列车速度和密度的不断提高，在某些繁忙的客、货混运区段，各种列车运行的速度和制动距离相差很大，三显示自动闭塞就不能适应，而产生了四显示自动闭塞。例如，在轨道线路上运行的市郊通勤列车等需要经常停车且制动距离短；也有高速（客车）、重载（货车）列车，其制动距离长。在这样的区段出现了矛盾的要求：一方面要实现最小运行间

隔，闭塞分区长度越短越好；另一方面要满足高速或重载列车的制动距离，闭塞分区长度又不能太短。解决矛盾的办法是采用四显示自动闭塞，如图 1-34 所示。

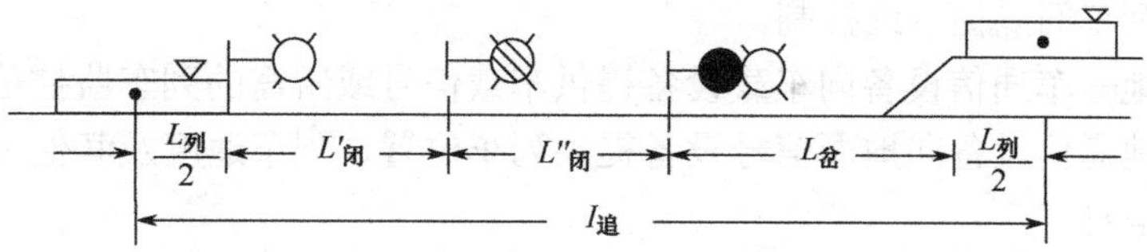

图 1-33　三显示自动闭塞系统

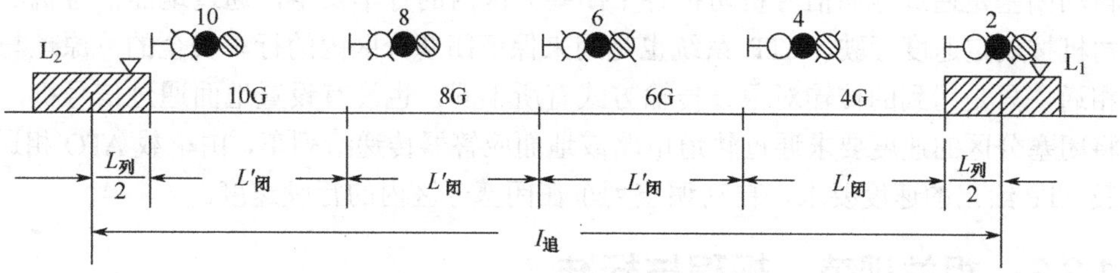

图 1-34　四显示自动闭塞系统

四显示自动闭塞是通过信号机具有 4 种显示，能预告列车前方 3 个闭塞分区状态的自动闭塞。四显示自动闭塞增加了一种黄绿显示，它规定高速列车以规定的速度越过黄绿显示后必须减速，以便使列车在抵达黄灯显示下运行时不大于规定的黄灯容许速度，保证在显示红色灯光的信号机前停车，而对于低速制动距离短的列车越过后不减速。由于增加了这一显示，对于高速列车，相邻两个闭塞分区的总长度应大于高速列车最大运行速度时的制动距离，每个闭塞分区的长度应大于高速列车从最高速度降低到通过黄灯的允许速度所需要的制动距离和从黄灯容许速度到红灯前停车所需的制动距离，比较理想的是两个距离相等，也就是说，要求每个闭塞分区的长度大于高速列车制动距离的一半。

（3）按实现方式分类。

按实现方式分类，闭塞可分为不对称脉冲自动闭塞、极频自动闭塞、（微电子）交流计数电码自动闭塞、计轴自动闭塞、4/8/18 信息移频自动闭塞、UM71 自动闭塞、ZPW-2000A 自动闭塞、UM2000 自动闭塞等。

4．城市轨道交通闭塞方式的运用要求及基本功能

1）运用要求

（1）闭塞方式应满足行车密度、运行速度和交路等运营组织的需求。

（2）闭塞方式应保证在最不利情况下运行的列车以规定的安全间隔运行，其列车安全间隔必须满足：① 自动实施强迫停车时的最大停车距离；② 司机控制列车停车时的最大停车距离。

（3）城市轨道交通信号系统应采用空间间隔的闭塞方式，并辅以时间间隔的闭塞方式。

（4）适用于城市轨道交通的闭塞类型有固定闭塞、准移动闭塞和移动闭塞。固定闭塞包括自动闭塞和站间闭塞等方式。

（5）城市轨道交通线路与衔接的专用线间可采用半自动闭塞、电话闭塞等方式。

（6）闭塞系统应保证信号显示与闭塞区间列车占用状态、闭塞方式相适应。

（7）闭塞系统通过轨道电路、自动停车、列车自动防护和联锁等技术手段实现列车运行间隔的安全控制。

（8）复线区段通常采用单向闭塞，单线双向运行的区段应采用双向闭塞。

2）基本功能

（1）实现列车间隔提示或控制。

（2）通过地—车通信设备向车载设备提供车载信号或所需的列车监控信息。根据需要也可通过车—地通信设备向地面信号设备提供列车位置、列车速度及其他地面信号系统所需的列车监控信息。

3）闭塞与 ATP 系统

自动闭塞是通过地面信号机防护各个闭塞分区内的行车安全，通过地面信号机的显示指挥司机按规定速度行驶。ATP 系统也是用来保证闭塞分区内的行车安全的，原理与自动闭塞相通，只是用到的传输对象、传输方式有所不同，也没有设置地面通过信号机，而是直接将闭塞分区的速度要求通过轨道电路或地面应答器传递给列车，由车载 ATO 相通，根据车载 ATP 给出的速度要求，自动调整列车在闭塞分区内的行驶速度。

1.3.3 相关规范、规程与标准

国家标准 GB/T 12758—2004《城市轨道交通信号系统通用技术条件》第 7 条“闭塞方式”相关条文。

1.4 列车速度控制认知

1.4.1 工作任务

认知速度控制模式；会比较不同闭塞制式 ATC 系统的速度控制；了解列车的控制等级。

1.4.2 知识链接

1. 速度控制的模式

1）分级速度控制

分级速度控制是指以一个闭塞分区为单位，根据列车运行的速度分级，对列车运行进行速度控制。分级速度控制又可分为阶梯式分级速度控制和曲线式分级速度控制。

（1）阶梯式分级速度控制。

随着列车速度及列车密度的不断提高，仍将轨道划分为若干固定区段，在前行列车及信号机后方的不同区段确定不同的最高限速。通过地面设备编辑不同电码，以轨道电路为传输媒介，将本区段速度信息送至列车，列车在人工驾驶（也可自动驾驶）下，以低于最高限速的速度正常行驶。当列车速度高于最高限速时，将产生常用制动或紧急制动，以保证列车不超速（包括速度为零）运行，确保行车安全，这种列车控制系统称为阶梯式分级速度控制模式，如图 1-35 所示。

目前城市轨道交通列车控制系统大量使用这种控制方式，列车只需获得由轨道电路提供的最高限速信息即可自动完成列车超速防护。

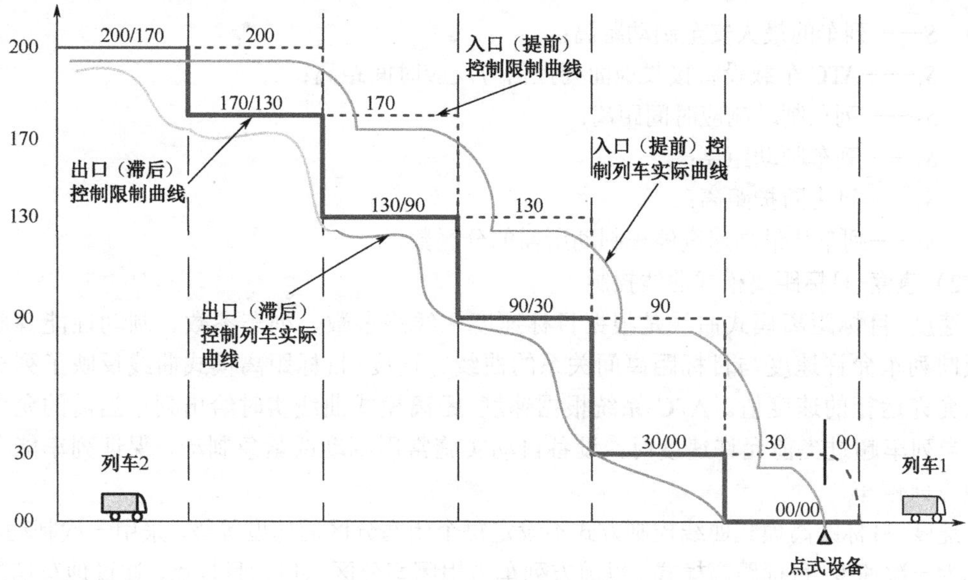

图 1-35　阶梯式速度控制曲线

① 出口检查方式。在闭塞分区入口给出列车限速值，采取人控优先方法，控制列车在闭塞分区出口的速度不超过下一闭塞分区的限制速度，如超速即强迫制动。

② 入口检查方式。在闭塞分区入口处给出该闭塞分区列车速度的限制值，控制列车到该闭塞分区出口时不超过本分区限制速度即可。

阶梯式速度控制模式的安全性及通过能力由合理设置轨道区段的长度来保证，系统结构简单，不需要知道列车的准确位置，只需要知道列车占用哪个区段即可，性价比高。由于地面传至列车的信息量较少，用于列车位置检测的轨道电路可兼作传输信息的媒介。

北京地铁 1 号线采用的 FS-2500 型 14 信息音频无绝缘轨道电路及 ATP/ATO 设备属于出口速度检查方式，上海地铁 1 号线采用的 GRS 公司的 ATP/ATO 系统属于入口速度检查方式。

（2）曲线式分级速度控制。

曲线式分级速度控制要求每个闭塞分区的入口速度和出口速度用曲线连接起来，形成一段连续的控制曲线。把闭塞分区允许速度的变化连续起来，从最高速至零速的列车控制减速线为分段曲线组成的一条不连贯的曲线组合，一旦撞墙，设备自动引发制动。由于速度控制是连续的，紧急制动停车点不会冒进，可以不需要增加闭塞分区作为安全防护区段，设计时考虑适当的安全距离，如图 1-36 所示。

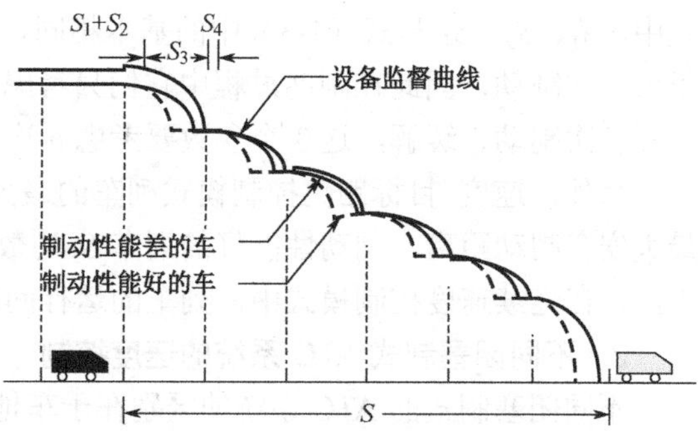

图 1-36　曲线式分级速度控制曲线

曲线式分级控制模式下，列车的最大安全制动距离 S 为：

$$S=(S_1+S_2+S_3+S_4)\times n \tag{1-3}$$

式中 S——列车的最大安全制动距离；

S_1——ATC 车载设备接收地面列控信号反应时间距离；

S_2——列车制动响应时间距离；

S_3——列车制动距离；

S_4——过走防护距离；

n——列车从最高速度停车制动所需的分区数。

2）速度-目标距离模式曲线控制

速度-目标距离模式曲线是根据目标速度、线路参数、列车参数、制动性能等确定的反映列车允许速度与目标距离间关系的曲线。速度-目标距离模式曲线反映了列车在各点允许运行的速度值。ATC 系统根据速度-距离模式曲线实时给出列车当前的允许速度，当列车超过当前允许速度时，设备自动实施常用制动或紧急制动，保证列车能在停车地点前停车。

速度-目标距离模式曲线控制方式不设定每个闭塞分区的速度等级，采用一次制动，故又称为一次速度-目标距离模式。以前方列车占用闭塞分区入口为目标点，通过地车信息传输系统向列车传送目标速度、目标距离等信息。连续速度-目标距离模式曲线方式更适用于高中速混跑的线路。速度-目标距离模式曲线控制模式如图 1-37 所示。

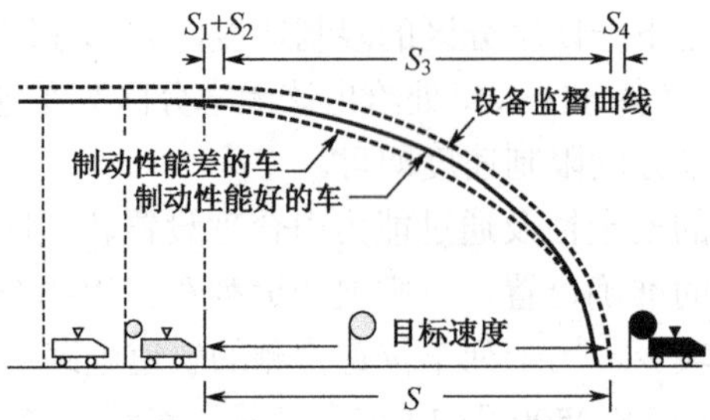

图 1-37 速度-目标距离控制模式示意图

速度-目标距离控制模式下列车的最大安全制动距离 S 为：

$$S=S_1+S_2+S_3+S_4 \tag{1-4}$$

式中，S_1、S_2、S_4 与式（1-3）中的基本相同，在计算一次连续速度模式最大安全制动中由于为一次制动，因此在制动过程中它们只考虑一次。而在分段模式中由于在整个制动过程中要多次制动、缓解，这 3 个参数要考虑 n 次。

另外，速度-目标距离控制模式列车的最大安全制动距离 S_3 采用的是每一列车的实际最大安全制动距离，制动性能好的列车 S_3 的数值小，制动性能差的列车则 S_3 的数值就大。因此，在连续速度控制模式中，列车的运行间隔距离各尽其能，有助于提高运行效率。

2．不同闭塞制式 ATC 系统的速度控制

不同闭塞制式的 ATC 系统的区别在于车地信息传输方式和速度控制模式。ATC 系统速度控制的比较如图 1-38 所示。

（1）固定闭塞制式的 ATC 系统。

固定闭塞制式的 ATC 系统是 20 世纪 80 年代出现的技术。一般采用传统的多信息移频无绝缘轨道电路，利用钢轨作为传输载体传输模拟信号信息，抗干扰能力差，传输的信息量较少。按固定方式，根据线路情况、列车特性和固定的速度等级确定闭塞分区长度，列车以闭塞分区单位为最小的行车间隔。对应每段闭塞分区同时只能传送一个信息代码，即该区段所规定的最大速度码或入口/出口速度码。

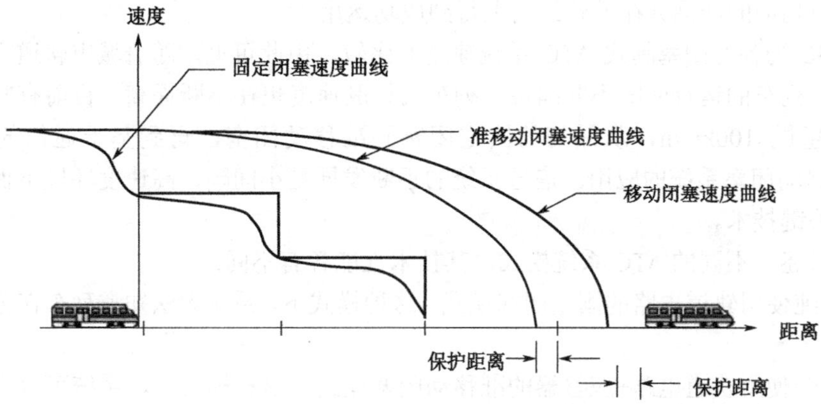

图1-38 ATC系统速度控制比较示意图

该制式的ATP系统采用阶梯式分级速度控制方式，列车速度监控采用的是闭塞分区出口检查方式，当列车的出口速度大于本区段允许的出口速度时，车载设备便对列车实施惩罚性制动，保证行车安全。通常比较适合大于2min追踪运行安全间隔的列车控制。

该制式目前在国家铁路中得到普遍应用，并早已在部分北京、上海、大连等城轨线上开通运行，通过不断地扩大国产化范围，已形成比较成熟的国产系统，系统国产化率可以达到100%，有效地降低了信号系统投资成本，在3种ATC制式中造价最低。

（2）准移动闭塞制式的ATC系统。

准移动闭塞制式的ATC系统是20世纪90年代出现的技术。通常采用基于数字无绝缘轨道电路构成固定的闭塞分区，由于数字轨道电路在信号传输、信号处理过程中均实现数字化，不但信息量大，而且抗干扰能力强。轨道电路可以向列车传递足够用于列车连续曲线速度控制的信息（包括目标速度、目标距离、线路状态、线路允许速度等），进而可以实现列车的连续曲线速度控制。

该制式根据目标速度和目标距离随时调整列车的可行车距离，后续列车所知道的目标距离是距前车或目标地点所处轨道电路区段边界的距离，并不是距前车的实际距离，因此，根据目标速度和目标距离随时调整列车可行车距离是“跳跃式”的。通常比较适合小于2min追踪运行安全间隔的列车控制。

（3）移动闭塞制式的ATC系统。

移动闭塞制式的ATC系统是20世纪90年代末出现的先进技术，是各信号系统供货商重点进行技术攻关和发展的主要技术路线。

该制式不依靠轨道电路传递信息，而是利用通信技术实现“车地通信”和“列车定位”，如漏缆、波导管、无线天线等。通过车载设备、轨旁通信设备实现列车与车站、控制中心之间的实时信息交换，根据实际运行速度、制动曲线和进路上的列车位置，动态计算出相邻列车之间的安全距离。与准移动闭塞相比，弥补了准移动闭塞系统的“跳跃式”控制原理的目标精度缺陷，具有更大的运用灵活性和更小的行车间隔。通常比较适合列车小于2min追踪运行安全间隔的控制。

该制式硬件组成简单，软件实现的功能在系统中占很大比率，对维护人员通信、信号、计算机等综合基础知识要求更高。已经成功在北京、上海、天津等多个城轨线路上开通运营，主要由西门子、庞巴迪、阿尔斯通、泰雷兹等国外公司提供信号系统产品。我国已经开发研制出相应的产品并在城轨线路上得到成功运用。

图 1-38 为各种闭塞制式 ATC 系统速度的比较。由此可见，随着城市轨道交通运营压力的增加，列车的运行间隔不断缩短，列车的行驶速度也在不断提高，目前有些列车的设计时速已超过 100km/h，从最初的固定闭塞到准移动闭塞，再到基于通信的列车控制（CBTC）移动闭塞系统的应用。信号系统的不断发展是小间隔、高速度环境下保障列车运行安全的关键技术。

综上所述，不同的 ATC 系统模式，其技术性能各有不同：

① 单纯使用轨道电路的固定闭塞模式。这种模式下，系统无法知道列车在分区内的具体位置。

② 综合使用轨道电路+应答器的准移动闭塞模式。这种模式下，系统可以告知后续列车继续前行的距离，后续列车可根据这一距离合理地采取减速或制动，从而可改善列车速度控制，缩小列车安全间隔，提高线路利用效率。但准移动闭塞中后续列车的最大目标制动点仍必须在先行列车占用分区的外方，因此它并没有完全突破轨道电路的限制。

③ 基于通信的移动闭塞模式。这种模式下，需要列车实时地向列控中心汇报自己的位置和速度等运行参数，列控中心必须实时地为列车计算运行参数并发送给列车。此种机制的实现，需要连续式双向车—地通信系统支持，一般将这种列车控制方式称为基于通信的列车控制系统，即 CBTC 系统。

3. 点式 ATC 系统的速度控制

点式 ATC 是最简单的 ATC 系统，主要用于实现列车超速防护。具有设备简单、安装灵活、维护方便、可靠性高、投资少等优点；缺点是行车间隔大，自动化程度不高。

（1）点式 ATC 系统的结构。

点式 ATC 是一种点式传递信息，用车载计算机进行信息处理，最后达到列车超速防护目的的系统。它主要由地面应答器、轨旁电子单元（Lineside Electronic Unit，LEU，又称信号接口）及车载设备三部分组成。点式 ATC 系统的基本结构如图 1-39 所示。

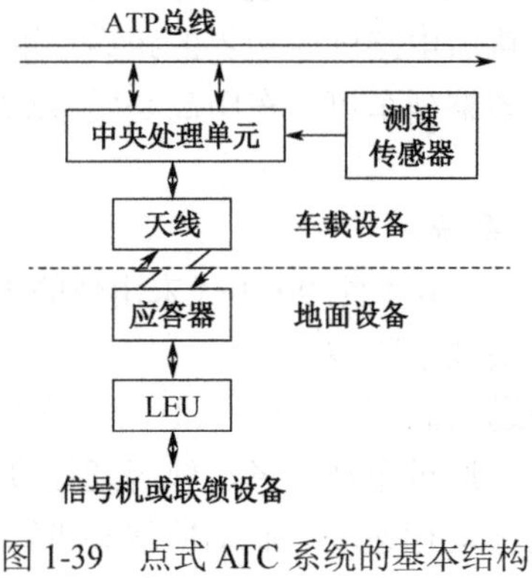

图 1-39　点式 ATC 系统的基本结构

① 地面应答器。

地面应答器通常设置在信号机的旁侧或者在一段需要降速的缓行区间的始、终端。其内部存储器按协议以数码形式存放实现列车速度监控及其他行车功能所必需的数据，在列车通过其上时，向列车传递数据。地面应答器内所存储的部分数据如果受地面信号的控制，需要通过轨旁电子单元与地面信号控制设备相连，这种应答器称为可变应答器。如果地面应答器所存放的数据是固定不变的，可以不与任何设备相连，这种应答器称为固定应答器。

② 轨旁电子单元（LEU）。

轨旁电子单元是地面应答器与地面信号控制设备之间的接口设备，其任务是将不同的信号指令转换为约定的数码形式。

③ 车载接收单元。

完成车上-地面的耦合联系，将能量送至地面应答器，接收地面应答器所存储的数据并传送至中央处理单元。

④ 测速传感器。

通常装在轮轴端部，根据车轮直径与转数在处理单元内换算成列车当前的速度数据。

⑤ 中央处理单元。

其核心是安全计算机，它负责对所有接收到的数据进行加工处理，形成列车当前允许的最大速度，将此最大允许速度值与列车的现有速度值进行比较，以决定是否给出启动常用制动乃至紧急制动的信息。

⑥ 司机设备接口（DMI）。

这是一个人机接口，可将中央处理单元内的列车实际速度、列车最大允许速度、目标速度和距目标点的距离显示出来，用于司机驾驶。显示方式可以是指针式的或是液晶显示屏。按照需要，还要显示其他有助于司机驾驶的信息。

⑦ 机车车辆接口单元（TIU）。

经过此接口，中央处理单元可以控制列车的卸载、制动和缓解。

⑧ 数据记录单元（DRU）。

列车运行及出现非正常的情况（如出现超速报警、实施常用或紧急制动）时，可以由数据记录单元进行记录，用于设备管理和事故分析。

（2）点式 ATP 系统的工作原理。

点式 ATP 的主要功能是实现列车超速防护。车载计算机单元根据地面应答器传至车上的信息（距目标点的距离、目标点的允许速度、线路的坡度等）及列车自身的制动率（负加速度），计算得出两个信号机之间的速度监控曲线，如图 1-40 所示。图中各参数意义如下：

v_0——所允许的最高列车速度。

v_2——当列车车速达到此值时，车载中央控制单元给出音响报警，如果此时司机警惕降速，使车速低于 v_0，则一切趋于正常。

v_3——当列车车速达到此值时，车载中央控制单元给出启动常用制动（通常是启动最大常用制动）的信息，列车自动降速至 v_0 以下。若列车制动装置具有自动缓解功能，则在列车速度降至 v_0 以下时，制动装置即可自动缓解，列车行驶趋于正常。若列车制动装置不具备自动缓解功能，则常用制动使列车行驶一段路程后停下，列车由驾驶员经过一定的手续后重新人工启动。

v_5——当列车车速达到此值时，车载中央控制单元给出启动紧急制动的信息，确保列车在危险点的前方停住。

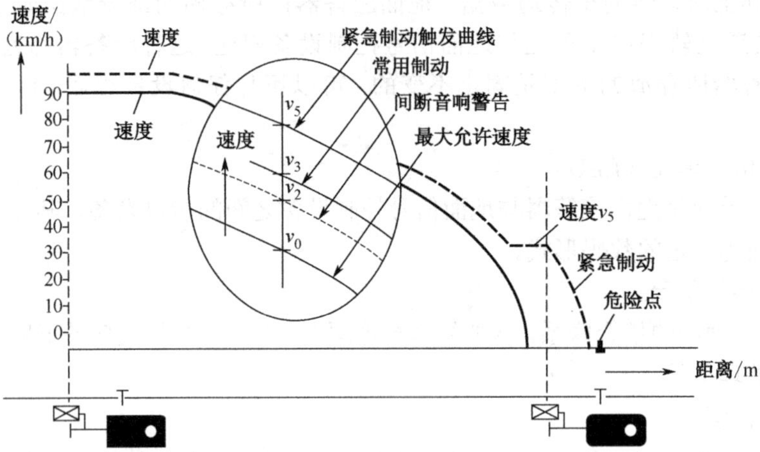

图 1-40　点式 ATC 系统的速度监控曲线

为了提高行车效率，有的行车部门要求在红灯信号机前方留出一段低速滑行区段，以防止列车行驶在信号机之间时红灯信号已变为允许信号，而列车必须完全停下和经过一套手续后再重新启动。在留出低速滑行段后，列车可以以低速（如 20 km/h）驶过第二个地面应答器，如果列车被告知信号仍是红灯，通过紧急制动还来得及停在危险点前方；如果列车被告知信号已改为允许信号，则司机可在此基础上加速，从而提高了行车效率。

4．基于轨间电缆的连续式列车速度控制系统

（1）系统结构。

采取敷设两根轨间电缆作为车—地之间的主要信息通道，每隔一定距离相互交叉，形成所谓的交叉感应环线，其结构如图 1-41 所示。

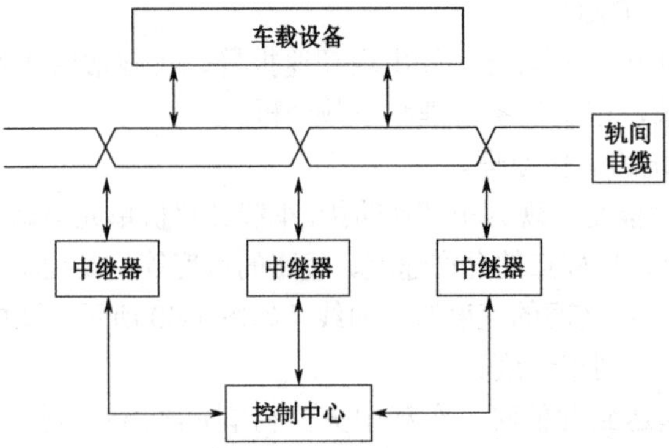

图 1-41　系统结构

这种交叉感应环线，近似于节距增大的双绞线，它的相邻环路的感应电动势相反，可以减小外界的干扰。一般用 2 级控制方式来实现室内外设备的联系，即控制中心与若干个沿线设置的中继器相连。1 个中继器最多可以连接 128 个轨间电缆环路，并在中继器内完成控制中心与轨间电缆之间的信息交换（频率变换、电平变换、功率放大等）。来自控制中心的信息一般采用数字频率调制（FSK）信号，传输速率为 1200b/s。从控制中心向机车的发送频率为（36±0.6）kHz，从机车向控制中心的发送频率为（56±0.2）kHz。中继器内部的结构如图 1-42 所示。

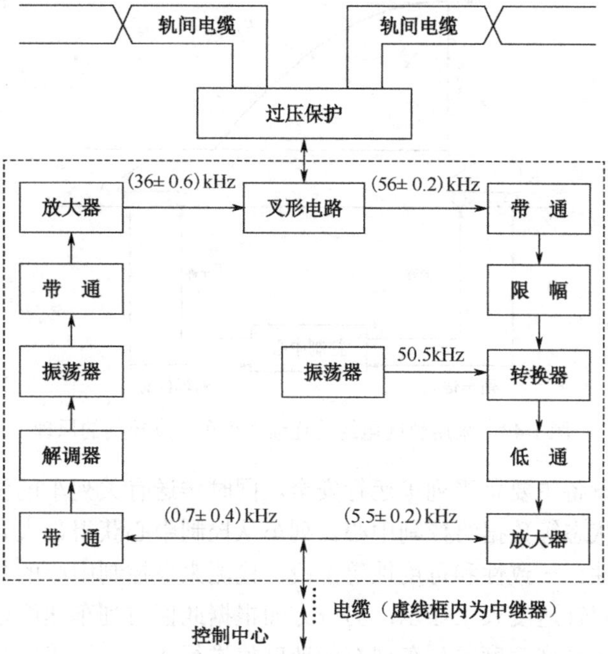

图 1-42　中继器内部的结构

控制中心通常与行车调度指挥中心设在一处，采用集中式联锁计算机和 ATP/ATO 高度集成的二合一控制方式，三取二冗余的计算机系统。在控制中心内，可存储线路的一些固定数据，如区间的线路布置图、坡度、缓行段位置及长度等。此外，经过联锁装置，将沿线的信号显示、道岔位置及其他控制对象等信息不断地送至控制中心进行处理。车载设备包括接收感应线圈、车载计算机、发送及接收电路、操作及显示盘、与制动机的接口、里程脉冲发生器等。其中，里程脉冲发生器是一个多级凸轮，随着车轮的转动可发出一系列的脉冲，车速越快，脉冲数越多，只要在一定时间内记录下脉冲数目，即能换算出列车的实际速度。为保障系统的故障-安全，车载计算机一般采用双机系统，对数据进行比较，正确后再决定是否输出。

（2）工作原理。

采用轨间电缆的连续式列车速度控制的原理如图 1-43 所示。

在控制中心内的计算机根据已有的数据，计算出此时刻的列车允许速度，该允许速度经由轨间电缆传递给运行的相应列车。某时刻列车 A 可获得实时最大允许速度，但随着其前行列车 B 的运动，两车之间的距离一直在改变，列车 A 的实时最大允许速度也随之变化。

轨间电缆敷设于轨道中间一侧，通过和列车上感应线圈的电磁耦合，实现车—地之间的信息传递，同时进行连续的位置和速度测量。列车处于交叉环线的环路正上方时，其上的接收线圈会产生最大的感应电压，而位于相邻环路的交叉部分时产生的感应电压最小。所以列车连续运动时，会形成位置脉冲。通过对位置脉冲进行计数的测频，完成对列车的定位测速。

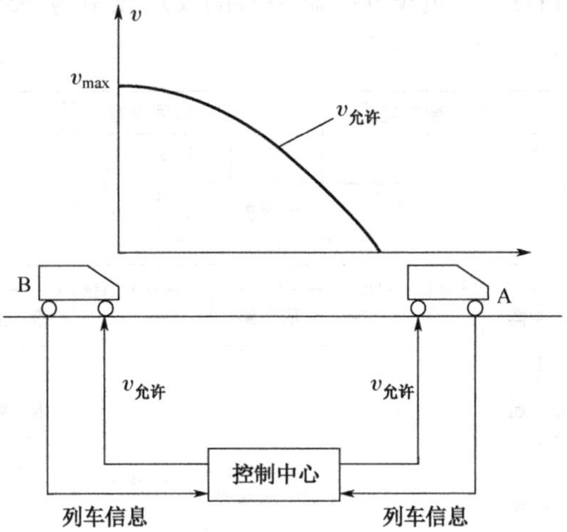

图 1-43　采用轨间电缆的连续式列车速度控制的原理

列车上的车载设备主要负责列车运行安全，同时传送有关列车的位置、速度、运行方向和车载控制器的状态等数据给控制中心。列车从控制中心获得最大允许速度值之后，车载计算机通过冗余性、一致性和可用性等手段，检测来自控制中心的数据。当这些测试都通过后，一方面在双针速度表上显示；另一方面根据此值对列车速度进行监控。车载计算机对所接收到的最大允许速度与列车现有的速度值进行比较，以确定是否进行制动。若列车的实际速度高于最大允许速度，则先报警后制动；如果制动设备条件许可，则可在列车实际速度低于最大允许速度时缓解制动机，从而避免列车停车及重新启动。

（3）中心数据处理。

系统要求控制中心高速处理数据，所以不宜采用大容量外存储器，以避免较多的存取数据时间。具体做法是将与列车运行有关的区间数据表和列车数据表分别存储在计算机的内存中，由操作系统控制数据的存入和取出，如图 1-44 所示。

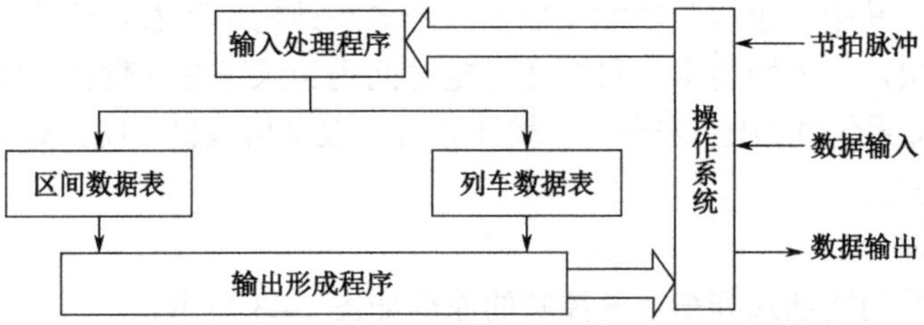

图 1-44　中心数据处理系统的设计框图

区间数据表中的数据分成静态数据和动态数据两大类。前者包括区间设备的地点、区间的坡度、缓行段的位置和长度、列车接发地点、区间的分界点、每一段轨间电缆的地理位置等；后者包括区间设备状态的变化、缓行段的增减、紧急停车操作等。对于每一个具体区间，在设计完成后就能提供一份完整的区间数据文件，借助于翻译程序就可自动生成区间数据表。

列车数据表中存储全部与列车有关的信息。由于在控制中心整个管辖区内的列车是运动的，因此列车数据表中的数据都是动态数据，包括列车的制动率、即时速度、所处的位置等。其中数据的接收、监视、删除等都通过程序来完成。列车数据表以级联的方式构成，从而可使每列车知道它的前行和后续车的位置。

由于列车速度控制系统最后形成的命令是直接指挥行车的，因此系统内所使用的计算机必须符合故障-安全原则。

5. 基于数字编码音频轨道电路的连续式列车速度控制系统

车地通信的内容主要是速度信息和距离信息两类，根据这个分类可将 ATC 系统分成速度码系统和距离码系统。速度码系统通常使用频分制方法，即用不同的频率代表不同的允许速度，从地面传递给列车的允许速度是阶梯分级的，在轨道电路区段分界处的限速值是跳跃式的，这种方式对于平稳驾驶、节能运行及提高行车效率不利，故已被距离码系统取代。

在距离码系统中，由于信息电码的多样性和复杂性，因此必须使用时分制数字电码方式，按协议来组成各种信息。利用数字编码音频轨道电路作为信息传输通道的 ATP 系统在结构上分为车载设备、轨道电路及室内（控制中心内）设备三大部分，如图 1-45 所示。

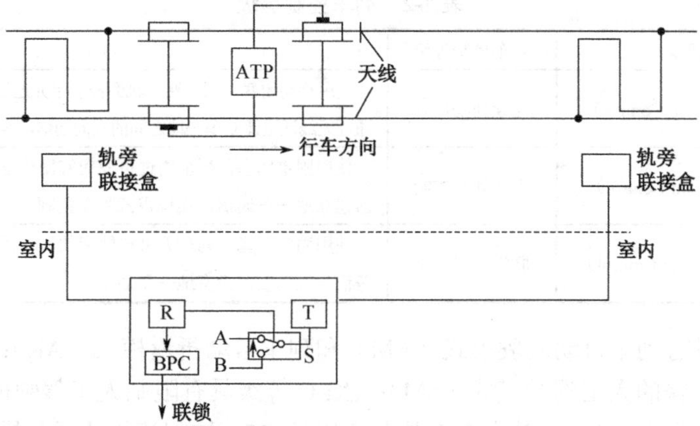

图 1-45 采用音频数字轨道电路的 ATC 系统的结构

车载 ATC 部分的主要任务是根据地面传至车上的各种信息（包括区间的最大限速、目标点的距离、目标点的允许速度、区间线路的坡度等）及列车自身的固有数据（如列车长度、常用制动及紧急制动的制动率、测速机测距信息等），由车载计算机实时计算得出允许速度曲线，并按此曲线对列车的实际运行速度进行监控。由于数据传输及实时计算，列车车速监控都是连续的。

数字音频轨道电路兼有在联锁装置中反映轨道状态（空闲或占用）及传输 ATP 信息两大功能。当轨道电路区段空闲时，轨道电路接收器上有高电平，促使转换开关吸起，向轨道电路发送“轨道电路检测电码”（6～8b），此时轨道电路的功能是检测轨道电路区段空闲，检测结果送往联锁装置。当列车占用该段轨道电路时，接收器上因轨道电路被列车轮对短路而呈低电平，导致转换开关落下，接通 ATP 信息的发送。此时，轨道电路一方面向联锁装置给出轨道电路已被占用的通报（表示），一方面又承担起传送 ATP 电码的通道作用。

系统用数字电码以脉码调制（ASK 或 FSK）的方式由轨道电路向车载设备传输数据，数据是以电码的形式发送的。一组 ATP 数据电码是串行的，为了实现同步，务必设置便于识别的起始码及终止码。处于起始码与终止码之间的是 ATP 数据信息码，通常一组 ATP 数据信息码应包括以下数据信息：① 车站停车点，用以构成列车停站后打开车门的一个条件；② 运行方向；③ 开车门，设置在停车站的轨道电路中，构成开左门或开右门的信息；

④ 后续轨道电路的入口速度；⑤ 区间最大速度；⑥ 后续轨道电路的区间坡度，包括坡度的正负号；⑦ 紧急停车信息；⑧ 至限速（缓行）区间起点的距离；⑨ 至限速区间终端的距离；⑩ 限速区间的允许速度；⑪ 目标速度，先确认目标的最大允许速度，列车停车点处的目标速度为零；⑫ 目标距离，列车在轨道电路的始端至目标点的距离；⑬ ATP 系统的开始与结束；⑭ 此时刻的轨道电路编号确认；⑮ 后续轨道电路编号确认；⑯ 列车占用轨道电路的长度；⑰ 后续轨道电路的频率。

6．ATC 系统的运用模式

（1）按采用列车运行控制系统的水平等级分类，有自动停车级、列车自动防护级、列车自动运行级、列车无人驾驶级。

（2）按采用行车指挥系统的水平等级分类，有列车运行监视级、列车运行监控级、列车自动监控级。

（3）按车地信息传输通道的不同，列车控制系统的等级分类如表 1-2 所示。

表 1-2　列车控制等级

列车控制等级缩写	列车控制等级	主要特点
CTC（Continuous Train Control）	连续列车控制	使用移动闭塞，列车通过轨旁控制单元连续通信获得移动授权，通过无线通道建立车—地之间的双向通信，实现连续的列车控制
ITC（Intermittent Train Control）	点式列车控制	使用固定闭塞，列车通过可变应答器获得移动授权，通过应答器建立地—车通信，实现点式列车控制
IXLC（Interlocking Train Control）	联锁列车控制	使用固定闭塞，列车无来自轨旁的移动授权，司机必须按照轨旁信号机驾驶，没有地—车通信

CTC 等级具有列车自动驾驶模式（AM）和列车自动折返模式（AR）；ITC 和 CTC 等级都具有 ATP 监督的人工驾驶模式（SM）；IXLC 等级具有限制人工驾驶模式（RM）和非限制人工驾驶模式（NRM）。其中 ITC 控制等级是 CTC 控制等级的后备模式。

列车根据运行区域的控制等级、驾驶模式、移动授权命令及车地通信设备的状态，可从一种驾驶模式/控制等级切换到另外一种驾驶模式/控制等级（升/降级），并且列车控制等级的切换过程可在列车驾驶室显示屏（HMI）上显示。

（1）对于在联锁列车控制区域（IXLT 区域）内运行的列车，以及在点式列车控制区域/连续列车控制区域（ITCT/CTCT 区域）以 RM 模式运行的列车，车载设备不监督移动授权。

（2）在点式控制等级下，车载设备通过应答器接收轨旁 ATP 系统发送的移动授权和列车控制命令，监督列车以固定闭塞方式运行。

（3）在连续控制等级下，车载设备通过无线 WLAN 车地传输通道接收轨旁 ATP 系统移动授权和列车控制命令，连续监督和控制列车，允许列车以移动闭塞方式实现追踪运行。

列车可自动从较低控制等级向高控制等级切换（IXLC→ITC→CTC）。较高控制等级向低的控制等级的切换需要司机确认。

1.4.3　相关规范、规程与标准

国家标准 GB/T 12758—2004《城市轨道交通信号系统通用技术条件》第 7 条“闭塞方式”相关条文。

项目小结

（1）城市轨道交通信号系统是实现行车指挥、列车运行监控和管理所需技术措施及配套装备的集合体。信号系统应确保行车安全、提高运输效率、改善工作环境、促进管理的现代化。

（2）根据系统的构成和功能实施的需要，列车检测可通过连续检测或非连续检测方式实现。与行车安全相关系统的列车占用检测、信息传递及列车定位等技术措施和设备必须符合故障-安全的原则。

（3）闭塞是用信号或凭证，保证列车之间必须保持一定间隔距离运行的技术方法。适用于城市轨道交通的闭塞类型有固定闭塞、准移动闭塞和移动闭塞。

（4）固定闭塞是指前方列车与后续列车之间的最小安全追踪间隔距离预先设定且固定不变的闭塞方式。移动闭塞是指前方列车与后续列车之间的最小安全追踪间隔距离单元不预定设定，并随列车的移动、速度的变化而变化的闭塞方式。

（5）行车指挥与列车运行控制是综合自动化系统的核心环节。信号系统应能与相关机电系统或综合自动化系统接口或与其他机电系统集成，逐步实现机电系统的综合自动化。

（6）信号系统能力主要指系统的监控范围、系统响应时间、通过能力、折返能力和系统设备故障的降级运用及其复原能力。

（7）固定闭塞制式的ATC系统属于速度码系统，前、后列车定位方式均采用固定定位技术，车地信息传输多采用利用轨道电路的传输方式，传输的信息为模拟信息。

（8）准移动闭塞制式的ATC系统属于距离码系统，前、后车的定位方式是不同的，前行列车的定位采用固定定位技术，而后续列车的定位则采用移动定位技术，车地信息传输可采用利用轨道电路传输方式或利用无线传输方式。

（9）移动闭塞制式的ATC系统是一种区间不分割，根据连续检测先行列车位置和速度进行列车运行控制的ATC系统，其他属于距离码系统，前、后车的定位方式均采用移动定位技术，车地信息传输利用无线传输方式。

（10）在移动闭塞系统中，后续列车的速度曲线随着目标点的移动而实时计算。移动闭塞是一种新型的闭塞制式，由于基于无线通信，实现车地间双向、大容量的信息传输，达到连续通信的目的，在真正意义上实现了列车运行的闭环控制。可以根据列车的实际速度和相对速度来调整前后车的距离，最大可能缩小列车运行间隔。

复习思考题

1. 简述城市轨道交通信号系统的特点及构成。
2. 简述测速设备的种类及工作原理。
3. 简述车地信息传输技术及其工作原理。
4. 什么是闭塞？适用于城市轨道交通的闭塞方式有哪些？
5. 简述阶梯式分级速度控制曲线的工作原理。
6. 简述速度-目标距离模式曲线的工作原理。
7. 简述不同闭塞制式ATC系统的速度控制。
8. 简述点式ATC系统的速度控制原理。
9. 简述基于轨间电缆的连续式列车速度控制原理。
10. 简述基于数字编码音频轨道电路的连续式列车速度控制原理。

项目2 ATC系统的基本工作原理认知

项目引导

ATC系统是为自动实现列车监控、列车安全防护和列车运行控制技术的功能所需的成套系统和设备组成的构成体。它包括ATS、ATP及ATO子系统，是对列车运行全过程或一部分作业实现自动控制的系统。

最大通过能力小于30对的运营线路可采用ATS和ATP系统，不小于30对的运营线路，宜采用完整的ATC系统。ATC系统应能降级运用，实现故障弱化处理，满足故障复原及自系统设备和通信、供电等相关系统设备故障等特殊条件下安全行车的需要。

随着我国CBTC核心技术的国产化和自主化，以及相应行业技术规范的制定和完善，CBTC系统已成为城市轨道交通信号系统的发展方向。

2.1 ATP系统的基本工作原理认知

2.1.1 工作任务

理解ATP系统的组成及基本工作原理。

2.1.2 知识链接

ATP系统是ATC系统的关键子系统，是通过列车检测、列车间隔控制和联锁等实现列车运行间隔、超速防护、进路安全和车门等监控技术的总称。

ATP连续检测列车的位置和速度，监督列车必须遵循的速度限制、车门的控制，追踪所有装备信号设备的列车，考虑联锁条件（如转辙机的位置），并为列车提供移动授权，实现与ATS、ATO及车辆系统接口及进行信息交换。

1. ATP系统的组成

ATP系统主要由用以实现控制列车运行的车载装置、用以产生控制信息的地面装置、地面与车载双方互通信息的中间传输通道三部分构成。该系统必须符合故障-安全的原则，并具有自检和自诊断能力。

ATS系统负责监督和控制ATP系统，联锁系统和轨道空闲检测装置为ATP提供基层的安全信息，列车系统是ATP的控制对象。

轨旁ATP支持与联锁系统、ATS系统、列车（经过轨旁-列车通信系统）以及相邻的

ATP 系统的双向接口。与 ATP 轨旁设备相连接的子系统包括 ATS 运行控制中心、联锁计算机和用于无线通信的轨旁通信控制单元。

车载 ATP 支持与通信系统和车辆的双向接口，同时也连接测速发电机和应答器通道。与 ATP 车载计算机单元相连接的子系统包括应答器天线、测速发电机（OPG）和雷达单元。无线通信单元有一个接收天线和一个发送天线。另外，车载 ATP 还有与 ATO 和司机 HMI（人机接口）的连接。

2．ATP 系统各部分间的关系

（1）轨旁 ATP 和车载 ATP 的关系。

轨旁 ATP 与车载 ATP 之间的双向信息交换是列车移动闭塞运行原则构成的基础。

① 如果列车已经被定位，并且列车和轨旁之间的通信通道已经建立，列车发送一个位置报告给轨旁 ATP。位置报告消息还包括附加的状态信息，如列车速度、列车构成和列车的驾驶模式。

② 如果来自轨旁单元的移动授权距离缩短，并且车载 ATP 通过计算得出列车不需要紧急制动就可以停在新的防护点之前，列车就会发送停车保证信息。

③ 车载计算机单元的故障信息也是通过这个通信通道发送给轨旁 ATP 的。

④ 从轨旁到车载发送移动授权消息。轨旁 ATP 通过从 SICAS 联锁得到的状态信息，以及从轨旁 ATP 列车追踪功能得到的状态信息，计算出列车的安全移动授权。

⑤ 附加的一般数据消息，包括道岔的位置状态、其他的防护点状态，如与屏蔽门或紧急停车按钮相关的紧急停车区域。

⑥ 操作员或维护人员强制施加的速度限制信息包含在临时速度限制数据中。

⑦ 轨旁 ATP 和车载 ATP 之间的信息交换通过轨旁的 ATS 总线来实现，轨旁 ATP 和无线子系统都连接到此总线。然后该信息经无线传输通过空气间隙由相应的车载天线接收。

（2）轨旁 ATP 与联锁系统的关系。

① 联锁系统与轨旁 ATP 之间交换的状态指示包括进路设定状态、道岔位置状态、轨道空闲区段状态、屏蔽门状态及紧急按钮状态。所有这些信息都来自联锁系统并发送给轨旁 ATP。

② 停车保证信息用于在进路取消的情况下缩短进路的接近锁闭延迟。如果信号装备列车保证停止在目的信号机之前，则从该目的信号机开始的进路可以立即被解锁。

③ 通过 ATC 总线，轨旁 ATP 和联锁之间进行信息交换。

（3）轨旁 ATP 与控制中心 ATS 的关系。

① 轨旁 ATP 从 ATS 接收操作命令并给 ATS 提供状态信息和故障信息。ATS 系统和列车之间的逻辑关系是通过轨旁 ATP 系统控制列车来实现的。

② 轨旁 ATP 向 ATS 提供如下状态信息：临时速度限制的状态指示、来自列车的状态指示及来自轨旁 ATP 和车载计算机单元的故障信息。

③ ATS 向轨旁 ATP 发送如下控制信息：临时速度限制的设置和取消、发送给列车的立即停车命令及发送给车载 ATO 的列车调整命令。

④ 通过 ATS 总线，轨旁 ATP 和 ATS 之间进行信息交换。

（4）轨旁 ATP 与相邻 ATP 的关系。

相邻轨旁 ATP 单元之间交换信息，这样移动授权信息就可以越过轨旁 ATP 的边界。

① 如果轨旁 ATP 检测到列车的实际移动授权已经到达边界，那么将会发送一个移动授权请求消息到相邻的轨旁 ATP。

② 相邻的轨旁 ATP 发送移动授权确认消息作为应答，这样就会在相邻的 ATP 区域传递另外的移动授权。

③ 轨旁 ATP 之间交换列车追踪信息，以确保在相邻轨旁 ATP 边界处列车追踪的安全。

④ 通过 ATC 总线，相邻轨旁 ATP 之间进行信息交换。

（5）车载 ATP 与车载 ATO 的关系。

车载 ATP 和车载 ATO 之间存在一个双向的接口，用于在运行期间连续的数据交换。

① 车载 ATP 从轨旁 ATP 获得移动授权并对限制最严的速度曲线进行监督。这些信息也会传送到 ATO，因为列车需要由 ATO 在 ATP 的监督下驾驶。

② 车载 ATP 包括了应答器通道，并且传送应答器信息到 ATO。

③ 车载 ATP 同时传送一些状态信息（如 ATP 运行模式、车门释放）来协调 ATO 与车载 ATP 之间的操作。

④ ATO 传送一些状态信息（如 ATO 生命指示）来协调车载 ATP 与 ATO 之间的操作。

⑤ 通过内部总线，车载 ATP 与 ATO 之间进行信息交换。

3. ATP 系统的功能及工作原理

ATP 系统和联锁系统一起负责列车的运行安全。ATP 系统主要用于对列车驾驶进行防护，对与安全有关的设备或系统进行监控，车载速度显示成为列车运行的凭证，实现列车间隔保护、超速防护等功能。

车载 ATP 设备连续检测系统中列车的位置、监督速度限制、防护点和控制列车车门。屏蔽门的控制基于列车在站台区域的正确定位。联锁是底层的基本防护系统。轨旁 ATP 设备连续监视和遵守联锁的条件，如道岔的监督、侧面防护、紧急停车按钮监督和其他进路情况。这些信息是轨旁 ATP 设备移动授权计算的基础。

在点式列车控制级里，移动授权来自联锁系统，即通过轨旁电子单元和可变数据应答器发送给列车信号机的显示。

在连续式列车控制级里，轨旁 ATP 的主要目的是执行移动闭塞列车分离原理来优化列车的运行。在安全的前提下，超越固定闭塞分区的限制。

移动闭塞列车分离基于提供给轨旁 ATP 的列车位置报告。在检测和识别应答器、测量列车位移的同时，列车连续地定位。轨旁 ATP 的移动闭塞安全列车追踪功能的输入来自信号装备列车的位置报告及轨道空闲检测。在连续式列车控制级别，移动授权来自该列车的追踪功能，并且通过双向通信通道从轨道发送至列车。

位置报告信息和移动授权信息的双向交换，实现了基于无线通信的移动闭塞列车分离。位置报告是移动闭塞所特有的。车载设备通过自身的测速测距系统的计算和轨旁信标的校正，得出当前的精确位置，按照一定的通信周期发送给轨旁列车控制中心，这称为位置报告。轨旁列车控制中心根据所辖区域内所有列车的位置，为每列列车实时地计算出移动授权的终点，同样按照一定的通信周期发送给车载控制设备。

（1）列车定位。

定位的任务就是确定列车在路网中的地理位置。通常，ATP 系统都是利用查询应答器及测速发电机和雷达完成列车定位的。安装在线路上某些位置的应答器用于列车物理位置的检测，每个应答器发送一个包括识别编号（ID）的应答器报文，由列车接收。在 ATP 车载计算机单元的线路数据库里存有应答器的位置，这样列车就知道它在线路上的确切位置。由测速发电机和雷达执行列车位移的测量。列车定位的误差来自应答器检测精度、应答器安装精度和位移测量精度。列车定位的流程如下：

① 车载 ATP 启动时，列车未定位，但是车载计算机单元的线路数据库记录有应答器的位置。

② 一旦列车连续地经过两个应答器，就初始化它的位置参数，这样列车“已定位”。第一个应答器初始化应答器和查询器天线的位置，但是列车不知道自己在轨道上的运行方向；根据线路数据库里应答器的顺序，第二个应答器确定列车的运行方向。通过第二个应答器后，列车位置可由测速发电机和雷达测量。

③ 在两个应答器之间，已定位的列车位置参数得到更新，这都得益于测速发电机和雷达的连续位移测量。当经过另外一个应答器时，一列已定位的列车将调整它的位置参数以便得到更加精确的位置。

（2）速度和距离测量。

确定列车的速度和位置（距前方目标点的距离）是 ATP 车载设备的重要功能。列车的实际运行速度是实行速度控制的依据，速度测量的准确性直接影响到速度控制的效果。列车的位置直接关系到列车运行的安全，通过确定列车的实际位置，才能保证列车之间的运行间隔，以及能够在抵达障碍物或限制区之前停下或减速。列车速度和距离的精确测量是所有与速度有关的安全功能及列车定位的先决条件。不论列车的定位状态如何，利用传感器数据的安全组合，速度和距离都被连续地测量。这样一来，即使列车没有定位，列车的实际速度仍然可以被预先定义的速度级别检查和比较。

通常，测速发电机和雷达单元一起用于列车速度和距离的精确检测。测速发电机是一个经过广泛验证的单元，通过计算经车轮旋转在测速发电机里产生的脉冲来测量列车的速度和距离。雷达评估反射雷达波的多普勒效应并计算速度和距离值，不受列车的空转和滑行的影响。

为确保轮直径在规定的限值之内，每次维护服务后，必须输入轮直径。为补偿轮磨损和由于轮磨损而造成的维护服务间隔期内的轮直径的改变，使用一种雷达和应答器重新同步的复杂的方法。当列车经过应答器时，其正确的位置被识别。在这些应答器之间，雷达和里程计一起确定准确的列车速度和距离。两种测量传感器的连续结合得到了更加安全、可靠、精确的速度和距离值。

影响距离测量精度的主要因素有空转和打滑两个。空转是指在列车加速期间车轮失去与走行轨的黏着接触，导致测量的准确性受到不利影响。打滑在制动期间发生，车轮失去了与铁轨的接触使列车不能定位。使用不受车轮旋转影响的雷达系统可以保证 ATP 系统得到准确的列车位置。

（3）速度监督与超速防护。

在城市轨道交通中的速度限制分为两种：一种是固定速度限制，如区间最大允许速度（取决于线路参数）、列车最大允许速度（取决于列车的物理特性）；另一种是临时性的速度限制，如线路在维修时临时设置的速度限制。

固定限速是在设计阶段设置的。ATP 车载设备中都存储着整条线路上的固定限速区信息。固定限速有以下几个：

① 列车最大允许运行速度，取决于列车位置、停车点、联锁条件等。

② 列车最大允许速度，取决于列车的物理特性。

③ 区间最大允许速度，取决于线路参数。

临时限速用于在一些特殊地段来降低允许速度，该功能满足在特殊地段要求较低速度的运行要求，如正在进行的一些轨道作业等。这些临时限速可以在 ATS 控制中心由操作员按照安全程序人工设置。设定的数据会从 ATS 系统传送给 ATP 轨旁单元。ATP 轨旁单元通过通信通道把所有的临时限速发送到车上。车载 ATP 接收来自轨旁 ATP 的移动授权，与相应的轨道区段的临时限速信息相一致。

ATP 系统始终严密监视这类速度限制不被超越，一旦超过，先提出警告，后启动紧急制动，并做记录。

（4）停车点防护。

停车点有时就是危险点，危险点在任何情况下都是不能越过的，因为这会导致危险情况。例如，站内有车时，车站的起点即是必须停车点，在停车点的前方通常还设置一段防护段。ATP 系统通过计算得出的紧急制动曲线即以该防护区段的入口点为基础，保证列车不超越入口点。有时也可在入口点处设置一个列车滑行速度值（如 5km/h），一旦需要，列车可在此基础上加速，或者停在危险点前方。停车点防护如图 2-1 所示。

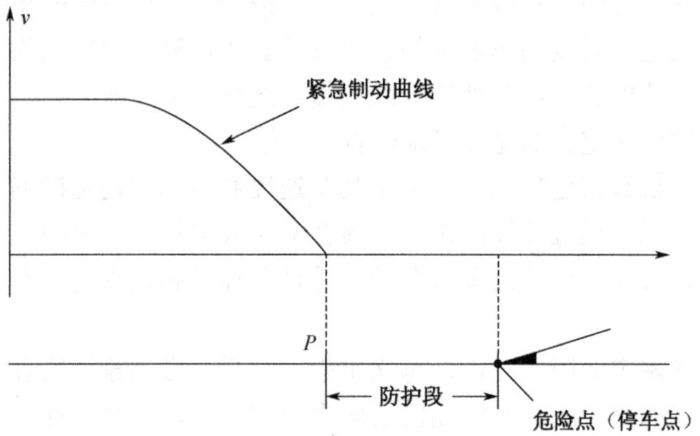

图 2-1　停车点防护示意图

（5）列车间隔控制。

列车间隔控制是一种既能保证行车安全（防止两列车发生追尾事故），又能提高运行效率（使两列车的间隔最短）的信号概念。在过去的以划分闭塞分区、设立防护信号机为基础的自动闭塞（固定闭塞）概念下，列车的间隔是靠自动闭塞系统来保证的。而在基于轨道电路的准移动闭塞中，列车间隔控制的概念如图 2-2 所示。

① 轨道电路必须采用多信息音频轨道电路，轨道区段长度通常在 300m 以下。

② 前行车所占用轨道电路的始点被当成危险点。

③ 前行车的防护段可以是相邻轨道电路，也可以大于轨道分区的长度，视具体情况而定。

④ 目标距离 L 是指后续车所在轨道电路的始端到停车点（防护段的始端）的距离。

⑤ 实时计算所得的紧急制动曲线与列车的最大减速度有关；在驾驶室内显示出的最大

允许速度略小于制动曲线上的实际最大允许速度，以便留出时间空隙可以进行告警及由司机做出反应。

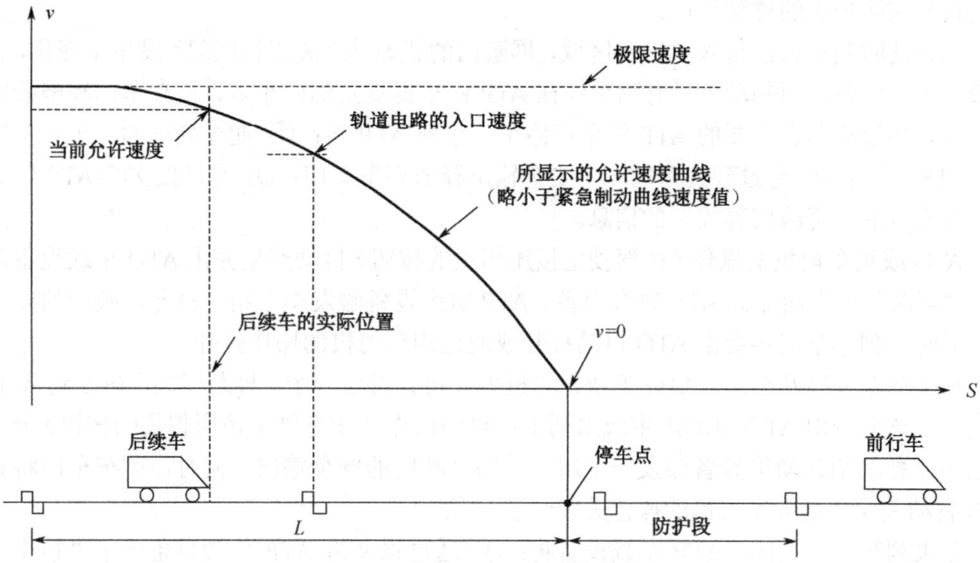

图 2-2　基于轨道电路准移动闭塞的列车间隔控制

（6）车门控制。

城市轨道交通车辆的车门可以自动开闭，也可由司机手动操纵，关键是要对安全条件进行严格的监督。对于反向运行的列车，由司机负责开、关车门，防止列车在站外打开车门，防止列车在站内时打开非站台侧的车门，防止在车门打开时列车启动等情况发生。只有在 ATP 系统检查所有安全条件均已满足时，给出一个信号，车门才能被打开。

运行中的列车在车门因故开启时，应立即导致紧急制动。通常在车辆没有停稳靠站时，ATP 不允许车门开启。当列车在车站的预定停车区域内停稳且停车点的误差在允许范围以内时，地面定位天线会收到车载定位天线发送的停稳信号，列车从 ATP 轨旁设备收到车门开启命令，ATP 才会允许车门操作，车载对位天线和地面对位天线才能很好地感应耦合并进行车门开关操作。这需要地面和车载 ATP 设备及车辆门控电路共同配合。

在列车停靠站台的精度已经偏离了±0.5m（对于地下车站）或±1m（对于高架车站或地面车站）的情况下，可以允许列车以小于 5km/h 的速度移动，以满足精确停车点的要求。

左右车门选择由车门开启命令来执行，此命令通过轨旁 ATP 系统获得。

列车停站时间结束（或人工终止），地面停站控制单元启动 ATP 轨旁设备，停发开门信号，关闭车门。车门关闭后，车载 ATP 才具备安全发车条件。

车站在检查了车门已关闭好以后，才允许 ATP 子系统向列车发送运行速度命令信息，列车收到速度命令，同时检查车门已关闭后，可按车载 ATP 收到的速度命令出发。

（7）站台屏蔽门控制。

在点式通信的情况下不能实现对屏蔽门的控制功能，因为这种情况下不存在车—地通信。

ATP 轨旁设备与屏蔽门采用安全接点的物理接口。ATP 轨旁设备发送“屏蔽门开”命令或“屏蔽门关”命令到屏蔽门，同时 ATP 轨旁设备得到来自屏蔽门“关闭且锁闭”状态。ATP 轨旁设备连续监测屏蔽门的状态。只有在屏蔽门“关闭且锁闭”的情况下列车才允许进入站台区域。如果屏蔽门的状态不再为“关闭且锁闭”，则 ATP 轨旁设备将站台区域作为封锁区域来处理，在封锁区域的边界处设置防护点。因此，接近列车将从 ATP 轨旁设备得到仅至该防护点的移动许可。

如果此时列车已经进入了站台区域，屏蔽门的状态从“关闭且锁闭”发生了变化，ATP 车载设备将触发紧急制动。只有列车停在 ATP 停车窗规定的停车点，列车车门和屏蔽门才能打开。如果列车在需要的 ATP 停车窗停车，车载 ATP 将：① 通过列车的一个安全输出切除列车牵引；② 通过到列车的一个安全输出释放列车车门；③ 通过报文给 ATP 轨旁设备一个安全的“屏蔽门释放”的信息。

ATO 或列车司机的操作（在驾驶室按压相关的按钮）自动产生并由 ATO 车载设备发送一个“屏蔽门开”命令到 ATP 轨旁设备。ATP 轨旁设备触发一个用于打开屏蔽门的安全输出。同时，列车车门将会由 ATO 自动打开或通过列车司机的操作打开。

如果列车要离开车站，ATO 车载计算机单元将会发送一个“屏蔽门关”命令到 ATP 轨旁设备，该命令由 ATO 自动产生或由列车司机的操作（在驾驶室按压相关的按钮）产生。使用该信息，ATP 轨旁设备触发一个用于关闭屏蔽门的安全输出。同时，列车车门将会被 ATO 自动关闭或被列车司机的操作关闭。

如果列车车门关闭，ATP 车载设备将：① 通过报文给 ATP 轨旁设备一个“禁止屏蔽门释放”的安全信息；② 通过到列车的一个安全输出关闭列车车门；③ 通过到列车的一个安全输出启动列车牵引。

如果 ATP 轨旁设备给 ATP 车载计算机单元的报文中屏蔽门状态为“关闭且锁闭”，列车就可以离开车站。

（8）其他功能。

除上述主要功能外，视具体用户的要求，ATP 系统还可具有其他一些功能。

① 紧急停车功能。在特殊紧急情况下，按压设在车站上的紧急停车按钮（平时加铅封），就可通过轨道电路将停车信息传递给区间上的列车，启动紧急制动，使列车停止运行。

② 给出发车命令。ATP 系统检查有关安全条件（如车门是否关闭、司机的操作手柄是否置于零位、ATO 系统是否处于正常工作状态）并确认符合安全后，给 ATO 系统一个信号。在人工驾驶模式下，司机在得到显示后即可进行人工发车；在自动驾驶模式下，ATO 系统得到 ATP 系统的发车确认信息后，即操纵列车自动启动。

③ 列车倒退控制。根据不同的用户协议，可以实现各种列车倒退控制。例如，有的用户要求防止列车退行，列车退行超过一定距离，或者越过轨道电路分界点，即启动紧急制动。

④ 停稳监督。监控列车停稳是在站内打开车门和站台屏蔽门的安全前提。为了证实列车停稳，将考虑来自雷达和测速发电机的信息。ATP 车载计算机单元将使用这些速度信息。

2.1.3 相关规范、规程与标准

国家标准 GB/T 12758—2004《城市轨道交通信号系统通用技术条件》第 3 条“术语和定义”相关条文。

2.2 ATO 系统的基本工作原理认知

2.2.1 工作任务

理解 ATO 系统的基本工作原理。

2.2.2 知识链接

ATO 系统是 ATC 系统的子系统，是自动实现列车加速、调速、停车和车门开闭、运行状态显示等监控技术的总称。

ATO 子系统主要用于实现“地对车控制”，即用地面信息实现对列车驱动、制动的控制，包括列车自动折返，根据控制中心指令自动完成对列车的启动、牵引、惰行和制动，送出车门和屏蔽门同步开关信号，使列车按最佳工况正点、安全、平稳地运行。

ATO 为非故障-安全系统，其控制列车自动运行，主要目的是模拟最佳司机的驾驶，实现正常情况下高质量的自动驾驶，提高列车运行效率，提高列车运行的舒适度，节省能源。

1. 驾驶模式

ATO 系统通常允许以下 3 种驾驶模式：自动驾驶模式或称 ATO 模式（简称 AM）、ATP 监督下的人工驾驶模式（简称 SM）及受限制的人工操作模式（简称 RM）。另外，车辆还提供了自由人工驾驶模式（简称 FM）。

（1）AM 模式。在本模式中，列车在 ATP 系统的监视下由 ATO 系统驾驶。ATO 系统通过速度曲线、信号状态及轨道占用等信息来监视列车移动，但司机可在任何时间操作紧急制动。

（2）SM 模式。在本模式中，列车运行完全由司机管理，但在 ATP 系统的监督之下。

（3）RM 模式。在司机室内驾驶模式选择开关上设有该模式的选择开关，它是 ATP 内部的一个模式，在降级 ATP 模式时使用，如列车车载初始化前和列车失去定位信息后，此模式下允许司机以不超过系统预先设定的限速人工驾驶列车。

（4）FM 模式。在本模式中，列车运行完全由司机管理，列车速度不受 ATP 子系统限制，速度测量由车上的里程表完成。在无装备（列车上没有装 ATO 车载设备）区域或所有 ATP 的冗余设备出现故障时或司机需要退行时，由司机启动本模式。该模式允许司机正向或反向驾驶列车。在列车退行距离超过一个最大容许范围之后，ATP 则无法被定位。

2. 驾驶模式的转换

（1）从 RM 到 SM。

RM 模式是列车上电时的初始模式（通常在车辆段）。在 RM 模式，司机驾驶列车。在列车经过两个固定数据应答器后，确定了列车的位置，建立了列车与轨旁设备的连续式通信通道，RM 模式将转换为 SM 模式。从 ATP 轨旁设备接收到移动授权后，列车变为 AM 模式。如果不能建立连续式通信通道，列车在 RM 模式下驾驶直到经过可变数据应答器（连接到信号机）。经过可变数据应答器时，ATP 接收到信号机发出的移动授权，列车驾驶变为 SM 模式。

（2）从 SM 到 AM。

在下列所有前提条件满足后，允许 SM 模式转换为 AM 模式：① 所有门已关闭；② 驾驶/制动手柄在零位；③ 钥匙开关在前进位置。

当司机操作 AM 启动按钮时，ATP 车载单元从 SM 模式转换为 AM 模式。该转换也可以在驾驶期间进行。

（3）从 AM 到 SM。

在列车行进时司机可以操作。当列车在 AM 模式下时，司机操作手柄放在惰行位置。有两种情况可使驾驶模式由 AM 转换为 SM 模式：① 如果司机将驾驶/制动手柄从零位移开，或将钥匙开关从前进的位置移开，ATP 车载单元将从 AM 模式转换为 SM 模式；② 如果列车在站外停稳，司机按压门允许按钮打开车门，ATP 车载单元将从 AM 模式转换为 SM 模式。

（4）从 AM/SM 到 RM。

① 如果 ATP 车载单元启动紧急制动，ATP 车载单元可以自动地从 AM/SM 模式切换到 RM 模式而无须司机的干预。如果司机想继续驾驶，必须当列车停稳时启动 RM 按钮。

② 如果列车在站外停稳，司机按压门允许按钮打开车门，ATP 车载单元将从 AM/SM 模式转换为 RM 模式。

③ ATO 或司机控制列车停在车辆段轨道的前面的停车点，当列车停稳后，司机按压 RM 按钮，ATP 车载单元从 AM/SM 模式转换为 RM 模式。

（5）从 SM 到 FM，或者从 FM 到 SM（必须在列车停止时操作）。

（6）ATP 与 ATO 的关系。

选择自动驾驶方式时，ATO 系统代替司机操纵列车驱动、制动设备，自动地实现列车的启动加速、匀速惰行、制动等基本驾驶功能。然而，不论是由司机手动驾驶还是由 ATO 系统自动驾驶，ATP 系统始终执行速度监督和超速防护功能，其关系如下：

手动驾驶=驾驶员人工驾驶+ATP 系统。

自动驾驶=ATO 系统自动驾驶+ATP 系统。

ATP 是 ATO 的基础，ATO 是 ATP 的发展和延伸。

3．列车制动

（1）制动的方式。

① 闸瓦制动。

闸瓦制动又称踏面制动，是一种应用最广泛的制动方式。它是用铸铁或其他材料制成瓦状制动块（闸瓦）紧抱滚动运动中的车轮踏面，在闸瓦与车轮踏面间产生摩擦力而使车辆制动。当闸瓦抱住车轮踏面后并不是使车轮立即停止转动，两者之间产生的摩擦既有物理作用，又有化学作用，如制动过紧时，闸瓦可能烧红。

② 盘形制动。

盘形制动是在车轴上或在车轮辐板侧面装上制动盘，然后控制动夹钳压紧制动盘侧面，它们之间的摩擦力转换成制动力而达到制动目的。由于制动不再通过车轮踏面，可以减少它的机械磨耗。此外，制动盘和车轮两者的材料可以按自己的功能要求来选择。因为制动时比较平稳，且噪声较小，这种制动尤其适合高速列车。

③ 磁轨制动。

磁轨制动分为电磁型磁轨制动和永磁性磁轨制动，其最大的优点是产生的制动力不受轮轨间的黏着条件限制，其主要区别在于选用磁铁的不同，前者采用的是电磁铁，后者为永久性磁铁。磁轨制动不受轮轨黏着力的影响，所以制动力较稳定，并且使用磁轨制动可以使列车制动距离减少 20%。但由于磁轨制动直接与轨道摩擦，会产生很大的热能，导致轨道升温，同时它对钢轨的磨损较大，因此磁轨制动被更多地运用于紧急制动。

除上述几种制动方式外，还有轨道涡流制动、旋转涡流制动、电阻制动、再生制动、液力制动、逆气制动等。这些制动方式只是在具有牵引动力装置的车辆及动车上才能应用，对动力集中的整个列车而言，其制动力较小，不足以应付长大列车，但它们对高速列车的制动效果较好。

（2）列车的制动过程。

制动机用于操纵完成上述制动，制动机的种类很多，可归纳为：① 空气制动机；② 真空制动机；③ 电控制动机；④ 电磁制动机。在上述各制动机中，目前应用最广泛的是空气制动机和电控制动机。列车的制动过程如图 2-3 所示。

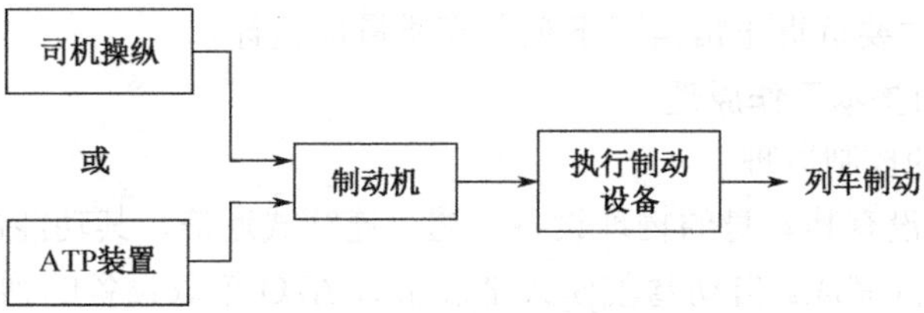

图 2-3　列车的制动过程

（3）制动的分类。

ATP 系统的主要任务是按要求使列车减速或制动，列车机车上的制动装置对全列车实施制动时，按用途和制动效率可分为两种。

① 常用制动。

常用制动可以调节和控制列车的运行速度（减速），也可以施行全制动，使列车到零速度。它的特点是作用比较缓和，制动过程也较长，因为它只使用全列车制动能力的 20%～80%，而在多数情况下只使用 50%的制动能力。

② 紧急制动。

紧急制动也称非常制动，它的特点是全列车的制动能力全部得到实施，最终反映到列车上是制动比较迅猛，以致可能在列车发生冲撞时，特别是在旅客列车上，旅客会感到突然的向前冲击，从而有可能发生撞伤等。所以，不论是人工制动还是 ATP 自动制动，在一般情况下都是首先应用常用制动，或追加压力的常用制动，在万不得已或非常紧急的情况下才应用紧急制动。

图 2-4 表示了 3 种制动曲线，曲线①表示列车的紧急制动曲线，由 ATP 系统计算及监督。列车速度一旦触及该制动曲线，立即启动紧急（强迫）制动，以保证列车停在停车点。曲线①对应于列车的最大减速度，一旦启用紧急制动，列车务必停稳后经过若干时间才能重新启动。因此，这是一种非正常运行状态，应该尽量避免发生。一旦启用紧急制动，列车记录仪应该加以记录。曲线②表示由 ATP 系统计算的制动曲线，在驾驶室内显示出来最大允许速度，它略低于紧急制动曲线（之间的差值通常为 3～5 km/h）。当列车速度达到该

曲线值时，应给出告警，但不启用紧急制动。显然，曲线②对应的列车减速度小于曲线①的减速度，一般取与最大常用制动对应的减速度。曲线③则是由 ATO 系统动态计算的制动曲线，也即正常运行情况下的停车制动曲线。

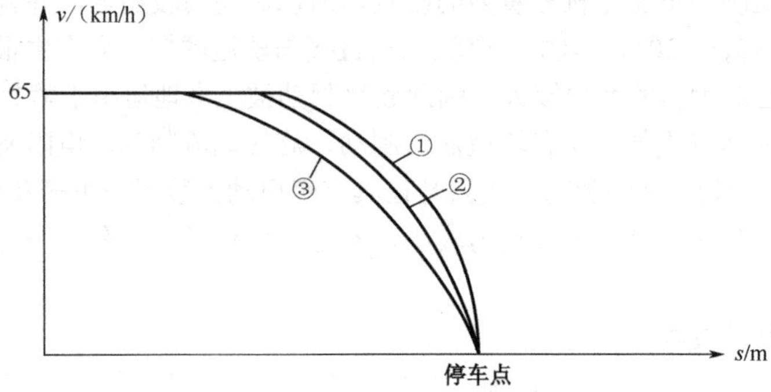

图 2-4　3 种分别由 ATP 和 ATO 计算得出的制动曲线

从这 3 条停车制动曲线可以明显地看出：ATP 系统主要负责“超速防护”，起保障安全的作用；ATO 系统主要负责正常情况下列车高质量地运行。

4．ATO 系统的基本工作原理

（1）自动驾驶的控制原理。

通常轨旁 ATO 没有其本身的物理设备，通过连续式通信，其功能由 ATS、ATP、联锁和车载 ATO 设备共同完成。自动驾驶模式是装备有 ATO 车载设备的列车的常用驾驶模式。

车载 ATO 根据从车载 ATP 传来的数据，包括从 ATP 轨旁单元传来的 ATP 运行命令（移动授权、防护点）、测速发电机和速度误差补偿（多普勒雷达或加速度计等）装置的数据（以决定实际速度）、位置识别和定位系统的信息（应答器或接近传感器信息）及列车长度等运行参数，自动输出控制命令，控制车辆的牵引和制动系统。

同时，列车自动驾驶还受到 ATS 系统根据运行时刻表和行车人员发往轨旁 ATP/ATO 设备的运行命令（如发车命令、下一车站的计划到达时间）做出的列车自动调整（ATR）命令的控制。

由 ATO 系统执行的自动驾驶过程是一个闭环反馈控制过程，其基本关系框图如图 2-5 所示，测速系统通过 ATP 将列车实际位置传输给 ATO，参考位置的输入来自定位系统（如应答器）提供的位置信息。因此，ATO 提供设定值的数据输出至牵引和制动系统。

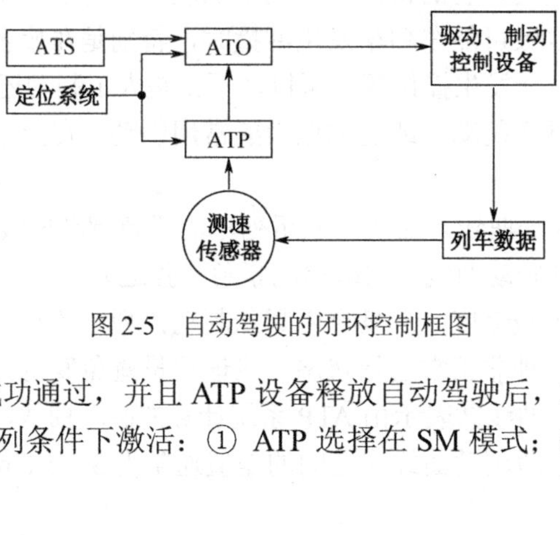

图 2-5　自动驾驶的闭环控制框图

通常在 ATO 自检成功通过，并且 ATP 设备释放自动驾驶后，就可以采用 ATO 驾驶。

ATO 模式一般在下列条件下激活：① ATP 选择在 SM 模式；② 停站时间已过（运行

停车点已被释放）；③ 从轨旁接收到移动授权；④ 门已关闭；⑤ 驾驶手柄在零位。

在自动启动 ATO 模式或由司机通过启动按钮启动 ATO 模式时，如果任何一个前提条件不满足，启动将被取消。在 ATO 由启动按钮激活后，ATP 将 ATO 控制信号传输到牵引系统，列车加速直到计算出的速度曲线。

当列车达到期望的速度后，系统控制列车按照速度曲线运行。当达到制动触发点时，ATO 设备将自动控制常用制动使列车跟随制动曲线。当列车停在车站预定的停车区域后，ATO 自动打开车门。类似的过程也应用于驾驶通过限速区或线路上的其他停车点，在列车通过限速区或在停车点停车后，列车自动加速到计算出的速度曲线。

采用连续通信方式情况下，ATO 车载设备还将下列信息传输到轨旁设备，包括到 ATS 的列车数据（如驾驶模式、车次号、目的地码等），以及到 ATP 轨旁的站台屏蔽门的开关信息等。

（2）车站精确停车的控制原理。

车站停车点由 ATO 根据线路数据库进行控制。ATO 设备通过 ATP 与测速系统连接，直接获得位置信息；ATO 列车定位功能也在列车经过任一固定安装的定位设备（同步应答器）时，接收明确的位置信息以提高测量精度。ATO 制动列车使停车精度指标可以达到±0.3m 或更好。精确停车将依靠车站区域安装的定位设备来实现。

5．ATO 系统的主要功能

ATO 子系统是自动控制列车运行的设备，ATO 的功能是非安全性的，它在 ATP 子系统的安全防护下，实现列车自动驾驶和无人自动折返。ATO 可提高列车运行效率，完成列车运行自动调整，实现列车节能运行、车站定点停车等功能。

（1）自动调整列车运行速度。在 ATP 子系统的安全保护下，完成列车的牵引、巡航、惰行和制动的控制，以较高的速度实现在正线运行、折返线运行、出入段线运行的自动追踪功能，确保列车达到设计追踪运行间隔和运行速度。

（2）车站站台定点停车控制。用地面信标/环线及配套车载天线，或测速发电机、测速雷达或其他定位措施实现列车车站定点精确停车。ATO 模式下列车停车精度应满足±0.3m，根据停车站台的位置、运行方向及停车精度，在 ATP 的保护下自动地对相应站台侧的车门、站台屏蔽门进行开关控制。当列车停车精度误差大于±0.5m 时，在 ATP 保护下不允许开车门。

（3）实现列车区间运行时分控制。按照设定的运行曲线，根据 ATS 指令选择最佳运行工况，确保列车按运行图运行，达到列车运行的自动调整和节能控制。

（4）车门和屏蔽门控制。在 ATP 保护下对车门和屏蔽门进行控制，可人工或自动开启/关闭车门和屏蔽门。列车停在站台上并维持开门时间可由 ATS 建立，并受 ATO 自动控制。只有车门、站台屏蔽门均已关闭以后，才允许列车启动。

（5）与 ATS、ATP 子系统交换信息，在 ATS、ATP 监控范围内能连续地进行车—地双向通信，以便 ATS 子系统能对在线列车进行实时监控。

（6）向车载乘客信息系统（PIS）提供信息，以显示下一站、目的地站和时间，并触发语音报警。

（7）允许速度。允许速度功能为 ATO 速度控制器提供列车在轨迹任意点的对应速度值。这个速度没有被优化，只是低于当前速度限制和制动曲线给的限制。

（8）巡航/惰性功能。巡航/惰性功能的任务是按照时刻表自动实现列车区间运行的惰性控制，同时节省能源，保证最大能量效率。

在正向运行 ATO 模式下，根据不同的条件选择最佳的运行工况（节能优化的速度曲线），确保列车按照运行图运行，达到节能及自动调整列车运行的目的。

ATO 节能曲线的计算要考虑线路坡度和曲线等参数对速度曲线的影响。因此，应将整个系统的线路平、纵断面信息保存在线路数据库里。

6．ATO 的主要软件功能模块

根据 ATO 系统完成的相应功能，典型的 ATO 软件功能模块构成如图 2-6 所示。

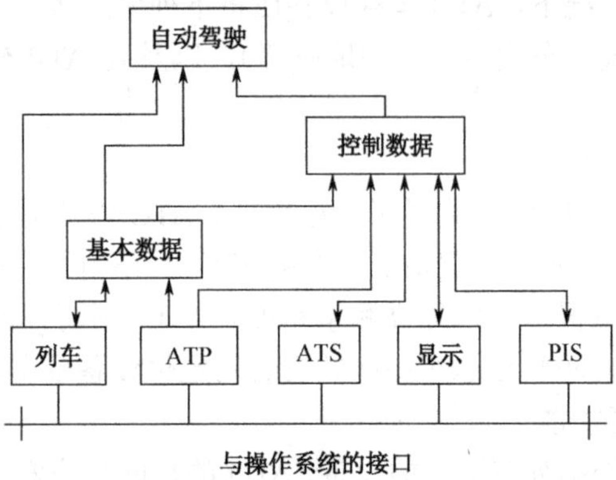

图 2-6　ATO 的主要软件功能模块

其中，列车、ATP、ATS、显示和 PIS 模块是与外部通信单元的接口，通过操作系统与外部单元进行接口。

基本数据模块存储从列车接口和 ATP 接口接收到的相关数据，该模块作为状态设备，具有 ATO 相关的状态，如车站接近、车站停车、跳停和折返等。

控制数据模块存储来自 ATP（部分）、ATS 和 PIS 的数据。自动驾驶模块执行主要的 ATO 控制运算，并完成如下任务：① 循环扫描输入（如定位信息），更新基本数据和控制数据；② 计算驾驶速度曲线；③ 计算惯性状态和值；④ 计算速度控制所允许的目标速度、目标距离；⑤ 计算驾驶列车的控制器值；⑥ 控制车门/屏蔽门接口；⑦在 司机显示器上输出信息（如灯、声音信号）等。

7．ATO 车载设备的功能模块

ATO 车载设备的功能模块如图 2-7 所示，其车载设备完成的主要功能如下。

（1）从驾驶室中接收司机输入的信息。列车到站定点停稳后，司机输入司机号、列车号、目标站号并传给 ATO，以便与地面通信。

（2）从 ATP 处获得信息。这些信息包括轨道电路传来的经 ATP 处理过的 ATO 信息和一些实时检测到的过程数据。经 ATP 处理过的 ATO 信息包括车门控制（右门、左门、左右门）、到达下一站的运行时间、车站号、车次号、目标站号、轨道电路号。过程数据包括列车走过的距离、列车速度和区间调整的信息。

（3）给出操纵变量。经 ATO 计算出的操纵变量（牵引、制动力值，运行/制动命令）传送到车辆接口，进行速度控制。

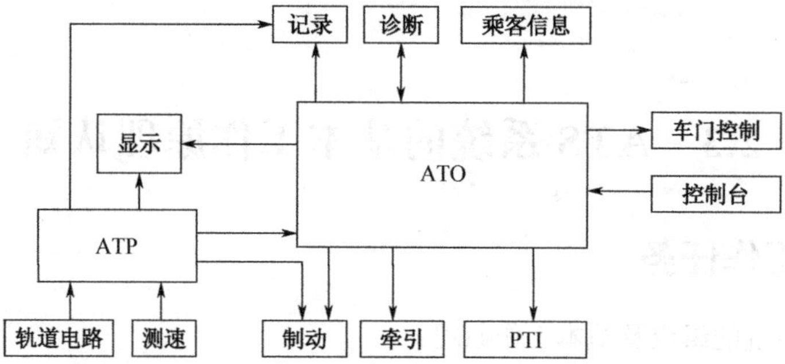

图 2-7　ATO 车载设备的功能模块

（4）车门控制。在车站停车后，经 ATP 检查开门条件后，ATO 给出开门信息（左门、右门、左右门）。

（5）向地面发送信息。列车停稳的同时，ATO 还向车载 PTI 传送 PTI 数据，以便与地面进行通信。

（6）ATO 能提供乘客信息。ATO 在到站前和出发前均可给出乘客信息，包括目的地、运行方向等信息。

（7）ATO 能显示信息。ATO 运行时要把运行状态传给显示器，传送的数据为控制器的状态（运行、制动、惰行）、实时速度和控制器数据特殊功能及车门控制信息，这些电信号都用循环方式传送出去。

（8）对运行过程，ATO 能进行必要的记录存档。

（9）ATO 留有诊断接口。

8．列车识别系统

ATO 系统的一项重要功能是将列车数据从车辆传输到控制中心（OCC），该功能由列车识别（PTI）系统完成。在 PTI 系统内，机车上的 PTI 天线负责发送列车特征数据电码，置于钢轨间的回路环线（在区间内每隔一定距离设置一个接收环线，在停车站的正线上设置一个接收环线）用于接收机车天线发送的数据，并将此数据经由电缆传输至控制中心。由 PTI 系统传送的列车数据可以包括：① 车次号码；② 列车车号；③ 驶往的目的地（终点站名称）；④ 乘务员号码；⑤ 车门状态；⑥ 列车状态（停车或运行）等。

PTI 系统的车载设备不单独另设，而是集中在 ATO 系统内，但有独立的软、硬件，负责编辑电码、调制及发送。

PTI 系统电码的发送也是采用频移键控（FSK）方式，通常以几百 kHz 作为载频。在控制中心内也设有接收、处理 PTI 电码的接口，将接收到的 PTI 电码解调后传送给 ATS 系统，最终由 ATS 系统处理后将列车数据显示在终端和屏幕上，并加以记录。

2.2.3　相关规范、规程与标准

国家标准 GB 50157—2013《地铁设计规范》第 2 条“术语”相关条文。

2.3 ATS系统的基本工作原理认知

2.3.1 工作任务

理解ATS系统的组成及基本工作原理。

2.3.2 知识链接

ATS系统是ATC系统的子系统，是监督列车运行，根据列车时刻表为列车运行自动设定进路，并对列车运行自动调整，实施列车运行管理等技术的总称。

1. ATS系统的组成

ATS系统由控制中心设备、车站设备、车辆段设备三大部分组成。

（1）控制中心设备。

控制中心设备是ATS系统的控制主机，是ATC的核心。其作用主要是进行数据的处理，用于状态表示、运行控制、运行调整、车次追踪、时刻表编制及运行图绘制、运行报告、调度员培训、与其他系统的接口。其设备组成如图2-8所示。

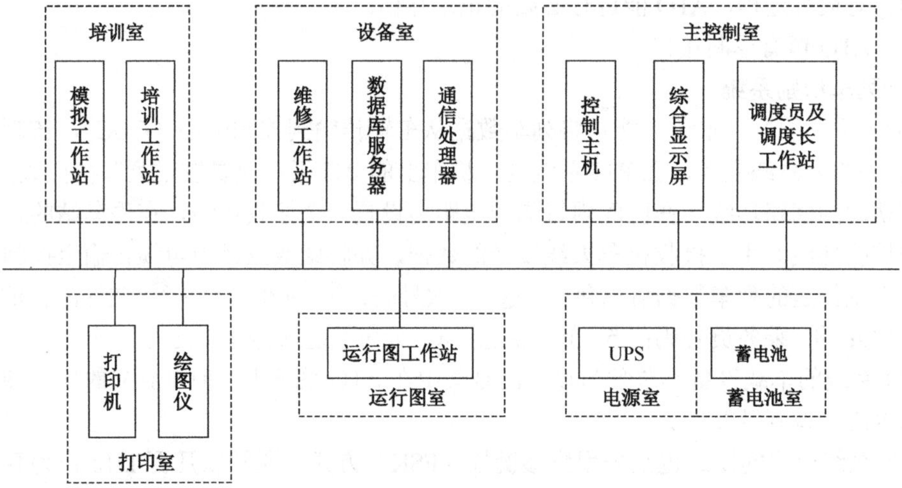

图2-8　ATS控制中心设备

① 控制主机。其作用主要是进行数据的处理。

② 综合显示屏。其作用是监视正线列车的运行情况和监视系统设备的状态。

③ 调度员及调度长工作站。其负责行车调度指挥，是实际操作的平台。调度员在控制中心监视和控制联锁设备及行车状态，工作站显示计划运行图和实际运行图。

④ 运行图工作站。其负责运行计划的编制和修改，通过人机对话可以实现对运行时刻表的编辑、修改及管理。

⑤ 培训与模拟工作站。其是列车运行的仿真软件。该工作站与调度员工作站显示相同，有相同的控制功能，可仿真列车运行和异常，但不参与实际列车的控制，它用来进行实习

调度员的模拟操作培训，以培养其系统控制能力。

（2）车站设备。

车站有集中联锁站和非集中联锁站的区别。集中联锁站设有一台 ATS 分机，连接 ATS 与 ATP 地面设备和 ATO 地面设备，采集车站设备信息、传送控制命令，与 ATS 系统联系。非集中联锁站不设 ATS 分机，它的 PTI、PIS 和 DTI 均通过集中联锁站的 ATS 分机和 ATS 系统联系，道岔和信号机由集中联锁站计算机控制。

（3）车辆段设备。

车辆段的 ATS 分机，用于采集车辆段内存车库线的列车占用及进/出车辆段的列车信号机的状态，在控制中心显示屏上给出以上信息的显示，以便控制中心及车辆段值班员及车辆管理人员了解段内停车库线列车的车次及车组运用情况，正确控制列车出段。

车辆段派班室和信号楼控制台室各设一台终端，与车辆段 ATS 分机相连，根据来自控制中心的实际时刻表建立车辆段作业计划。

2. ATS 系统的主要功能

（1）列车自动识别及自动追踪功能。

ATS 系统根据当日计划运行时刻表确定的车次号以及列车与地面的双向通信功能，根据列车在线运行的位置、进路状态等信息实现全线的列车自动追踪运行，并显示车次及列车进入、驶出管辖区的车次自动移位。

（2）列车运行调整功能。

ATS 系统根据列车偏离当日计划（实施）运行时刻表的程度，提供两种运行调整方式。一是偏离时间在一定范围内时，ATS 系统可通过选择 ATC 运行等级调整列车在区间的运行时分以及改变车站站停时间等措施自动调整列车运行时间，使全线列车按时刻表运行。二是在特殊情况下或偏离时间较大时，则需要行车调度员的人工介入，通过人机对话方式进行人工在线调整。

（3）ATS 系统的控制功能。

ATS 系统与信号其他子系统结合，根据列车运行时刻表进行进路的中心自动控制，必要时中心调度员可介入进行人工控制。当运行需要时可通过中心调度员与车站值班员办理授、受权手续后实现设备集中车站控制。当车站发现有危及行车安全的情况时，车站值班员可以采取措施，强行进入车站人工控制。控制中心设备或通道故障以及运行需要时可降级为车站自动控制或车站人工控制。

车站 ATS 应能根据接近列车的识别号及目的地号等信息或程序控制等方式进行列车进路的车站自动控制。通过车站联锁设备可以办理列车自动通过和自动折返进路。若采用站间闭塞作为降级方式，当车载设备故障或无车载设备的列车驶入时，ATS 可以设定全部或部分区段降级为站间闭塞方式。

（4）时刻表的编制与管理功能。

通过运行图工作站实现自动或手动编制系统运行需要的各种时刻表，并可以进行修改。编制后的时刻表在数据库服务器的磁盘机内存储。存储的时刻表一旦被调度人员确认并进入在线系统，即可成为可实施的计划运行时刻表。控制中心系统可提供多种时刻表（如平日、节假日、特殊活动日及不同季节的时刻表）。通常编制时刻表需记入下列信息：车次、列车停靠站台、车站到/发时刻及通过、始发站、终到站等。

（5）运行图绘制功能。

ATS 控制中心计算机根据编制的时刻表及列车的实际运行情况，自动产生计划和实际运行图，可在控制中心的绘图仪或打印机上按指定的时间间隔及不同的颜色输出；运行图也可在有关工作站上显示并再现。

（6）列车运行的监视功能。

控制中心 ATS 系统根据车站 ATS 设备采集的信息在中心大显示屏上动态显示全线线路、车站、折返线、道岔、信号机、进路，以及在线列车运行的实际位置和各种状态、车辆段进/出段列车信号机状态。

在各调度台上根据操作员或调度员的各种操作能给出所需的各种显示，包括各车站及车辆段的详细站场情况、所管辖范围内的各种设备状况、详细的报警信息、操作及控制指令的显示、时刻表及列车调整的各种参数的显示、各种统计报告及系统的运行状况和提示、告警。

（7）系统设备的监视功能。

ATS 控制中心系统对管辖范围内的信号设备进行监视，系统内的主要设备具有自检测及故障监视功能，一旦检测到故障信息，即送至控制中心主计算机，并在相关调度工作站或维修工作站上给出报警。

ATS 车站设备能够采集各站的信号，以及 ATP、ATO 和联锁设备的主要工作状况，并能及时传至控制中心和车辆段内的信号维修中心。

控制中心 ATS 主要设备、车站 ATS 设备构成均应采用热备方式。当主机出现工作异常时，可自动或手动切换至备机，保证系统继续运行。

（8）调度员培训和模拟演示功能。

在培训/模拟工作站上，配备有各种系统编辑、装配、连接和系统构成工具，以及列车运行的仿真软件。培训/模拟工作站可以与中心调度员台一样，具有同样的显示内容和相同的控制功能，并能实际仿真列车的在线运行，但不参与实际的列车控制。

（9）运行统计和报表的生成处理功能。

ATS 系统可以根据需要记录中心调度员的每日输入信息、中心设备工作状况信息、车辆走行距离信息等并进行统计，将统计结果存入数据库。根据数据库有关数据，可以自动产生与列车运行有关的报表，主要包括列车识别和列车追踪报表、列车运行的调整报表、进路报表、异常情况和设备报警信息报表、列车运行时刻表和偏离时刻表报表等，并将报表存入数据库。存入数据库的统计结果和报表可以在有关工作站上显示，或由打印机打印输出。

（10）各种操作信息的记录及回放功能。

ATS 系统对整个 ATC 系统设备的状态、报警信息和调度员的操作信息进行记录并输出备份，而且能够根据运营需要，对系统所辖区域内任何地点的记录数据进行过程回放。

（11）车站发车计时器功能。

通过 ATS 车站分机驱动车站发车计时器，向司机提供车站发车时间早晚点提示。正常情况下，列车在站台停车后，按系统给定站停时分倒计时，显示距计划时刻表的发车时间，为零时指示列车发车；正计时为发车晚点。特殊作业发车计时器应有特殊标志。

（12）实现 ATS 系统与其他系统的信息交换。

与通信系统的接口：与主时钟的接口，为 ATS 中心计算机系统提供基准时间；与无线系统的接口，用于实现车次号与无线车载台的对应；与车站广播系统的接口，用于实现列车接近车站的预告广播；与旅客信息服务系统的接口，提供列车到达时间、终到站、列车通过预告等信息给旅客信息服务系统。

与综合监控系统的接口，提供运行时刻表信息、实时列车位置信息、列车识别号、信号设备状态及故障信息、乘客向导信息及信号系统可提供的其他信息。

3. ATS 运行的工作模式

ATS 有中央自动控制（CA）模式、中央人工控制（CM）模式、车站控制（LC）模式 3 种运行模式。

（1）CA 模式。

CA 模式是正常情况下的控制方式，根据联锁表、计划运行图自动设置列车进路，并根据计划运行图自动控制列车运行时分和停站时分。

（2）CM 模式。

在 CM 模式中，车站的人工控制转到 ATS 系统，当车站工作于该模式时，则由 ATS 系统启动控制而不由车站控制计算机启动控制。车站控制计算机继续接收表示，更新显示和采集数据。

（3）LC 模式。

在 LC 模式下，将车站的人工控制（如进路控制）转到车站控制室的车站控制计算机（SCC）。当车站工作于此模式时，不能由 ATS 系统启动控制。然而，ATS 系统将继续接收表示，更新显示和采集数据。

4. ATS 系统的基本工作原理

（1）列车监视和追踪（TMT）。

列车监视和追踪是控制中心 ATS 系统的功能，其任务是监视受控区域内移动的列车，确定每列列车在系统中的位置。列车监视和追踪需要完成列车识别号报告、跟踪。

每列列车与一个车次号相关联。列车一旦进入系统，就可以通过人工分配车次号或通过车次号读取器自动分配车次号；随后，ATS 根据列车的移动不断地修改列车的位置数据，直到列车离开系统或进入一个不受 ATS 监督的区域。

从一个区段到相邻区段的列车移动追踪称为“步进”，它是列车号从一个显示区段到下一个与列车移动相应显示区段的前进。

（2）自动进路排列（ARS）。

通过列车进路系统，实现了进路的自动排列。其功能是根据列车的当前位置，将进路排列指令及时地输出到联锁设备中。列车位置指示可以启动该功能。

为了保证运行的规律性，需要考虑运行触发点。列车进路系统只是在列车到达某一特定地点时才被启动，该特定地点就称为运行触发点。对每个运行触发点，要对启动列车进路系统的目的地编码予以配置。当到达触发点的列车请求进路时，已配置的数据就确定了进路。为此，为每个带有效目的地码的触发点配置一条进路。

在某些情况下，只有到了时刻表中发车时间时，ARS 才能排列进路。排列的进路是由列车的目的地号和位置决定的。

在进路设定指令输出到联锁设备之前，需进行若干可行性检查，该检查将决定执行或拒绝命令。如果所有检查都成功完成，则给联锁设备输出一个进路命令。

（3）时刻表系统。

时刻表系统分为一个执行时刻表的在线运行系统和一个创建时刻表的生成系统，这是ATS系统中用户可以修改的内容。

ATS设备包括时刻表数据库，该时刻表数据库里存储有ATS功能要求的所有时刻表信息。时刻表系统要完成时刻表数据管理，向其他ATS功能模块提供时刻表数据，向外部系统提供时刻表数据，按自动列车追踪请求安排列车识别号等功能。

在时刻表生成系统中，时刻表创建功能工作在图形方式下，考虑与运行相关的因素，如区间运行时间、停站时间、运行间隔等，可快速创建完整的日常时刻表，且还可以基于一些实际的信息进行修改，如客流量等。

时刻表生成系统的在线工具为中心ATS提供了修改时刻表的能力。

通过时刻表上预定的到达或出发时间和当前列车的到达及出发时间的比较，可为列车运行图表示器和自动列车跟踪提供列车与当前时刻表的偏差，启动列车自动调整。

（4）列车自动调整（ATR）。

列车自动调整（ATR）的任务是调整列车运行，确保列车遵照时刻表运行。它向车站旅客向导信息系统（PIS）输出预计到达时间，同时处理人机界面上的操作。ATR还给其他系统（如自动进路排列等）提供数据，负责检查系统设置的停车点并在必要的时候命令取消停车点。只有当某列车的ATR功能开启时，系统才会对该列车进行调整。

列车调整是以时刻表为依据的。时刻表包含所有与列车自动调整和列车运行相关的数据。例如，车次号（目的地号、序号、服务号），区间运行时间（包括最大和最小允许运行时间），停站时间（包括最大和最小允许停站时间），终端站存车时间，折返要求的间隔时间。

5. ATS系统的接口

1）中央接口

（1）到控制中心显示屏的接口。

作为ATS系统一部分的HMI接口工作站是到显示屏系统的接口。显示屏系统通过该接口计算机连接到ATS系统。显示屏接口HMI与OCC中的其他HMI原则上是一样的。其功能可以根据需要做一定的限制。

（2）到主时钟的接口。

ATS系统提供到中央GPS主时钟的接口。通过此连接接收的时间信号可以调整ATS系统的主时钟。正常情况下，主时钟会发送同步信息到通信服务器，然后进行全线的同步，当OCC故障时，备用OCC有自己的时钟，它可以向备用控制中心COM服务器发送同步信息。当OCC故障时，备用控制中心的通信服务器将使用其内部的高精度时钟作为系统时钟来同步。ATS系统的时钟信息会定期发送给车载单元来更新时间。

（3）到BAS系统的接口。

ATS系统给BAS提供信息，使BAS适时地打开隧道通风系统。通常当列车在站外或隧道轨道电路上停留的时间长于一个给定的值时，BAS就会有动作。

（4）到 FAS 系统的接口。

ATS 系统提供列车位置、时刻表等信息到 FAS 系统。数据通过中央前端处理器与 FAS 系统间的 TCP/IP 以太网接口进行传输，也可以在系统设计阶段定义可能的其他协议。必要时，PA、TEL、SCADA、FAS、BAS 的接口可以放在一起综合来考虑。

（5）到 PA 系统的接口。

ATS 系统向 PA 系统提供列车接近和驶离车站以及延误等信息。数据通过中央前端处理器与 FAS 系统间的 TCP/IP 以太网接口进行传输，也可以在系统设计阶段定义可能的其他协议。必要时，PA、TEL、SCADA、FAS、BAS 的接口可以放在一起综合来考虑。

（6）到通信网络的接口。

车站设备室和中央 ATS 之间通过冗余的专用光纤连接。中央 ATS 与车辆段 HMI 工作站间用通信网络提供的 10MB 以太网口连接。

（7）到 SCADA 系统的接口。

ATS 系统与 SCADA 系统的接口获取区段牵引电力状态的信息。数据通过中央前端处理器与 SCADA 系统间的串行接口进行传输。必要时，PA、TEL、SCADA、FAS、BAS 的接口可以放在一起综合来考虑。

（8）到车辆段的接口。

车辆段联锁接入到 ATS 系统。车辆段联锁传送的数据用于 ATS 显示车辆段轨道电路、道岔和信号机的状态。车辆段与中央前端处理器之间的数据传输采用 RS-232 串行接口。车辆段联锁与控制中心的前端处理器进行连接。车辆段联锁也可以选择与一个本地前端处理器连接。

2）本地接口

（1）到 LCP 的接口。

系统在每个车站都会提供一个到 LCP（现地控制盘）的接口。LCP 上的指示灯和开关通过铜线连接到一个接口模块的 I/O 端口，通过串口连接到联锁站的接口计算机。

（2）到 PIS 和 DTI 的接口。

ATS 系统的 PIS/DTI 接口给 PIS 子系统提供信息，用以通知站台的乘客交通信息，并在 DTI 上显示发车时间。PIS/DTI 从 ATS 接收以下信息：① 下一列车的目的地（PIS）；② 下一列车的到站时间（PIS）；③ 延误信息（PIS）；④ 提醒乘客列车接近即将到达车站（PIS）；⑤ 提醒乘客下一列车不能乘坐（通过）（PIS）；⑥ 发车时间指示（DTI）。

2.3.3　相关规范、规程与标准

国家标准 GB 50157—2013《地铁设计规范》第 2 条“术语”相关条文。

2.4　CBTC 的基本原理认知

2.4.1　工作任务

认知 CBTC 系统的结构及基本工作原理。

2.4.2 知识链接

2015年由中国城市轨道交通协会技术装备专业委员会发布的城市轨道交通CBTC信号系统规范中，对列车自动控制的定义为：城市轨道交通信号系统实现列车自动监控 ATS、列车自动防护 ATP、列车自动运行 ATO 及计算机联锁 CI 技术的总称。对基于通信的列车控制（Communication Based Train Control，CBTC）的定义为：采用不依赖轨旁列车占用检测设备的列车主动定位技术和连续车—地双向数据通信技术，通过能够执行安全功能的车载和地面处理器而构建的连续式列车自动控制系统。

从外界要求的角度来讲，CBTC 系统主要实现确保列车安全移动、乘客换乘、列车驾驶、列车服务管理、乘客和工作人员服务、运营维护支持 6 个目的。

CBTC 综合利用计算机技术（Computer Technology）、通信技术（Communication Technology）、控制技术（Control Technology）3C 技术代替轨道电路，采用感应通信或无线通信技术，实现车—地间双向、大容量的信息传输，构成新型列车控制系统，用于列车运行的闭环控制。CBTC 是实现移动闭塞制式的最佳技术手段。CBTC 确立“信号通过通信”的新理念，使列车与地面（轨旁）紧密结合、整体处理，改变以往车—地相互隔离、以车为主的状态。这意味着只要车—地通信采用统一标准协议，就易于实现不同线路间不同类型列车的互联互通。

1. CBTC 系统的结构

典型的 CBTC 系统的结构如图 2-9 所示。

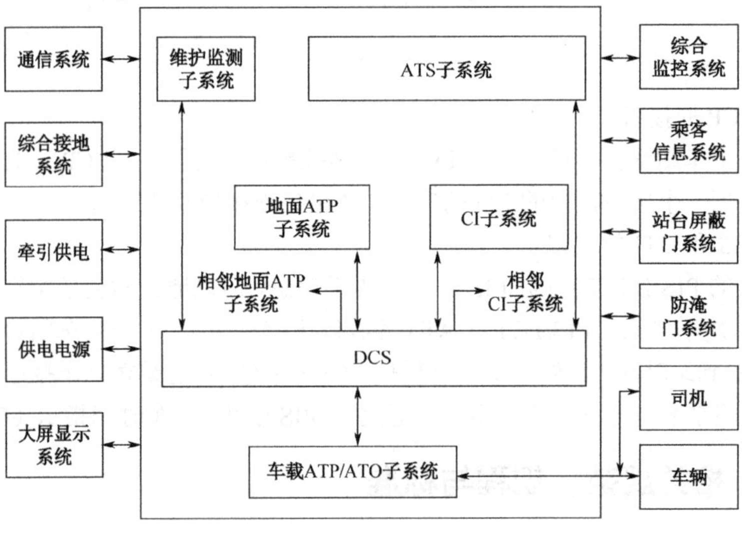

图 2-9 典型的 CBTC 系统的结构框图

整个 CBTC 系统包括 ATS 子系统、ATP 子系统、ATO 子系统、CBI 子系统、DCS，还宜配置维护监测子系统。其中，ATS、CI、ATP、维护监测子系统宜通过单独组网的 DCS 相互连接。CBTC 系统应能够提供双向列车自动运行防护。

CBTC 应用中的关键技术是双向无线通信系统、列车定位、列车完整性检测等。目前，国内地铁项目 CBTC 系统的车—地通信方式大致可采用无线通信、裂缝波导管、漏缆和基于感应环线 4 种。相关系统组成方案分别如图 2-10、图 2-11 和图 2-12 所示。

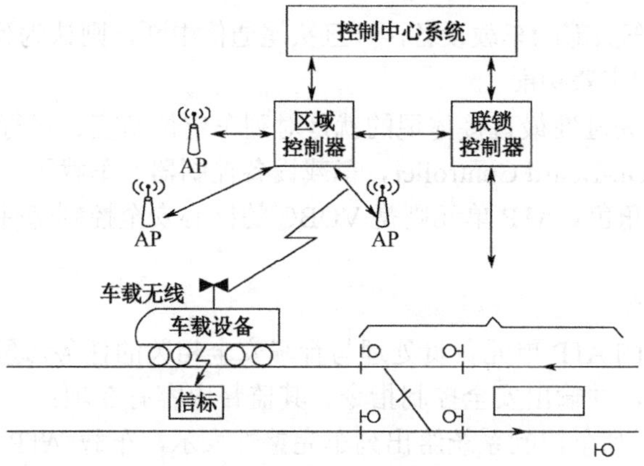

图 2-10　基于无线通信的 CBTC 系统

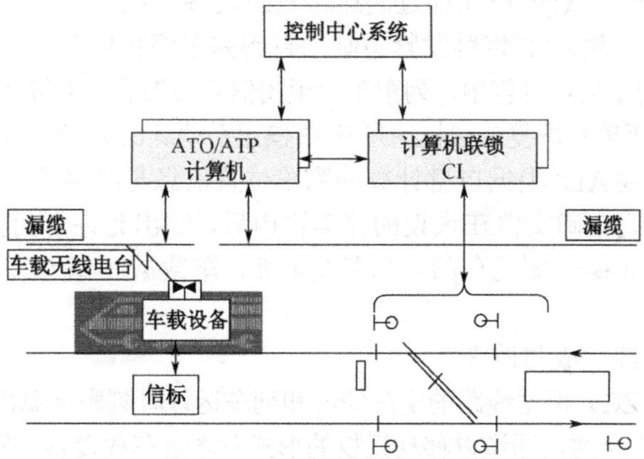

图 2-11　基于漏泄同轴电缆通信的 CBTC 系统

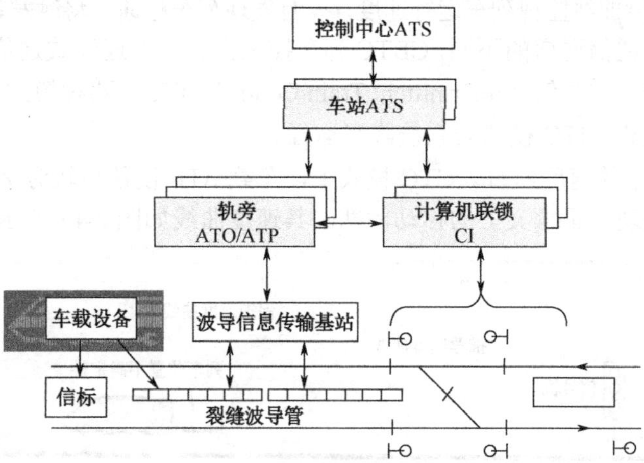

图 2-12　基于裂缝波导管通信的 CBTC 系统

CBTC 系统中列车定位信息的主要作用是：① 为保证安全列车间隔提供依据，CBTC 系统对在线的每一列车，能计算出至前行列车尾部的距离，或距进站信号点的距离，从而对它实施有效速度控制；② 作为列车在车站停车后打开车门及屏蔽门的依据；③ 作为无线基站接续的依据。

CBTC 系统检测列车完整性的最常用方法是在列车尾部安装无线通信设备，它能不间断地发出无线信号给列车头部的车载设备，一旦头尾通信中断，则认为列车完整性出现问题。

1）ATP 子系统的主要功能

CBTC 系统技术先进性最直接体现的就是对列车定位精度、运行速度控制精准性的提升。VOBC（Vehicle On-Board Controller，车载设备控制器）车载子系统充当了这一过程决策者和执行者的双重角色。ATP 单元则是 VOBC 的核心安全控制部件，直接关系着决策和执行的安全与效率。

（1）列车状态监督。

VOBC 子系统中的 ATP 单元负责处理与行车安全相关的任务。通过安全输入/输出模块对列车状态进行监督，并输出安全控制指令。其监督内容有 3 项：

① 列车完整性。列车控制系统给出列车完整性表示，车载 ATP 单元实时监测列车完整性信号。一旦该信号丢失，将输出紧急停车指令，直到完整性信号恢复。

② 后溜防护。车载 ATP 单元通过测速、测距设备监督列车运行方向。监测到列车后溜超出预定范围后，车载 ATP 将触发紧急制动直到列车停止后溜。

③ 车门防护。列车运行过程中，列车车门锁闭信号丢失后，车载 ATP 单元将触发紧急制动，停车以后车门锁闭信号恢复或司机通过开关/按钮手动确认车门旁路后，紧急制动撤销。

列车停站后，车载 ATP 根据自身计算的列车位置信息与线路地图中存储的站台停车点信息进行对比。判断列车确实停在预设的停车窗内后，给出允许开门信号，司机或 ATO 子系统根据此信号开启正确一侧的车门。列车发车前，车载 ATP 确认车门关好且锁闭后，给出允许发车信号。

（2）列车速度曲线生成与监督。

轨旁 ATP 设备（ZC）根据线路的实际情况和列车运行时刻表计算出每列车的安全停车点（距离），并通过车地安全通信通道以移动授权的形式发送给车载设备。车载设备根据移动授权内描述的安全路径和安全停车点，结合线路地图中存储的线路情况计算出列车应遵循的速度曲线。并且根据此速度曲线监视列车运行速度，一旦发现列车超速，将触发紧急制动。

根据车地安全通信通道的不同，CBTC 列车控制模式分为连续式通信（Continuous Train Control，CTC）和点式通信（Intermittent Train Control，ITC）两种模式。其中，CTC 模式为系统常规应用模式，ITC 模式为系统降级运行。

① CTC 模式下的速度监督。CTC 模式下，车载 ATP 设备与轨旁 ZC 之间可以建立连续的无线通信，实现真正意义上的移动闭塞。其速度曲线如图 2-13 所示。

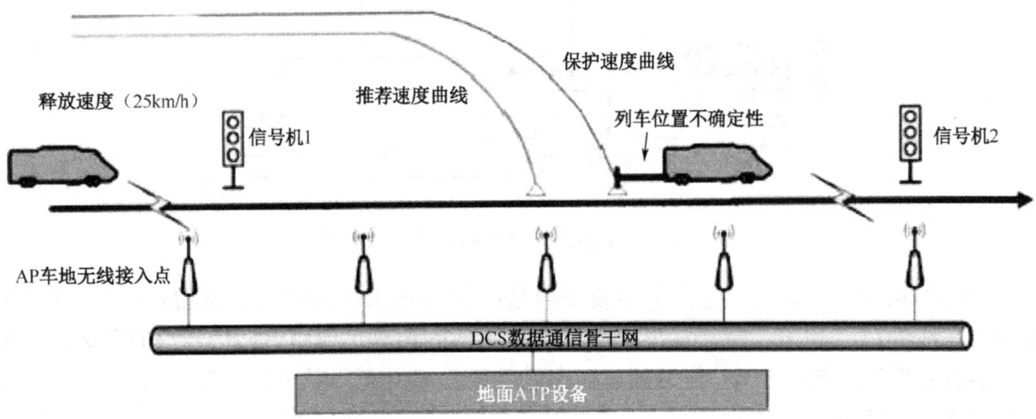

图 2-13　CTC 模式下 ATP 速度控制曲线

列车完成定位后，将自身的状态信息通过车地无线通信通道周期性地发送给轨旁 ZC。同时，ZC 根据线路占用情况和前方列车的位置向列车发送移动授权。该授权的起点为本列车尾端，终点为前车的尾端或线路固有的安全停车点。列车根据移动授权生成当前的保护速度曲线和推荐速度曲线。“前车的尾端”在 CBTC 系统中的定义并不等同于列车物理意义上的车尾，而是前车车载 ATP 在综合考虑了各种最不利的因素（轮径值误差、定位计算误差、应答器读取误差等）后报告给地面 ATP 设备的一个更有利的绝对安全的位置，其含义是，即使在最不利的情况下列车的实际位置也会在绝对安全位置的前方（相对于列车运行方向）。与 ITC 模式下的速度曲线不同的是，CTC 模式下的速度曲线是动态的。前车的移动或者前方线路的占用或解锁都会影响到移动授权的内容，进而影响到速度曲线。

②ITC 模式下的速度监督。ITC 模式下，区域控制器的移动授权仅可以通过与主信号机相关的可变应答器（主信号应答器或填充应答器）传输给车载设备。其速度控制曲线如图 2-14 所示。

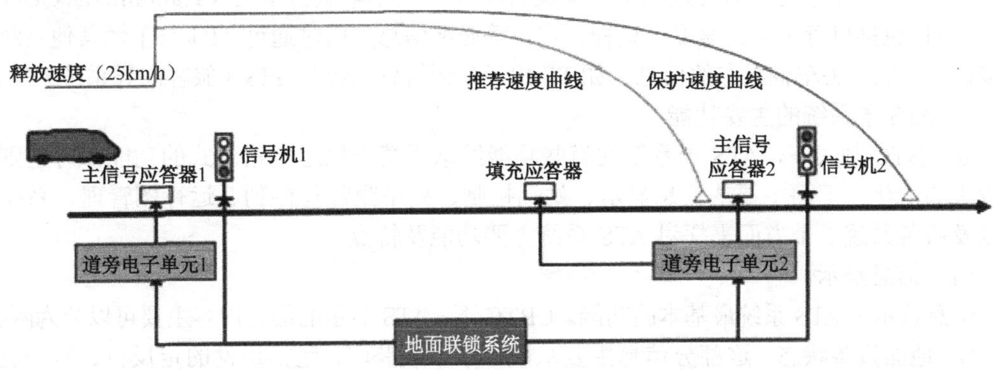

图 2-14　ITC 模式下 ATP 速度控制曲线

列车运行至信号机 1 前方，ATP 系统判断车速和距信号机的距离满足技术要求，则通过 DMI（Driver Machine Interface，人机界面）人机接口给出“速度释放”图标提示，司机人工确认信号机开放后，通过按压图标，给车载 ATP 单元发出速度释放信号。列车在 ATP 监督下前进，此时的保护速度为释放速度（限速为 25km/h）。列车经过主信号应答器 1 上方后，将收到新的移动授权。

该移动授权的起点为主信号应答器 1，终点为信号机 2 的保护区段终点。车载 ATP 将根据线路地图中存储的线路状况和该移动授权生成保护速度曲线和推荐速度曲线。保护速度曲线的目的在于确保列车不会越过移动授权的终点。推荐速度曲线的目的在于使列车尽可能地停在信号机 2 的前方，以便收到下一个点式移动授权。在区间内，距离信号机 2 一定距离安装有填充应答器，其发送授权报文与主信号应答器 2 完全一致，可以使列车提前获取前方进路开放信息，以较高速度通过信号机 2，进入下一区段。

如果列车经过可变应答器 1 上方后，没有收到移动授权（如收到红灯报文、默认报文或未收到报文），车载 ATP 将触发紧急制动。列车启动后只能以人工模式（最高限速为 25 km/h）通过信号机 1 和信号机 2 之间的区段。

（3）列车运行状态报告。

车载 ATP 单元负责维护列车的状态信息，并把状态信息提供给其他系统使用，主要内容如下：

① DMI 人机接口。车载信号系统提供一块液晶显示屏，向司机提供信号系统信息，其中 ATP 子系统负责维护其中的列车速度、当前安全限速、当前推荐速度、目标距离等运营信息。并且会通过图标显示 ATP 子系统发出的紧急制动及紧急制动的原因。

② 车载 ATO 子系统。车载 ATP 单元负责向 ATO 单元提供自动驾驶所需要的信息，包括列车当前安全限速、列车前方停车点的位置、ATO 发车条件是否具备等信息。

③ 轨旁 ATP 设备。连续式通信条件下，车载 ATP 单元向轨旁区域控制器发送列车的位置和速度、列车自身参数、屏蔽门开启授权等信息。区域控制器据此计算并发布后车的移动授权；在列车停站期间，执行当前列车的开、关屏蔽门命令。

④ 轨旁 ATS 系统。连续式通信条件下，车载 ATP 单元向轨旁 ATS 列车自动调度监督设备发送列车的位置和速度、列车自身参数、列车运行参数（到站、离站、跳停、紧制及其原因）等信息。这些信息将在控制中心显示，并且作为调整运行时刻表和自动排列进路的依据。

⑤ 车载 TIU 单元。运行过程中，车载 ATP 单元向车辆接口单元（Train Interface Unit，TIU）提供包括自身工况、速度、里程、定位等必要信息，同时通过 TIU 与车辆其他系统通信接口，获取有关车辆状态的信息，如 TIMS（车辆信息系统）、PIS（旅客向导系统）等。

2）ATS 子系统的主要功能

在 CBTC 制式下，ATS 子系统的有些功能继承了基于轨道电路制式的功能，有些则有了较大的变化。下面主要从信息显示、站场控制、列车跟踪与控制、运行图管理、系统仿真以及后备系统 6 个方面来探讨 ATS 系统主要功能及特点。

（1）信息显示。

信息显示是 ATS 系统最基本的功能。CBTC 下，ATS 显示的信息内容主要可以分为两类：

① 地面设备状态，这部分信息主要从联锁子系统获取，包括道岔的定反位、信号机灯光的颜色，以及道岔和区段的占用锁闭状态。另外，地面状态还包括站台设备的相关信息、紧急停车按钮的状态、站台扣车按钮的状态、屏蔽门的状态、调度员对站台的相关操作以及行车的状态记录等。

② 列车相关的信息，包括列车的车次号、所在的位置、列车当前的驾驶模式、运行速度、下站是否停车等相关信息。

在移动闭塞模式下，对列车的表示方式也将有很大的不同。传统上对于列车的表示主要是以轨道电路的占用为基础，一个连续区段的红光带占用表示一列车；现在，ATS 系统需要根据 ATP 收到的列车位置信息在逻辑区段轨道数据库中进行定位，根据偏移及方向，对列车进行描述。具体的表示方式，可以以人工划分的小区段，通过连续占用的小区段来表示一列车，也可以通过完全以坐标偏移为基础进行精确的列车描述。图 2-15 示意了一种基于精确位置计算的列车表示方式。

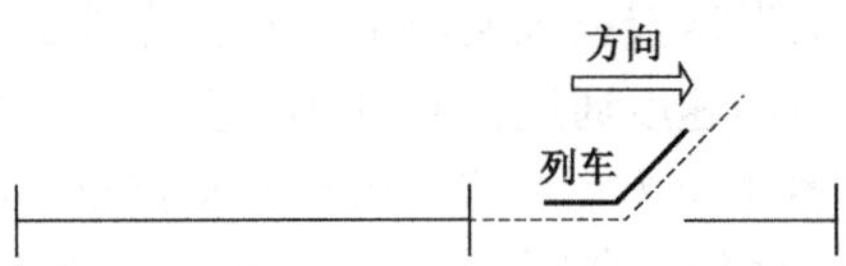

图 2-15　一种 CBTC 列车的表示方式

（2）站场控制。

CBTC 制式下的站场控制模式同基于轨道电路的 ATS 一样，分为调度中心控制（遥控）和车站现地控制（站控）。在遥控下，可以采用按照计划自动办理进路的方式，也可以采用人工直接办理的方式；在站控下，则只以人工方式进行控制办理。

主要的控制功能包括：排列、取消进路，信号重开，引导总锁，总人工解锁，道岔单操，道岔单锁，对信号机、轨道区段、道岔的封锁，以及站/遥控切换，自动进路设定和取消，自动折返的设定和取消，扣车、跳停和临时限速的操作。

在 CBTC 模式下，根据厂商设备的不同，可能会增加防护区间的设定与取消、ATP 设备初始复位等相关操作。

（3）列车跟踪与控制。

在基于轨道电路的 ATS 中，ATS 主要是根据联锁传递上来的轨道电路占用与出清状态，以及相应的列车计划信息，来形成对列车车次的识别、跟踪、校核和报点。

在 CBTC 制式下，ATP 子系统直接向 ATS 子系统报告精确的列车在线位置信息。这样，一方面，ATS 对列车的跟踪功能变得相对简单，主要是将各个 ZC 报告的列车信息进行汇总；另一方面，由于存在车—地连续通信，对列车的控制要求更加灵活，这就需要 ATS 必须对每列车进行更加紧密的跟踪，根据列车当前所在的位置及运行状态，及时将运行计划信息及相关的调度指令发送到车载设备。图 2-16 描述了列车跟踪与控制模块的运转逻辑。

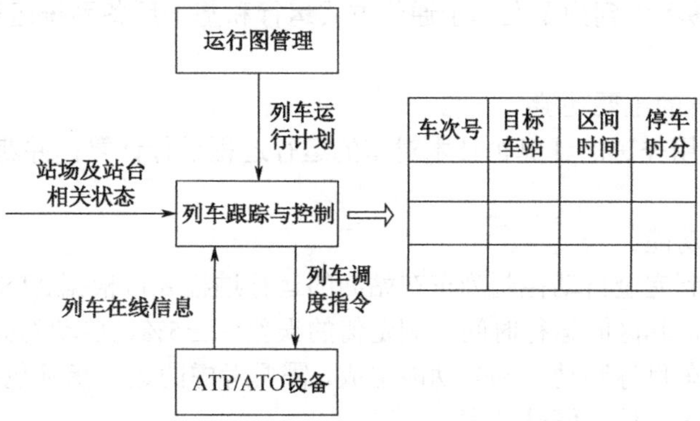

图 2-16　列车跟踪与控制模块的运转逻辑

（4）运行图管理。

运行图管理包括基本图的编制，日班计划的生成与下达，人工与自动计划调整，实际运行图的生成、保存及历史查询等。在日常作业中，处理各种运行事件，对运行计划进行调整，是调度工作的主要部分。在特定条件下实现列车运行计划自动调整，以减轻调度员的劳动强度，是 ATS 智能化的一大体现。

在 CBTC 制式下，由于作为被控对象的列车与地面可以保持实时联系，其报告的相关信息，如位置、停稳及速度等更加详细和精确，这就对 ATS 的自动调整功能提出了更高的要求。

（5）系统仿真。

系统仿真是通过对 ATC 底层系统的模拟，接收 ATS 的指令并向 ATS 系统反馈相应的状态，来达到系统测试、调试、人员培训等目的。由于仿真系统就是对 ATC 底层设备的模拟，因此底层设备制式的变化也就决定了仿真系统的变化。

在轨道电路制式下，仿真系统以轨道电路为基础，实现对站场设备信号状态的输出、进路办理，以及以轨道电路占用出清的方式，对列车运行进行模拟。

在 CBTC 制式下，车站内依然可以按照传统方式进行站场信号设备状态的输出。但在区间，则需要对虚拟区段进行考虑。对列车模拟时，也不能再依赖于轨道电路，而必须建立以轨道数据库为基础的列车移动，而且要求能够实时接收 ATS 的指令并进行相关处理，这都是与传统轨道电路制式下的 ATS 仿真系统的不同之处。

（6）后备系统。

虽然单独的 CBTC 系统能够完全满足所有的运输作业要求，但出于城市轨道交通大容量紧张运输对设备高可靠性的考虑，在建 CBTC 系统均配有后备系统。

所谓后备系统，是指在现有 CBTC 基于通信的列车位置检测系统之外，另外配备的一套以传统方式（如轨道电路或者计轴设备）进行列车位置检测的系统。在这套系统的支持下，能满足在 CBTC 系统部分或者全部故障，或者未装载通信设备的列车进入线路时，保证整个 ATC 仍然能够正常运转。由于后备系统的加入，基础的信号制式更加复杂，它不单纯是传统的由轨道电路或者计轴设备提供的固定闭塞方式，或者单纯是基于通信的移动闭塞方式，而往往是两种方式的混合。因此，ATS 需要面临如下的功能处理：

① 将 CBTC 模式下的设备状态及后备模式下的设备状态均能够显示出来；

② 区分当前的系统模式，并在不同的模式下向调度员提供不同的操作功能，以及对地面和车载设备提供不同的指令；

③ 在支持混运的系统制式下，需要考虑在车次跟踪与控制部分能够识别出处于不同制式的列车，并且能够考虑到列车在基于通信方式运行和基于后备系统运行切换过程中，ATS 对其的切换跟踪。

3）ATO 子系统的主要功能

ATO 子系统利用先进的计算机技术对车的运行过程进行计算，并获得合理、优化的列车操纵方案。

（1）自动驾驶功能。

自动驾驶能做到完全自动控制列车在站间的运行过程并可根据 ATS 子系统的调整指令调整区间运行时间，其区间运行时间与规定值的误差≤±5%。自动驾驶功能由车站发车、区间速度控制和列车目标制动三部分功能组成。需要考虑的运行指标包括运行时间、能耗、安全性、舒适性、跟随性、停站精度。

① 车站发车功能：在满足 ATO 启动条件下，允许司机启动 ATO 系统；启动 ATO 后，控制列车速度到目标推荐速度。

② 区间速度控制功能：ATO 负责在 AM 模式下驾驶列车。在加速和减速阶段，为了提升列车运行的平稳度和精确度，ATO 采用了恒定的加速度和减速度。

③ 列车目标制动功能：使列车精确地停在目标停车位置。一是站台定点停车。站台的运营停车点由线路数据库来提供。ATO 根据下一停车点，综合列车实际位置、速度、列车特性和 ATP 停车点计算非安全制动曲线，采用最合适的制动率控制列车准确平稳地停在规定的停车点。列车在车站站台的停车精度通常≤±0.3 m。二是区间信号停车。区间信号停车功能根据区间停车信号控制列车停在停车信号之前，区间信号停车对于停车精度的要求低于车站停车点精度的要求。当地面设备允许列车向前行进（发送新的移动授权）时，不需要司机进行任何操作，列车自动前进。

（2）自动折返功能。

ATO 系统可以在 ATP 的监督下控制列车进行自动折返。ATO 在车头、车尾两端分别设有自动折返继电器（AR），其 AR 的架构如图 2-17 所示，图 2-17 中 AR1、AR2 的动作，用以实现列车在自动折返时使车头、车尾控制权互换。

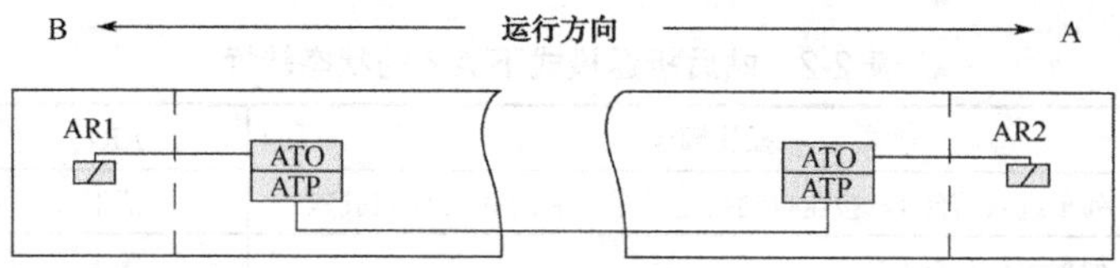

图 2-17　车载 AR 的架构

列车自动折返作业分为站前折返和站后折返两种模式。

① 站前折返。如图 2-18 所示，列车以 A 方向通过渡线进入站台 2，司机按压自动折返按钮并关闭 A 方向驾驶室，列车通过 AR 的状态变化自动转换车辆控制端。此时，司机激活 B 方向驾驶室并控制列车以 B 方向离开站台 2。整个站前折返过程中 AR 的状态转换如表 2-1 所示。

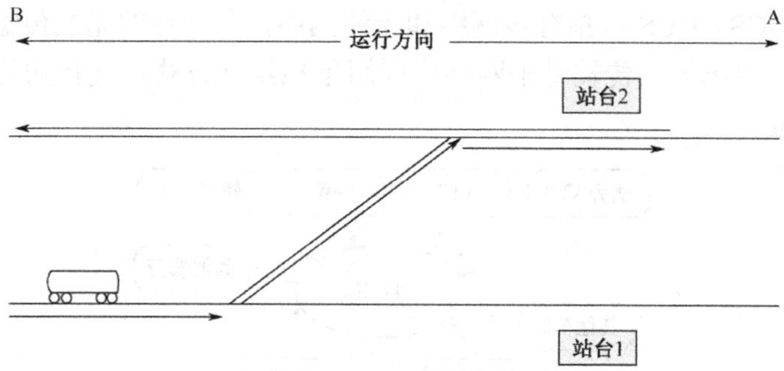

图 2-18　站前折返模式

表 2-1　站前折返模式下 AR 的状态转换

自动折返模式	操作顺序	AR1	AR2
站前折返	列车进入站台 2，按压自动折返按钮，关闭 A 方向驾驶室	落下	吸起
	自动换端	落下	落下
	等待激活 B 方向驾驶室	吸起	落下
	激活 B 方向驾驶室，列车离开站台 2	落下	落下

② 站后折返。如图 2-19 所示，列车以 A 方向进入站台 1，此时，司机按压自动折返按钮并关闭 A 方向驾驶室，列车自动通过渡线运行至折返轨，通过 AR 的状态变化自动转换车辆控制端，列车以 B 方向自动运行进入站台 2，司机激活 B 方向驾驶室并控制列车离开站台 2。整个站后折返过程中 AR 的状态转换如表 2-2 所示。上述折返进路均由折返车站的联锁系统按预定程序自动排列。

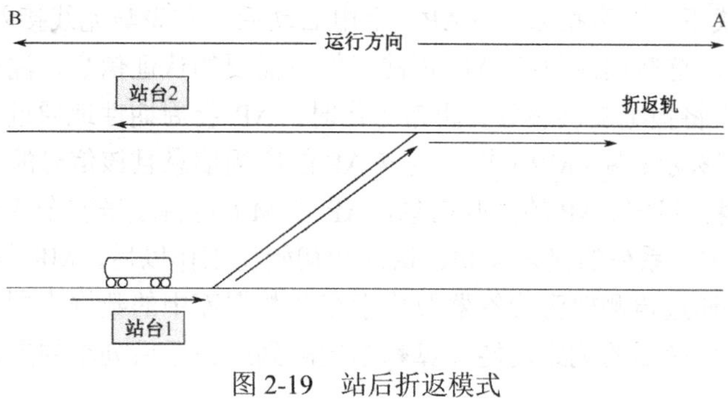

图 2-19　站后折返模式

表 2-2　站后折返模式下 AR 的状态转换

自动折返模式	操作顺序	AR1	AR2
站后折返	列车进入站台 1，按压自动折返按钮，关闭 A 方向驾驶室	落下	吸起
	列车运行至折返轨	落下	落下
	自动换端完成	吸起	落下
	列车运行至站台 2，激活 B 方向驾驶室	落下	落下

4）DCS 的功能

DCS（Data Communications Subsystem，数据通信子系统）是信号系统的一部分，其主要作用是实现信号数据的无扰双向通信系统，它属于一个宽带通信系统。DCS 与信号系统内的其他子系统的关系如图 2-20 所示，信号系统内的所有子系统要实现其内部和外部的通信，都需要通过 DCS。DCS 包括有线网络和无线网络，所选择的无线传输媒介可以是无线天线、波导管、漏泄电缆；传输骨干网络应采用单独组网方式，选择的传输媒介应符合国家标准或国际标准。

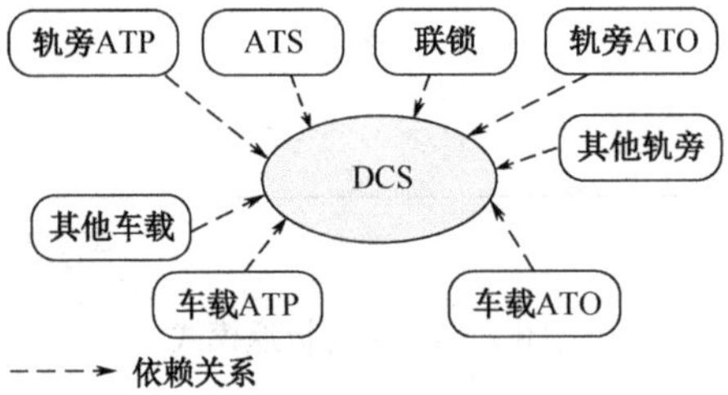

图 2-20　DCS 与其他子系统的关系

5）CI 子系统

CI（Computer Interlocking，计算机联锁）子系统是以计算机技术为核心，自动实现进路、道岔、信号机等防护技术的总称。

6）信号监测子系统

ATS、ATP、ATO、CI、电源及车辆段/停车场联锁等各子系统设备应具备自身的自诊断和监测报警设备，并在相应的维护工作站和操作工作站界面上显示报警。信号监测子系统宜由以下设备构成：① 车辆段/停车场、各设备集中站、维护部、维修中心、控制中心设置的维护工作站；② 微机监测设备；③ 电源屏的自监测设备；④ 与其他系统相关的接口。

2．无线 CBTC 系统的工作原理

目前，国内投入运营的 CBTC 系统基本上都可在 CBTC 模式和后备模式下运行。

在 CBTC 模式下，轨旁接入点（AP）上电启动后，首先与无线接入控制器（AC）交换一些初始化信息，这些信息包括 AP 正常工作所需要的认证信息、注册信息等，对于非法接入的 AP，AC 将拒绝提供服务。正常工作时，AP 会周期性地通过天线向外发送广播信息，当一个车载移动终端（MR）接收到该 AP 的广播信息且该信号的场强值大于 MR 的接入阀值时，MR 将发送与 AP 的关联信息，AP 与 MR 也将发送安全认证信息，拒绝非法 MR 的接入。在经过一系列的接入关联、认证和初始化工作以后，MR 与 AP 才建立通信。

车载控制单元通过检测轨旁应答器及检索车载数据库中的数据来判定和校准列车的位置，并且利用速度传感器的测距功能计算列车检测到应答器后列车的走行距离。车载数据库信息包括应答器位置、车站停车位置、坡度、土建限速、道岔位置和信号机位置等。轨旁 ZC 接收来自 ATS 的进路请求，然后沿着 ATS 请求的进路，根据当前列车报告的位置起始为其后续追踪列车计算移动授权命令（LMA）。当 ZC 确认受控列车的移动授权能够通过前方的信号机时，ZC 给轨旁联锁系统发布命令，将其所辖的该信号机开放为允许信号。ZC 知道其控制范围内所有列车的位置信息，并通过系统确定何时可以安全地延伸列车的移动授权。基于无线通信的 CBTC 系统的工作原理如图 2-21 所示。

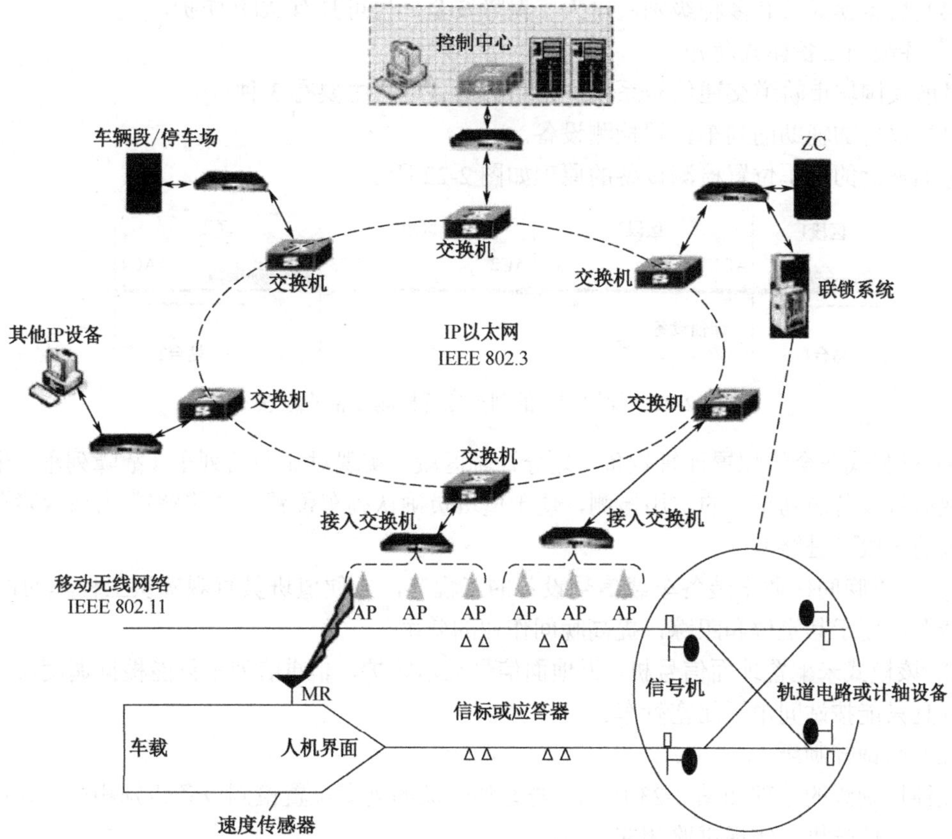

图 2-21　基于无线通信的 CBTC 系统的工作原理

3．CBTC 后备模式及运用

1）CBTC 后备模式的应用场景

CBTC 后备模式的设置从根本上是为了提高信号系统的可用性，主要是出于以下应用场景的考虑。

（1）线路开通初期，信号系统不具备 CBTC 开通条件时，后备模式作为临时过渡期间的列车运行模式。

（2）对未配备车载设备的列车（如工程车或不兼容本线信号系统的列车），车站值班员需直观确认其对区段的占用、出清情况，提高作业效率。

（3）正线的轨旁设备故障（如轨旁 ATP 主机、轨旁通信网络或轨旁接入点 AP 故障）而联锁完好时，要求运行状态能够导向安全，支持具有一定运营效率的系统运行。

（4）车载设备故障时，方便调度员进行列车追踪、定位，以便使故障列车尽快撤离，恢复系统正常运营。

2）后备模式的特点

（1）车载设备与轨旁设备间无法形成连续通信，CBTC 系统可采用后备模式降级使用。

（2）后备模式的使用必须建立在联锁设备正常运行的基础上。

（3）核心工作原理是利用不依赖于车—地无线通信的辅助列车位置检测设备，完成联锁进路控制。

（4）后备模式具有多种级别，可人工保障安全，也可具有 ATP 防护。

3）各级别后备模式简介

目前我国城市轨道交通信号系统中采用的后备模式主要有 3 种。

（1）仅叠加辅助的列车位置检测设备。

叠加辅助的列车位置检测设备的原理如图 2-22 所示。

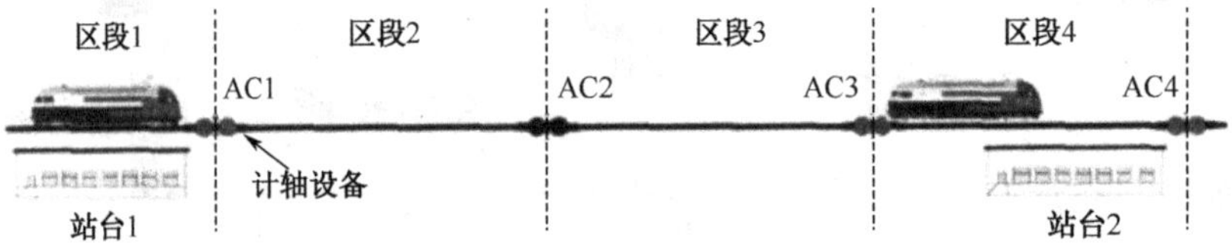

图 2-22　叠加辅助的列车位置检测设备的原理

① 该制式在全线配置计轴设备，划分计轴区段，实现对非通信列车（故障列车、未装备车载信号设备的列车）的占用检测，便于值班员确认列车位置，加快解锁/出清故障车所占用过的区段（进路）。

② 对于晚间作业未装备车载信号设备的工程车，方便值班员直观确认工程车的占用/出清情况，便于其定位和跟踪，提高晚间作业的效率。

③ 该模式未配置地面信号机，无地面信号显示防护，非通信列车只能根据调度命令行车，并且只能按站间电话闭塞行车。

（2）联锁控制级。

联锁控制级的原理如图 2-23 所示，与叠加辅助的列车位置检测设备级别相比，联锁控制级增加了信号机，实现进路闭塞。

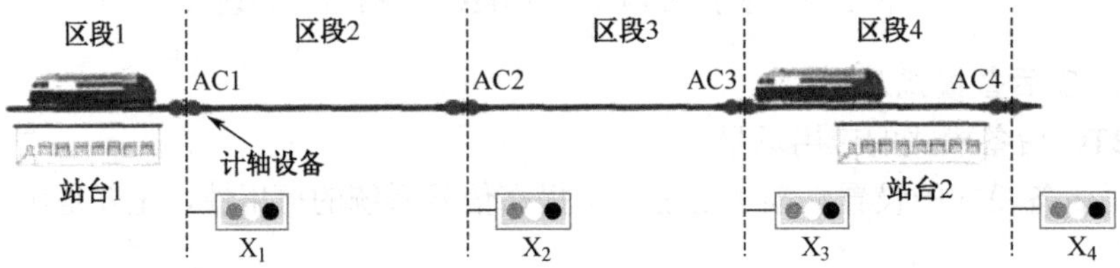

图 2-23　联锁控制级的原理示意图

① 在联锁级控制模式下，系统采用进路闭塞的行车方式，列车在完全人工驾驶模式下运行。司机根据地面信号机的指示驾驶列车，行车安全由司机负责。既适用于地面设备故障情况，又适用于非通信车的行车控制。

② 限于信号机显示距离、保护区段设置等原因，联锁级控制仅能保障限速人工驾驶模式（25km/h）的安全。

③ 如果要在联锁级别下实现高速运行，必须在进路开放的基础上根据调度命令行车，

并且只能按站间电话闭塞行车。

④ 联锁级控制能实现非通信列车和通信列车混合运营，以及局部信号系统设备故障后的后备运行。

（3）点式控制级。

点式控制级的原理如图 2-24 所示。

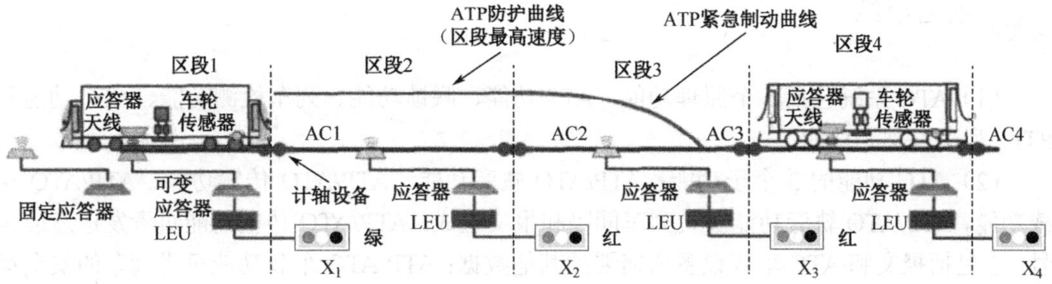

图 2-24　点式控制级的原理示意图

① 与联锁控制级相比，点式控制级在联锁控制级的基础上，采用可变应答器实现地对车信息的点式通信。

② 可变应答器与进路防护信号机关联，每个可变应答器对应一架信号机。

③ 当进路锁闭信号开放后，关联的可变应答器向通过的列车发送允许信息。

④ 列车读取可变应答器的信息后，通过车载轨道数据库的定义，计算相应的列车移动授权，继而计算 ATP 防护曲线。

⑤ 根据行车间隔需求，可在区间划分计轴区段，布置区间信号机，使后备模式可以支持一定运行间隔水平的有 ATP 防护运营。

4）3 种后备模式的比较

3 种后备模式制式均具备对故障列车及未装备车载信号设备的列车提供辅助列车位置检测功能，但在系统复杂性、提供的运营能力指标及效率等方面存在差异。3 种级别的后备模式比较如表 2-3 所示。

表 2-3　3 种级别的后备模式对比

后备模式	特点	系统复杂度	运行方式	成本	运营标准复合型	适用性
辅助列车位置检测	通过计轴设备确定列车位置，列车按照调度命令行车	与主系统无接口，系统结构简单	调度命令，当车载设备故障时，可辅助列车尽快退出运营	低	不具备任何级别的防护功能	后备运行、一次投资
联锁控制级	通过计轴、正线信号机提供具有联锁及进路闭塞的防护功能	与主系统配套构成，整体系统结构简单	设置了出站和道岔防护信号机，司机可根据地面信号机显示人工控制列车	较低	不满足	后备运行、一次投资
点式控制级	全线配置计轴设备、信号机、可变应答器，实现点式 ATP 功能	可提供 ATP 防护，系统复杂度高	ATP 防护调试工期短，在建设工期需要时，可作为正式运营的信号系统先期投入载客运营	接口和轨旁设备的增加，造成系统复杂，初期投资及运营维护成本高	满足	独立运营、后备运行、分期投资

2.4.3 相关规范、规程与标准

《城市轨道交通 CBTC 信号系统行业技术规范-需求规范（暂行版）》第 4 条“一般要求”相关条文。

项目小结

（1）ATC 系统包括 5 个原理功能：ATS 功能、联锁功能、列车检测功能、ATC 功能和 PTI（列车识别）功能。

（2）ATC 功能的 3 个子功能：ATP/ATO 轨旁功能、ATP/ATO 传输功能、ATP/ATO 车载功能。ATP/ATO 轨旁功能负责列车间隔和报文生成；ATP/ATO 传输功能负责发送感应信号，它包括报文和 ATC 车载设备所需要的其他数据；ATP/ATO 车载功能负责列车的安全运营、列车自动驾驶，且给信号系统和司机提供接口。

（3）ATC 系统将机车信号作为主体信号，传递给列车的信号是具体的速度或距离信息，列车按调度人员设置的时刻表，实现自动运行、自动折返、自动调整停站时分，以及运用程序定位实现列车在车站的停车控制。

（4）信号系统的降级运用是指系统由自动控制降级为人工控制，由遥控变为局控，由实现全部功能至仅完成部分功能。

（5）ATP 子系统是保证列车运行的安全设备，是 ATC 系统的安全核心；ATS 子系统是 ATC 系统的上层管理部分；ATO 子系统在 ATP 的保护下，根据 ATS 的指令实现列车的自动运行。

（6）ATO 是一种自动列车驾驶模式，主要是按照规定的操作标准，在 ATP 强制实行的安全限制内，实现列车的自动驾驶。ATO 主要完成的功能可以归纳为自动调整、定点停车、合理控车等方面。

（7）CBTC 系统主要的任务是保证列车在系统控制的线路内安全运行，这是通过根据列车反馈的精确位置信息以及相关子系统的信息给每列通信列车提供一个移动授权来实现的。所有的列车必须严格按照自身相关的移动授权运行，从而实现高效、安全的列车运营。

（8）CBTC 系统的后备模式是移动闭塞系统在非完整 ATC 模式下的一种简化运营，对于 CBTC 系统工程的建设、保证行车安全和效率非常有益。

复习思考题

1．简述 ATP 子系统的基本工作原理。
2．简述 ATO 子系统的基本工作原理。
3．简述 ATS 子系统的基本工作原理。
4．简述 CBTC 系统的构成。
5．简述 CBTC 系统的后备模式及其应用。

项目3　SelTrac S40 CBTC系统维护

项目引导

SelTrac S40 CBTC是以通信为基础的SelTrac移动闭塞系统，它通过感应环线通信系统来提供列车与地面间的通信，为列车自动控制提供了模块化的解决方案，分别提供ATP/ATO功能、联锁和ATS功能。

3.1　工作任务

认知SelTrac S40 CBTC系统，理解系统的维护策略。

3.2　知识链接

SelTrac S40移动闭塞系统运用于温哥华的Skytrain系统、伦敦的DLR轻轨、多伦多的Scarborough快速轨道系统、底特律的市区环形系统、吉隆坡轻轨二期、我国香港的九广铁路西线、武汉轻轨1号线、武汉地铁3号线、广州地铁3号线等。

1．系统的层次结构

1）系统的控制层

完整的SelTrac移动闭塞运营结构由3个层次组成，即管理层、操作层、执行层，如图3-1所示。各层次的安全等级及功能如表3-1所示。

表3-1　SelTrac系统控制层次安全等级及功能

层次	子系统	安全等级	提供的功能
管理层	系统管理中心（SMC）	非安全	ATS功能
操作层	车辆控制中心（VCC）	安全	ATP和ATO功能
执行层	车载设备控制器（VOBC）	安全	对VCC所提供的ATP及ATO进行补充
	感应环线	安全	
	车站控制器（STC）	安全	安全控制道岔和信号机

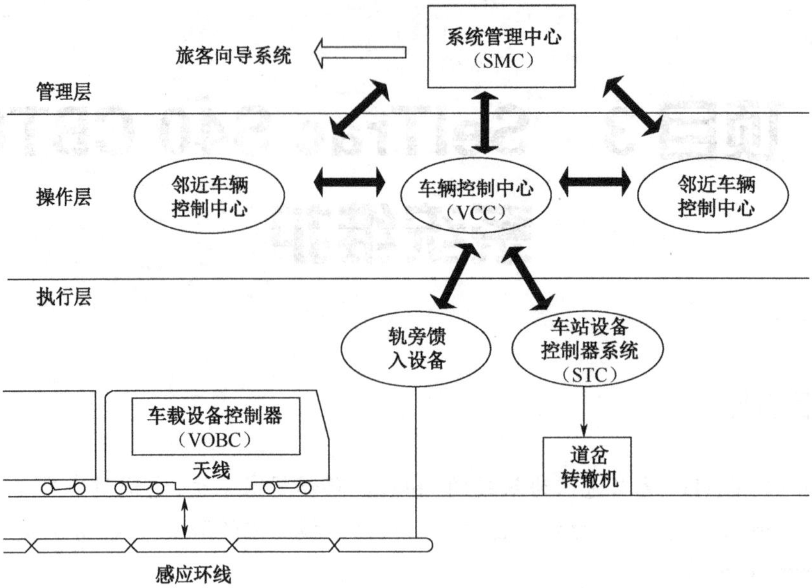

图 3-1　SelTrac 系统的层次结构

（1）管理层。

系统管理中心（SMC）完成所有的信号控制和 ATS 功能，但其不对安全负责。

① SMC 按照预存的运行图，分配列车进路并对现场道岔进行相应设置；

② SMC 通过调整列车速度和停站时间实现列车运行调整；

③ SMC 提供监督列车性能状态和采集其他 ATO 数据的功能。

（2）操作层。

车辆控制中心（VCC）负责 SelTrac 系统的安全操作。

① 在整个系统中 VCC 确保列车的安全间隔。

② 根据实时信息，VCC 生成包括目标点、最大允许车辆速度和其他命令在内的命令报文：实时提供最后一次报告的列车速度和位置信息；实时提供列车运行方向；实时提供前行列车的最后一次校核位置；实时提供在列车进路前方未锁闭或未预留的道岔；实时提供列车限速；实时提供列车停站；实时提供线路设备状态（如道岔位置和状态）。

（3）执行层。

① 车载设备控制器（VOBC）。(a) 每一列车上的 VOBC 负责列车在 VCC 所施加的限制下安全地自动运行。(b) 每列车装备两套 VOBC 设备。VCC 命令其中一套为主用，另一套为备用模式。备用的 VOBC 时刻准备变为主用（根据 VCC 的命令），如果主用的一套发生故障或调度员命令进行切换，则备用 VOBC 变为主用。主用的 VOBC 负责所有的车载 ATO 和 ATO 功能。(c) VOBC 对来自 VCC 的命令进行翻译，并在 VCC 的速度和距离限制下控制列车，且向 VCC 发送列车位置、速度、运行方向和 VOBC 的状态。(d) VOBC 的冗余校核微处理器通过冗余性、持续性及合理性检查对从 VCC 收到的数据报文进行测试，当这些测试通过后，VOBC 就对这些命令信息进行翻译。VOBC 只对专门发给自己的报文做出反应。

② 感应环线。车—地通信采用基于感应环线的传输系统实现。准确的定位参考是通过运用环线极性交叉原理实现的。环线交叉之间的位置定位由安装于车轴上的转速计判定。转速计和环线交叉共同确定列车的位置。

③ 车站控制器（STC）。(a) STC 把从 VCC 发送来的数据形式的道岔转动命令通过安全型继电器架转换成控制信号。道岔的状态、轨旁设备（如紧急停车设备）的状态则由 STC 发回至 VCC。(b) 在正常运营中，由 VCC 执行所有联锁功能。具有后退功能的加强型 STC 也能根据道岔和计轴区间状况控制轨旁信号机。

2）系统的数据通信

子系统间的数据通信通过一些标准的或 Alcatel 所特有的方式完成。表 3-2 列出了所采用的方式。

表 3-2 主要的数据通信方式和内容

物理连接	连接的子系统	数据格式	数据内容举例
环线通道	VCC - VOBC	Alcatel VCC-VOBC 报文	列车移动指令、列车位置和状态
D240	VCC - VCC	Alcatel VCC-VCC 报文	相邻 VCC 的状态、相邻 VCC 的列车状态和位置报告、相邻 VCC 的列车移动指令
ASCII/D240	SMC - VCC	Alcatel SMC-VCC 报文	SMC 进路排列命令、VCC 列车状态和位置报告、VCC 设备报告
环线通道	VCC - STC	Alcatel VCC-STC 报文	道岔命令和状态、紧急停车设备 ESD 状态
列车线	VOBC-车辆	分离式 I/O 通道	列车完整性
以太网数据包	SMC 计算机-SMC 计算机	IP 数据包	G/W 状态和调度员命令

与感应环线上所传输数据伴随的冗余位保证了被电磁干扰破坏的数据不被接受。这是通过在所有包含安全信息的数据流中使用循环冗余校核（CRC）来实现的：

（1）传输的数据被周期性更新，由 VCC 传送到 VOBC 和 STC 的命令通过每个新报文进行更新或者确认；

（2）对接收到的数据要进行合理性和一致性校核，子系统根据先前的报文、报文格式和设计限制将接收到的数据与预期值相比较。

3）系统运行的安全性

在 SelTrac MB 移动闭塞系统结构设计时，列车的安全运行由下列功能保证：① 强制执行列车间隔；② 根据列车位置进行道岔锁闭；③ 强制执行列车限速；④ 列车车门控制。

安全功能是通过安装在列车、每处地面控制点、每个远程道岔联锁点及控制中心的安全（校核冗余）计算机子系统来实现的。

对一列车而言，指令停车点的周期性向前延伸需要确认以下条件：前一列车已经向前移动，或者其他限制已经解除。SelTrac MB 设计成当 VCC、VOBC、远程联锁或数据通信中的任何故障都将导致停车点不能前移。

在 VCC 控制层，生成指令报文并安全地传输，以确保列车的安全间隔。VCC 系统由 3 个互相连接的中央处理单元（CPU）组成。每个 CPU 接收来自列车及现场设备的相同输入报文。在确认输入报文有效后，每个 CPU 产生相应的指令报文。

SMC 向负责所有轨旁道岔控制及联锁的 VCC 发出排列进路请求。VCC 从 STC 子系统接收道岔状态，并根据道岔状态、是否预留及道岔区占用情况完成道岔联锁功能。一旦 VCC 确认道岔已扳好并锁在规定位置，列车就可以通过该道岔（也就是目标点穿过道岔向前推进）。

VOBC 内的双微处理器为车辆系统生成相同的指令，并把相同的状态报文发送给地面设备。每一处理器的输出同时与另一处理器做比较。任一处理器内的比较不一致都将导致列车紧急制动。如果 VOBC 故障且车上安装了冗余的 VOBC，VCC 将会命令自动切换到备用的 VOBC 上。

2．系统的硬件组成

如图 3-2 所示，SelTrac S40 系统的硬件子系统主要包括 SMC，VCC，STC，仿真及培训设备，计轴评估器及磁头，列车车载设备，感应环线数据通信系统，试车线设备，缆线、电源 UPS、旅客向导、车站发车指示器、站台自动折返按钮等，与其他系统和设备的接口，车辆段联锁系统，电缆终端架（CTF）及过压防护设备。这些设备安装在运营控制中心（OCC）、车站设备室、轨旁、备用控制室（培训和模拟仿真）、试车线控制室。

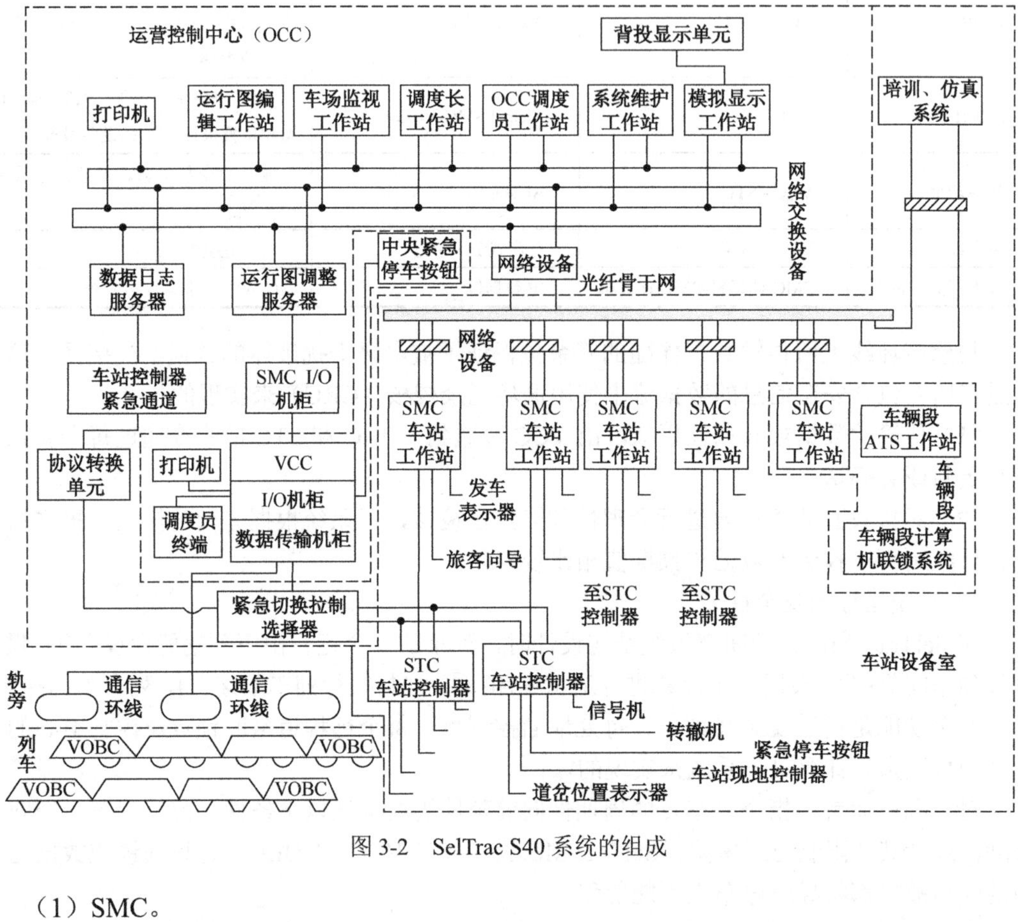

图 3-2　SelTrac S40 系统的组成

（1）SMC。

SMC 作为系统和中央控制中心的接口，提供 ATS 层的列车自动控制和监测功能。它的基本功能是向中央调度员提供信息，追踪列车的实时状态、位置和系统现场设备的状态。列车和线路控制命令由 OCC 工作站输入，不同的 OCC 工作站被分配不同的管理区。

SMC 中央调度员命令包括下列指令：系统初始化（包括建立正确的日期和时间），列车进路命令（如排接车进路，排列车进路到不同的线路），建立/修改/分配列车运行计划，道岔控制，列车和线路信息请求（如性能指示器），系统命令和列车扣车/放行命令。

SMC 提供如下自动功能：列车调整（如控制和监测列车间隔），列车、线路报警和状态监测（如列车状态、道岔状态），数据记录（如事件记录）。

主要的 SMC 设备位于地面运营控制中心。另外，在车辆段、试车线及各个车站设有远程工作站。主要包括：① SMC 输入/输出机柜；② SMC 计算机子架，其中包括网络交换机、运行图调整服务器（SRS）（冗余计算机）、配有文件备份介质的数据日志计算机（冗余计算机）、背投显示控制器、中央调度长工作站处理器（显示器、键盘等在控制室内）、调度员工作站处理器（显示器、键盘等在控制室内）、与中央控制中心其他系统接口的设备；③ 运行图编辑工作站；④ 打印机；⑤ 网络管理工作站；⑥ 维护人员工作站；⑦ 通信服务器；⑧ 集线器和局域网电缆；⑨ 车辆段派班管理工作站；⑩ 车辆段调度员工作站；⑪ 车站值班员工作站（每个车站一台，设备集中站和非集中站的配置稍有不同）；⑫ 车辆段维护人员工作站；⑬ 车辆段 ATS 监视工作站；⑭ 试车线值班员工作站；⑮ ATS 模拟培训仿真设备。

（2）VCC。

VCC 位于 OCC，主要负责系统的安全运行，特别是对列车运行和道岔转动的安全负责。VCC 同时还完成基于通信的列车控制移动闭塞系统的中央 ATP、ATO 和联锁功能。在 SMC 系统要求时，VCC 将发出列车分隔、速度命令、进路及道岔控制命令。VCC 对车载 ATC 设备（VOBC）和轨旁设备（STC）进行控制。

VCC 跟踪和控制全部列车的运行，并保证系统的安全运营。VCC 以故障-安全原则，使用冗余校验和自检技术运行。

VCC 的主要责任是控制安全的列车分隔，它将不断地计算两列车之间的最小允许分隔距离（绝对制动距离加上一个安全距离）。

VCC 根据从列车不断发来的数据和存储在线路拓扑图中的数据不断地计算并更新目标停车点。每列车都将不断地向 VCC 传送包括速度、位置、行车方向等信息在内的状态报文。

VCC 设备的构成如图 3-3 所示，主要有 VCC 中央计算架、VCC 输入/输出（I/O）机架、VCC 数据传输（DT）机架、VCC 图形化命令终端、VCC 监控（SNOOPER）。

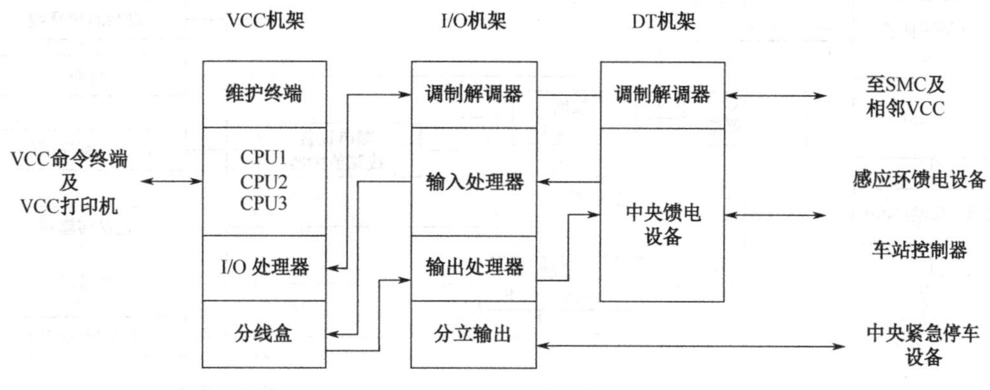

图 3-3　VCC 设备的构成

（3）STC。

STC 安装在车站机械室内，只有指定的车站才安装车站设备控制器。STC 系统按非联锁站、联锁站存在两种配置：非联锁站的 STC 只有单机、无冗余；联锁站的 STC 分 A、B

机（热备冗余），控制站内的道岔、屏蔽门、计轴。

在内部控制中，STC 子系统包括 MODEN、IPP、INTERSIG、扩展隔离 I/O（即 EISO）和接口面板（IPA）。INTERSIG 单元包含 CPU、串行 I/O、离散 I/O 和安全监督板等关键板块。EISO 子架包括光电耦合器、固态继电器输出和相关的保护电路的 I/O 接口电路。STC 内部控制均采用一个 INTERSIG 安全型处理计算机，配置双 CPU 处理器，实现“二取二”的安全校验功能。当两路 CPU 监测到数据存在不同时，INTERSIG 将停止输出并报警。基于 INTERSIN 的 STC 内部控制如图 3-4 所示。

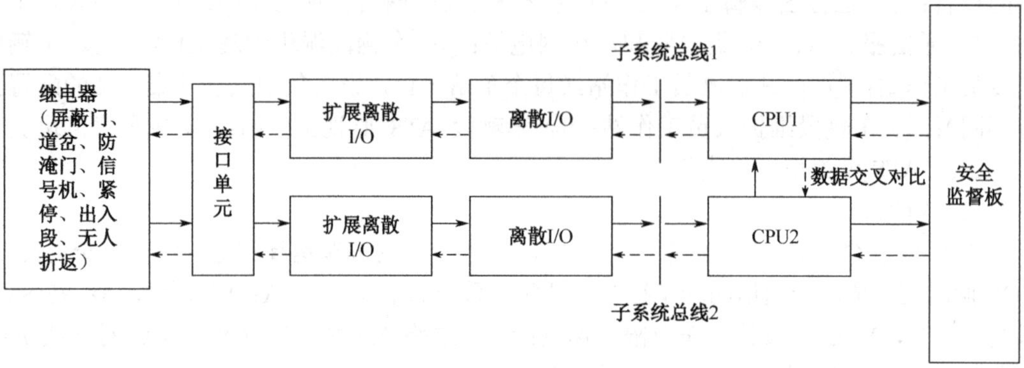

图 3-4　基于 INTERSIG 的 STC 内部控制

STC 在站内主要与下列设备相连接：① 站台紧急停车按钮；② 站台无人驾驶折返按钮；③ 防淹门（如有）；④ 驶离区；⑤ 轨旁信号机；⑥ 计轴器系统（联锁站）；⑦ 对位线圈；⑧ 转辙机；⑨ 局控盘；⑩ 站台屏蔽门。STC 与其他设备的接口关系如图 3-5 所示。

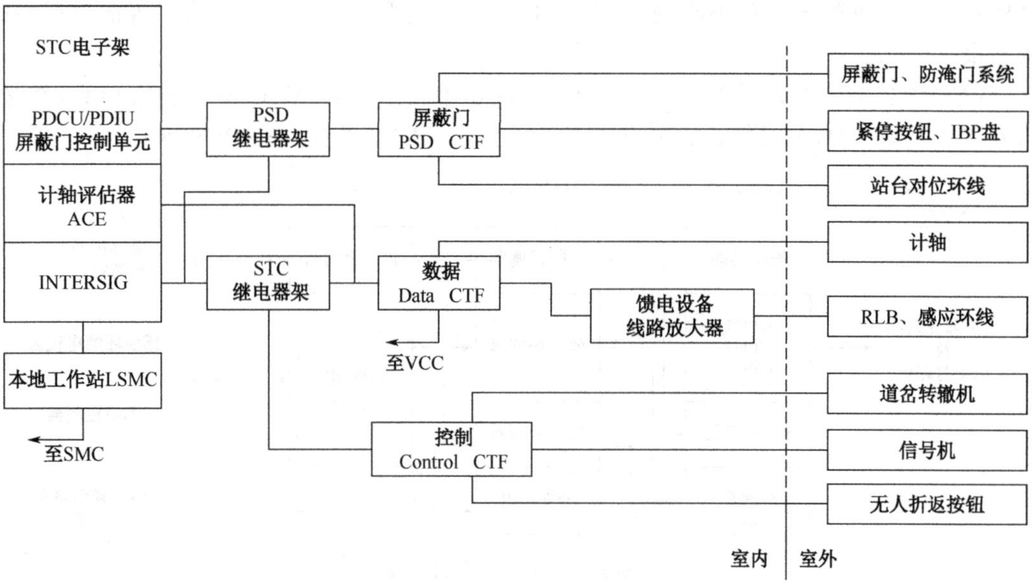

图 3-5　车站 STC 与其他设备的接口关系

STC 与 VCC 关联工作，以补充 ATC 系统中的 ATP 和 ATO 功能。STC 中的轨旁控制功能通过正常运营中 VCC 的报文指令驱动来完成，所有在 STC 控制下的设备状态信息以

STC 响应报文的格式传送给 VCC。STC 将提供下列安全控制和监控功能：① 控制和监视自动道岔；② VCC 控制和监视屏蔽门；③ 监视和向车辆控制中心报告屏蔽门“关闭锁定”的状况；④ 控制信号机显示和监控信号灯泡的状态。

在正常运营情况下，所有联锁功能将由 VCC 来实现。但是，在局控模式中，道岔的扳动将由 STC 来控制，局控（本地）模式由 STC 所在的本地维护人员来选择。当便携式道岔控制单元（PSCU）与 STC 相连时，STC 被置于本地模式，同时维护人员能通过 STC 发送指令和接收状态信息。当一个 STC 处于局控（本地）模式时，道岔的移动仅能通过便携式道岔控制单元，而不是由 VCC 来控制。便携式道岔控制单元能为操作员提供道岔状况的显示和道岔移动的控制。在局控（本地）模式下，ATO 和 ATP 驾驶模式下人工驾驶的列车将被阻止从道岔通过，而人工驾驶模式的列车将被允许从道岔通过。这种运营模式仅在运营故障情况下使用。

如果 VCC 到 STC 之间的命令通道发生故障，道岔的扳动可以用便携式道岔控制单元来控制。无论何时车站值班员要求通过便携式道岔控制设备扳动道岔，STC 都将执行：① 如果道岔没有被预留，则命令道岔移动；② 如果道岔有预留，则拒绝道岔移动的命令。

当一个 STC 与 VCC 失去联系时，它应该认为所有道岔均未被预留。

（4）VOBC。

车载设备包括 VOBC 和相关的外围设备，如：① 发送和接收天线；② 加速度计；③ 测速发电机；④ 接近传感器；⑤ 车辆识别插头；⑥ 司机显示盘。

VOBC 提供车载 ATC 系统的所有功能。每列 3 节编组的列车两端各配备一套 VOBC，VCC 发出命令激活其中一个 VOBC，另一个则仍处于热备的待机模式，如图 3-6 所示。

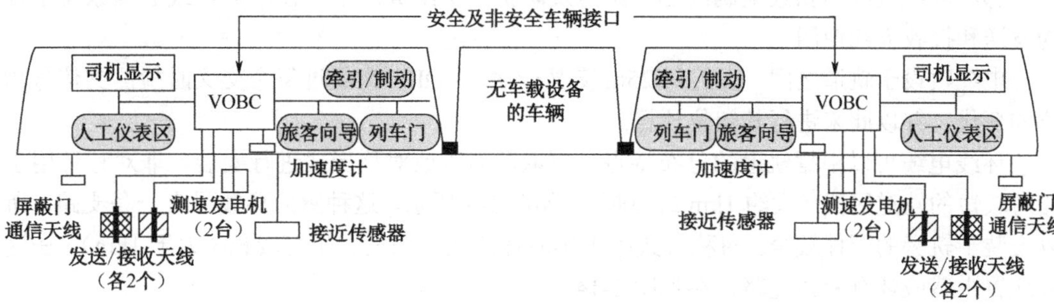

图 3-6　3 节编组的列车车载设备配置

激活的 VOBC 负责 VCC 规定范围内所有的车载 ATO 和 ATP 功能。待机的 VOBC 监视激活单元的状态，并在激活单元故障时由 VCC 发出命令或中央调度员发出切换命令时准备接管。

VOBC 不断地与负责中心 ATP 功能（VCC）的子系统通信，并在 ATP 的约束下负责牵引控制、制动、车门和站台屏蔽门（PSD）。

VOBC 译出 VCC 的命令，将列车控制在 VCC 规定的速度和距离限制范围之内，并将列车位置、速度、运行方向和 VOBC 状态等数据发送给 VCC。

VOBC 执行安全监督（包括超速、目标点和车门状态检测）来确保列车在其允许的范围内运行，VOBC 监督列车运行，当安全运行不能继续时，VOBC 将监控列车操作并自动施加紧急制动。

（5）感应环线通信。

感应环线通信系统设备位于设备室和轨旁。感应环线数据通信系统是 VCC 和 VOBC 之间交换信息的媒介。感应环线通信系统由馈电设备（FID）、入口馈电设备（EFID）、远端环线盒（远程终端盒和远程馈电盒）、感应环线电缆等设备组成。如图 3-7 所示为正线感应环线通信系统的方框图。

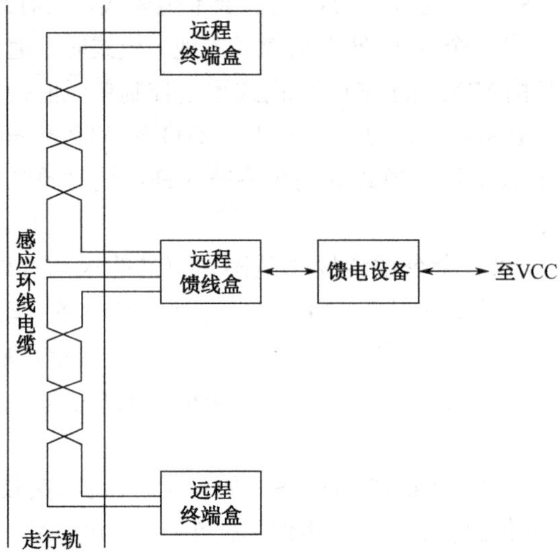

图 3-7　正线感应环线通信系统的方框图

感应环线电缆由扭绞铜制线芯和绝缘及防护外层组成。电缆在感应环线通信系统中作为发送和接收天线使用。

电缆敷设于轨道之间，大约每 25m 交叉一次。VOBC 在经过每个交叉时检测到信号相位的变化，并以此来进行其定位计算。

环线电缆可以根据轨道的分布特点，采取非对称或对称形式进行安装。非对称环用于相对较短的轨道区段（大约 1km 或更短），如图 3-8 所示，这种感应环线只有一条支路，所以安装于轨旁的硬件较少。对称方式用于感应环所涵盖的轨道相对较长（大于 1km），在这种配置中感应环有两条支路，参见图 1-14。

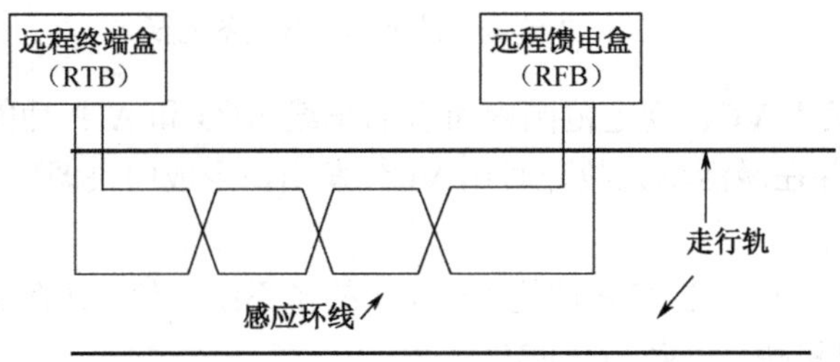

图 3-8　非对称环线电缆安装示意图

3．安全列车间隔控制及目标点设定

SelTrac 采用移动闭塞原理来实现列车安全间隔，如图 3-9 所示。列车之间总是保持一个“安全距离”。该安全距离是介于后车的目标停车点和确认的前车尾部之间的一个固定距离。在选择该距离时，应充分考虑到即使存在一系列的最坏情况，列车仍能够被安全地分

隔开来。

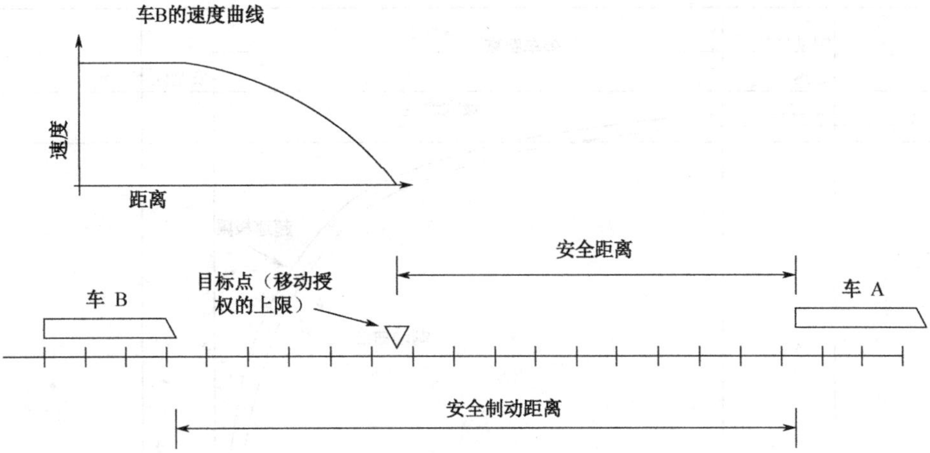

图 3-9　安全列车间隔

由于列车的高精确定位（以 6.25m 为“位置单元”），后续列车能够以该线路区段所允许的最大速度，安全地接近距离前行列车的最后一次校核位置为安全制动距离的位置。对安全列车间隔的安全性监督是通过向车载子系统提供最大允许速度信息及当前停车点信息来实现的。通信将循环更新，以保证对列车信息的持续更新。安全列车间隔的安全性监督如图 3-10 所示。

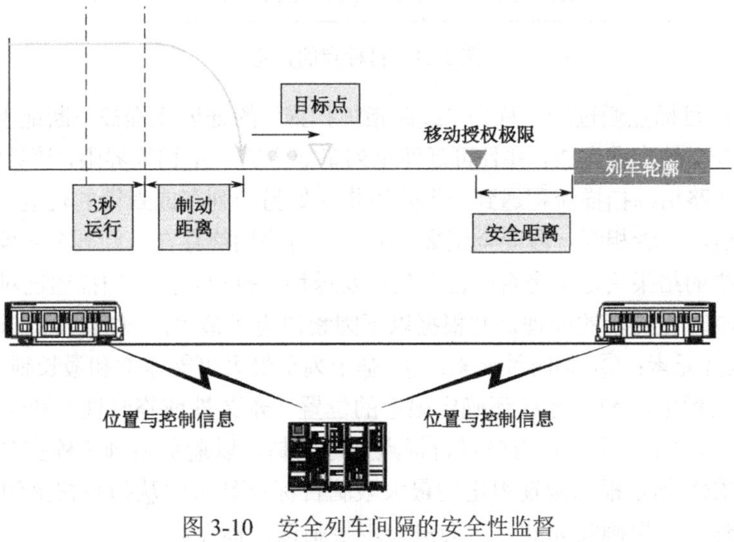

图 3-10　安全列车间隔的安全性监督

ATC 系统的主要任务是根据列车目的地、进路号和方向来安全地移动列车。目的地是指期望的列车位置，目的地可以是轨道区段和车站。进路号指定了进路沿线每个道岔的位置及运行方向。对于列车进路所需的每个列车道岔，如果位置不对，将通过命令使其转到需要的位置。列车将以指令的运行方向移动到目的地。目标点的设定如图 3-11 所示。

ATC 系统以数据通信的方式同每列运行于 ATC 区域中的通信列车保持联系。VCC 监督每一通信列车的位置，并通过给每一 ATO/ATP 模式下的列车发送一个作为交换信息一部分的目标点，来实现以较短的增量表示授予移动授权。目标点是指经校核其他车辆/进路设置和障碍物后而决定的安全移动授权极限。图 3-11 显示了列车的“指令停车点”或目标点。

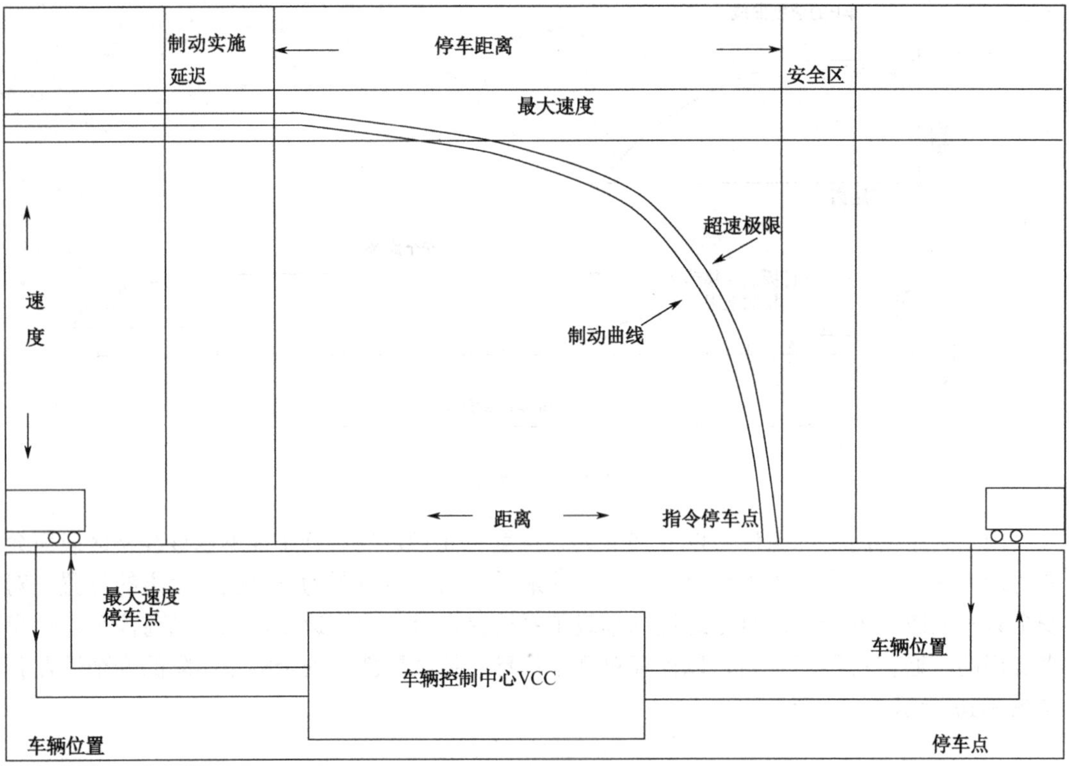

图 3-11　目标点的设定

ATO 列车的目标点通过一个称为“线路指挥扫描”的处理流程被不断地重新计算。线路指挥扫描按照分立的步骤完成，并且可延伸至列车前方的一个扫描界限，该界限包含在 VCC 数据库中。当线路指挥扫描流程遇到一个障碍物（如另一列车或封锁的轨道）时，目标点将建立在障碍物前，二者相距一段安全距离。如果障碍物始终存在，则列车将停在目标点处。

对线路扫描的结果决定了是否向自动列车发送移动授权。指挥扫描通过对位于车前和车下的永久性和临时性元素的处理，并根据以下因素决定了最大限度的目标点设置：① 列车属性；② 永久性元素；③ 临时性元素；④ 基于列车最大可能速度和最长制动距离的上限。

指挥扫描过程中，ATC 系统还确定限速的位置（永久性或临时性）和禁区的位置。在指挥扫描结束时，VCC 决定是否应对目标点进行限制，以避免将列车停在禁区。

然后由 VCC 判定根据限速得出的最大限制目标点是否比从指令扫描和禁区测定的目标点更具限制性。如果确实如此，它会进一步限制该目标点。

当限制解除时（道岔置于正确位置、其他列车移动、目的地被更改等），目标点根据连续的指挥扫描结果向前推进，以允许列车前进。

永久性线路元素相关的目标点包括道岔区、车站、自动线路终点、冲突防护区。临时性线路元素的目标点包括被占用或预留的线路。

4．系统的 ATC 功能

1）ATP 系统

在 SelTrac ATC 系统结构中，ATP 功能通过 VCC、VOBC 及 STC 来实施，主要功能如下。

- 防止列车敌对移动造成的冲突。
- 防止道岔错误转动或错误设置而造成的冲突。
- 防止因车门意外打开、列车倒溜等造成的乘客伤害。
- 防止因列车超过线路允许限速或指令速度而造成对线路的损害。
- 通过车地双向通信系统连续不断地监测列车在整个系统中的位置。
- 列车间以所需的安全距离（SD）安全地分隔。
- 安全停车距离根据线路限速、车辆和 ATC 特性进行计算。
- 按照安全行车和线路限速的要求对列车进行限速。
- 监测整个系统内的列车运行方向。
- 监测列车无人驾驶运行。
- 监测列车倒溜。
- 车轮空转/滑动补偿。
- 检测列车运行方向中的障碍物。
- 提供车门及屏蔽门控制的安全联锁。
- 对中央和站台紧急停车按钮进行监督管理。
- 提供对各种列车运营模式及对各个模式间的切换的安全监督。
- 检测列车完整性和监测列车控制线。
- 在后退模式中，通过计轴器轨道区段来检测列车。
- 在后退模式中，按照轨旁信号机的指示保证列车按站间闭塞安全行驶。
- 系统有 24 小时内的操作命令及故障记录，并能打印输出。

（1）列车跟踪。

列车位置的检测由 SelTrac 移动闭塞中连续不断的车辆位置报告功能来提供。车载定位系统将提供轨旁（VCC）需要的信息以追踪列车位置和状态。在收到命令报文后，每个被轮询的 VOBC 会向 VCC 发出应答报文，提供跟踪列车位置和状态所需的信息。

列车位置将以较为粗略的位置单位在 VCC 中处理。一个粗略位置单位有 6.25m 长。环线通道、粗略位置值和道岔位置被用来唯一地确定一个列车的所在位置。另外，当列车停车时，它将报告一个与指令停车点的偏差值。

粗略位置的测量由环线交叉信号和对感应环边界的检测来完成。对于两个相邻的环线交叉点之间的轨道区段来说，列车位置由加速度计和测速发电机来确定。

定位信息来自于对测速发电机信号（速度、方向）、加速度计、感应环线交叉信号和环线边界检测信号的综合应用。

（2）列车控制。

运行指令由 SMC 发出：进路分配，目的地，速度要求。VCC 根据障碍物情况试图前移目标点。一旦确定了安全目标点，就向 VOBC 发出指令：目标点（3s 运行＋制动距离），最大速度，在目标点的目标速度。

VOBC 将 VCC 命令转换为由速度自动控制运算法则决定的牵引/制动命令，并由速度和距离监督系统监控。列车控制的数据流如图 3-12 所示。

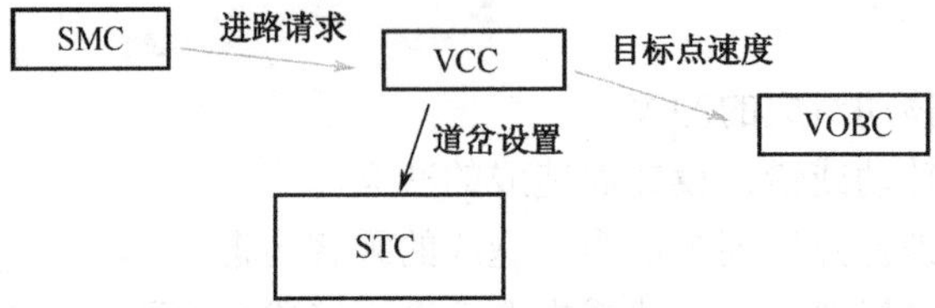

图 3-12　列车控制的数据流

（3）速度检测。

VOBC 用来自两个车载测速发电机的输入信息监视列车的速度。这两个测速发电机以冗余校验的方式工作。两个测速发电机的输入值不断比较，以确保列车速度的精确测量。

测速范围：0～150km/h。

显示精度：±1.0km/h。

线性精度：至少满足±0.5km/h 的要求。

列车速度由 VOBC 监督，并报告给 VCC。在自动和人工模式下，当列车超过指令限速时，VCC 将命令列车实施紧急制动。

ATP 部件的基本职责为对所有驾驶模式下列车的运行及在不同的驾驶模式的切换中提供安全监督。

（4）ATO 模式下的超速防护。

在 ATO 模式下，ATC 系统直接控制牵引和制动。如图 3-13 所示，在这种模式下，ATC 系统会自动控制列车速度到达目标速度，并在列车超出规定限速时实施常用制动。如果常用制动失效，则实施紧急制动。其中常用制动是可逆的。

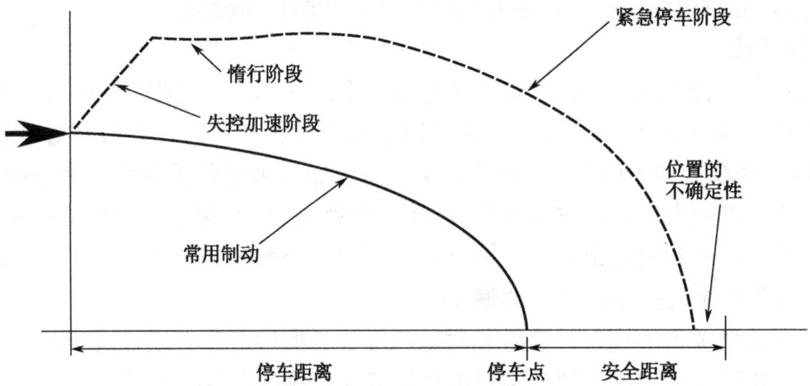

图 3-13　ATO 模式下的超速防护

在 ATO 模式中，VOBC 调整列车速度，使其遵循 VCC 发出的指令速度。当所测列车速度超过指令的速度时，VOBC 通过常用制动来降低列车的速度。在实施紧急制动前，允许所测列车速度略微超过指令速度，超出值称为“超速误差”（实际值将在联络设计时定义）。此误差为速度控制系统对一些非控制因素，如风或者车辆反应延迟做出的响应留有余地。在正常运行中，列车速度很少接近超速限制。如果由于任何原因，如牵引动力失控，造成列车速度超过指令速度加上“超速误差”，VOBC 将实施紧急制动。

（5）ATP 保护人工模式下的超速防护。

在保护人工模式中，列车速度指令由 VCC 发给 VOBC，然后 VOBC 将指令速度显示在列车司机的驾驶台上。实际的列车速度由列车司机来控制。VOBC 连续地监督列车速度。如果列车速度超过指令的速度，VOBC 将向司机发出听觉和视觉告警，以降低车速。如果列车速度超过指令速度加上“超速误差”（实际值可在联络设计时定义），VOBC 将实施紧急制动。该模式中，在 ATP 保护之下，由车辆上的驾驶员负责制动系统的控制。

（6）限制人工模式下的超速防护。

在限制人工模式下，VCC 不为 VOBC 提供最大速度和目标停车点。这时，VOBC 强制进行超速防护，限制在 25km/h 的固定速度以下。当列车的速度超过 25km/h 时，VOBC 将实施紧急制动。

（7）倒溜的防护。

VOBC 的 ATP 功能监督列车的速度和方向，并且防止列车向指令运行方向相反的方向运行。这也叫作“倒溜”。如果 VOBC 监测到错误的运行方向，它将对列车实施紧急制动。

（8）紧急停车装置的监控。

紧急停车功能监视中央紧急停车按钮（CESB）和站台及车站紧急停车按钮，一旦检测到按钮被按下，立即做出安全性反应，即封锁与紧急停车按钮相关的轨道，所有在已封锁轨道上的 ATO 列车将停车。若紧急停车按钮被按下，ATC 系统将向中央调度员告警。

中央紧急停车按钮位于控制中心。在中央控制层，系统允许中央调度员按下一个按钮来启动整个系统的紧急停车。按下这个按钮将导致 ATC 封锁系统内的所有轨道。在按下中央紧急停车按钮以后，必须由中央调度员复位后逐个开放轨道。

所有车站均配置有紧急停车按钮，它安装在由其他供货商提供的 LCP 和站台上。任一站台或站内控制室的按钮被按下后，局控盘 LCP 将产生一个与其站台相对应的报警和指示。

当按钮按下后，相应站台将自动关闭，并向中央控制中心发送一个报警。只有与停车设备相关的站台一侧被关闭，如图 3-14 所示。

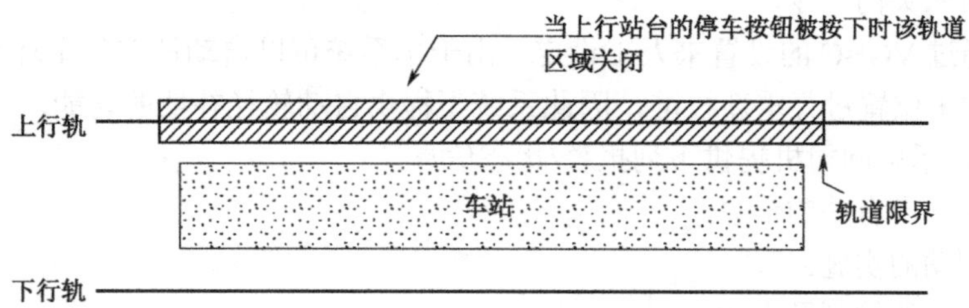

图 3-14　紧急停车装置的监控

由于轨道关闭，在车站值班员按下车站局控盘“取消紧急停车”按钮或中央调度员重新开放该轨道区段前，任何自动/无人驾驶或保护人工模式列车均不能移动。

所有部分或全部处于该区域的自动/无人驾驶或保护人工模式列车都将紧急制动。对于一列接近该关闭轨道的列车，可启动常用制动以停站。系统将确保：当按钮被按下后，部分处于站内的列车能够停下来。

轨旁按下的紧急停车按钮必须用车站局控盘“取消紧急停车”按钮才能复位。一旦按钮被复位，就可以开放该轨道区段并恢复运营服务。

局控盘 LCP 及紧急停车按钮的具体设置细节在设计联络阶段确定。

（9）站台屏蔽门控制。

在每个车站都有车站控制器电子架驱动该站站台屏蔽门的接口。

（10）区域可用性。

区域可用性功能利用定义好的线路区域来设置或重新设置列车可否运行的条件。

（11）关闭轨道。

轨道可对自动列车的运行开放或关闭。只有当造成轨道关闭的条件不再存在时，中央调度员才可以为自动列车开放该轨道。轨道可通过中央调度员、站台或现地控制盘紧急停车按钮或者中央紧急停车按钮来关闭。

（12）关闭车站。

无论列车运营在计划运行图还是非计划运行图模式，ATC 系统都具有保证所有 ATO 列车受控通过封锁的站台而不停车的能力。

（13）司机显示盘（TOD）的显示和操作。

在 TOD 显示的项目中，包括 ATP 和 ATO 驾驶员接口。司机显示给司机提供了人机接口。司机显示包括一个 12 英寸的触摸式屏幕显示，它将安装在 3 节编组列车两端的司机室内。

① 司机显示屏向司机提供下列 ATP 指示：

- 列车实际走行速度。
- 最高允许 ATP 速度。
- 在 ATO、人工 ATP 及自动折返模式下的最高允许速度。
- 据 ATP 功能最大限制条件引出的目标距离/速度。
- 列车/屏蔽门的开/关状态，列车/屏蔽门的允许状态。
- 发车时间倒计时、发车时间到的声音报警。
- 下一站和目的站的站名。
- 离站次序。
- 给司机的开门命令。
- 给司机的关门命令。

轮径可通过 VOBC 的设置来人工设定。由于本系统可以自动地在每个环线交叉点（每隔 25m）对列车位置进行重新校准，因此系统不提供自动轮径补偿的功能。

② 司机显示屏向司机提供下列报警/状态信息：

- 与列车方向有关的信息。
- 紧急制动的实施。
- 强行开门的控制及表示。
- 发车及驾驶命令、紧急制动的启动和表示。
- 自动、人工关门的变化及其状态。
- 列车运行模式，即 ATO、人工 ATP、限制人工和折返模式。
- 牵引系统的牵引状态，如牵引（列车加速或惰行）缓行或制动。
- 列车自动折返运行指示。
- 列车倒车超出范围的指标。
- 列车在车场，并且/或者离开信号系统控制区域的指示。
- ATP 故障表示。
- ATO 故障表示。
- VOBC 或者 ATC 的故障/出错信息的显示。
- 车轮空转/滑动显示状态。

- 制动力不足或制动系统错误。
- 提供 3/6 辆编组的长短车显示信息，以有利于人工驾驶列车。

③ TOD 接收驾驶员的如下输入信息：

驾驶员有关数据的输入及修改（乘务组号、目的地号等）。

（14）导致运行列车制动的情况。

① 车载信号设备故障将导致列车紧急制动：牵引故障（任何）；制动故障（任何）；定位故障（转速计）；VOBC 停电；VOBC 发现未经授权的列车移动；丢失列车完整性；运行中车门意外打开；运行中出现模式意外转换。列车也会根据 VCC 发出的命令采取紧急制动。

② VOBC 发现通信中断将会导致常用制动。这可能是环路通信、车载天线或 VCC 导致的故障。

③ 不会导致列车制动的故障有：非安全的外围设备（如旅客信息系统和列车操作显示）出现故障；切换到备用 VOBC 即可恢复的故障；列车范围之外的轨旁设备故障；SMC 故障。

（15）车载信号设备的记录、诊断和显示功能。

与系统运营有关的操作数据记录在一个单独的计算机（SNOOPER）里，供将来查询分析。记录数据包括所有 VCC 和 SMC、STC、VOBC 之间的通信信息。记录数据存储在可移动光盘中。

VOBC 铅封旁路开关为司机提供了当列车处于如下极少数情况下的恢复手段：在不太可能的情况下，车上所有的 VOBC 均故障，且司机无法启动紧急制动；在旁路的情况下，车上所有的 VOBC 与列车线断开，VOBC 的电源关闭，确保 VOBC 的故障不会妨碍司机发动紧急制动，并能通过车辆自身的能力恢复列车运行。如果旁路开关被人工启动，则相应信息应被发送至 VCC 并被记录下来。

通过车上任一正常通信的 VOBC，可以将司机操作铅封旁路开关的信息传送到中央控制中心。其实现方法如下。

通过列车线将按压铅封旁路开关的信号输入 VOBC。列车上所有 VOBC 重置的切断功能也将延迟几秒钟，为信息传送到中央控制中心留出时间。在延迟时间里，通信的 VOBC 将这个新输入的信号以一种故障类别报告的形式传送给 VCC，然后 VCC 传送给中央控制中心的 SMC。另外，车上每个工作的 VOBC 也将该事件记录在 VOBC 数据库中。

（16）联锁功能。

SelTrac ATC 系统使用 VCC 和 STC 子系统执行联锁功能，基本的联锁功能包括以下几项。

- 道岔联锁确保当列车接近或通过道岔时，该道岔不会转动；只有当确认道岔已排列好并锁闭在正确位置时，列车才可以进入该道岔区段。
- 排列、锁闭进路并监测列车在进路汇合或分歧处的运行。
- 采集站台无人自动折返按钮的信息。
- 后退模式下使用计轴区段检测列车。
- 信号机的显示控制。
- 在后退模式中，按照轨旁信号机的指示，保证按站间闭塞进行安全的列车分隔。
- 在后退模式中提供足够运营需要的进路，并保证在系统转为后退模式时进路和信号机的可控性。
- 在后退模式中，通过司机输入运行线获得列车运行目的地后，STC 根据列车位置自动地排列固定的基本进路和列车折返进路。

- 提供与站台屏蔽门、防淹门控制的安全联锁接口。
- 提供与联络线、车辆段出入段线、试车线及车辆段联锁设备的接口。
- 提供与车站局控盘、紧急停车按钮的接口。

① 在自动模式，包括 VCC 控制模式下，ATC 系统的联锁功能主要由 VCC 实施。如图 3-15 所示，VCC 设置进路，命令道岔，监测道岔位置，而且只有在进路锁闭和道岔也锁好的条件下，才允许列车前进。VCC 还提供接近和过岔锁闭功能。

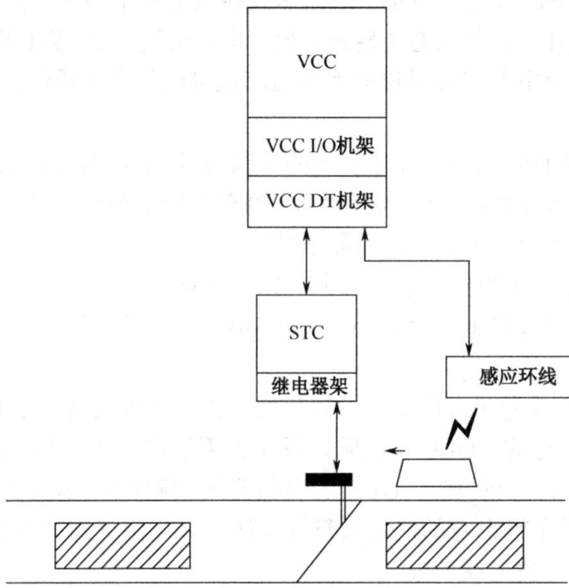

图 3-15 自动模式联锁

VCC 通常响应来自 SMC 的进路要求，设置进路的道岔。但是根据调度员的指示，VCC 也可以单独操纵道岔。VCC 对道岔和进路可以进行强制联锁防护。任何对进路或道岔扳动的请求，都需要由 VCC 联锁功能进行评估，然后才可以执行。如果请求可能导致非安全情况，则该请求会被拒绝。

② 在后退模式，VCC 如失去功能，系统就使用 STC 的联锁功能。如图 3-16 所示，STC 是一个安全型联锁单元，它通过计轴设备监督列车位置，并用轨旁信号机指示列车。

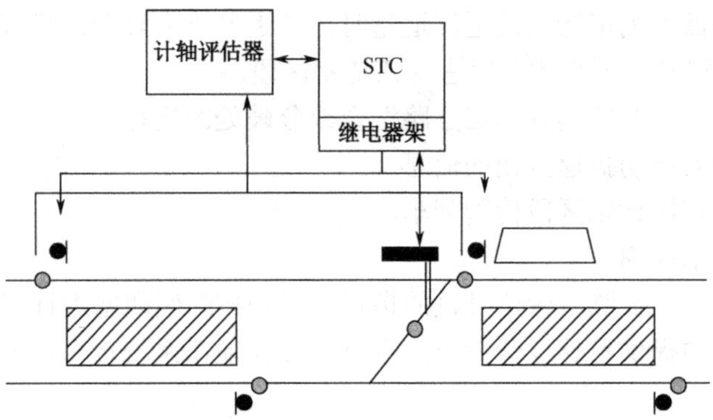

图 3-16 后退模式联锁

（17）道岔控制。

ATC 系统始终控制道岔转动并监视自动轨道道岔的状态。在允许列车穿过道岔运行前，靠近列车的道岔已被预留且转到位。预留可防止与其他列车冲突，或防止在同一个道岔上中央调度员又要求预留或转动。如果道岔处于有效位置表示并且在锁闭状态，这个道岔就被认为处在有效状态。如果锁闭状态丢失，或者如果收到的位置表示是无效的，道岔则被认为是“受干扰的”。ATC 系统负责安全的道岔联锁，以防止列车在通过道岔区时道岔转动。

ATC 系统还可以通过在 ATO 列车之前预留道岔或执行中央调度员输入的人工预留命令来进行接近锁闭。只有当 ATC 系统确定这样做是安全的，才会命令道岔转动。

道岔可以按指令移动的条件：对于运行中的列车，VCC 在其前方指定进路沿线不断扫描线路并在列车前方为其预留进路。扫描距离计算的原理是列车在当前速度下，道岔在列车前方转至规定位置，以使列车顺利通过道岔而无须减速。

① 道岔锁闭的条件。

在 SelTrac 移动闭塞系统中，道岔在 VCC 中永远为锁闭状态，除非道岔请求移动。在道岔移动后，即恢复为锁闭状态。

② 道岔预留解除的条件。

当列车尾部末端清除出道岔区后，该道岔的预留被解除。

ATC 系统同时支持自动和人工道岔操作。

③ 道岔自动控制。

当列车沿着指定进路运行时，ATC 系统对所有必要的道岔进行预留。这就防止了当道岔已为列车预留后而发生转动。道岔将自动转动到要求的位置。当列车出清道岔区时，预留将被解除。

在 SelTrac S40 中，SMC 负责管理整个系统中的列车排路和调度。系统管理中心产生进路请求给 VCC，VCC 将负责所有线路上进路道岔的控制和联锁。VCC 从 STC 系统接收道岔状态。VCC 基于道岔的状态、道岔预留和道岔区的占用情况来实施道岔联锁功能。一旦 VCC 收到道岔设置好的确认，列车就能通过道岔。

④ 道岔的人工控制。

在正常的运行条件下，ATC 系统提供全自动的道岔控制。对道岔的人工控制可能发生在下列 3 种情况下。

（a）人工道岔操作。

每台转辙机都配备了手摇把进行人工操作。人工操作的激活将切断 ATC 向转辙机的供电，并阻止道岔指示“定位”或“反位”位置状态。在人工操作情况下，ATC 对道岔不控制。就 ATC 而言，道岔始终处于“受干扰”状态。当人工控制终止，同时道岔被置于最后一个指令位置时，道岔的位置状态被恢复。

（b）现地道岔控制。

现地道岔控制通过使用本地工作站来实现。ATC 系统通过该本地工作站对本地转辙机进行控制。

（c）中央调度员控制道岔。

ATC 系统允许中央调度员对 ATC 控制下的任何道岔，在安全检查许可的条件下，设置位置（定位和反位）。ATC 系统允许中央调度员对所有道岔进行“预留”和“释放”。只有在中央调度员的要求下，中央调度员的预留才能被释放。

⑤ 道岔的远程安全保证。

系统提供下列两个 VCC 命令，只要其中任何一个保持有效，ATC 系统就确保道岔不会自动转动：建立包含需远程安全防护道岔的人工进路预留（MRR）；建立中央调度员的道岔预留。

⑥ 车辆段的道岔控制。

车辆段内的道岔由人工控制，而不受 ATC 系统控制。这些道岔的状态和位置可以通过车辆段监督子系统进行监督，但道岔的转动由车辆段本地联锁控制。

（18）人工进路预留（MRR）。

MRR 在 VCC 控制终端（VCC COT）设置。一旦 MRR 设置好，在 MRR 取消前，MRR 区域内的道岔不能被转动。MRR 可在 VCC 控制终端取消，或通过系统进入全局后退模式来取消。

设置人工进路预留的 VCC 命令为“MRR ID”，没有列车号。这表示 MRR 是“全局”的，适用于所有列车。

VCC 设置 MRR，但 SMC 设置信号的模式。通过从 VCC 接收 MRR 相关的轨道状态报告，SMC 的任务是向 STC 发送请求，将相应的信号机置为后退模式。

为了实现局部后退模式，中央操作员为故障区域（如环线故障的区域）设置 MRR（VCC 控制终端）。操作员对 MRR 的设置将自动覆盖从一个信号机到前方下一个信号机之间的所有区段，或多个信号机之间的区段，以覆盖故障区段。一旦设置好 MRR，防护故障区段的信号机就通过 SMC 的自动命令转换为后退模式。然后 STC 根据它的内部逻辑为信号机设置适当的信号显示。另外，STC 将通知 VCC 一个紧急停车设备已激活。VCC 的反应是关闭相应的区段，以防止自动列车进入后退区域。这确保所有接近故障区段的自动列车将被迫在故障区域的前一个车站转为人工模式。如果列车在故障区段不能与 VCC 通信，则该故障区段后的车站必须位于一个有效环线后，这样，当列车最终到达目标车站时，能恢复为自动运行。

当系统进入局部后退状态时，进入故障区域前一个车站的司机将看到“ATC”字样不再在出站信号机上点亮，信号机显示变为 3 个后退模式显示（红、黄、绿）。此时列车司机必须将列车置为人工模式（限制或“Cut-Out”）。司机在停站时转换模式，然后根据信号机显示在人工模式下运行列车。模式转换到限制或“Cut-Out”模式时应与中央调度员联系，因为可能会导致后续列车紧急停车。

一旦故障解除，进路预留可以在 VCC 控制台上取消。一旦相应的区段解锁，系统就可以回到全自动运行模式。

MRR 仅用于故障情况，它并不用于常规操作。

MRR 可以任意长度（包括多个轨道）被用于任何运行线区域，由中央调度员负责设置 MRR，因此预留区域包含允许人工列车驶往其最终目的地（如车辆段）的足够区域。取消 MRR 的操作及信息流程将在设计联络阶段确定。

MRR 由中央操作员设置到或被自动地延伸到轨道上的下一个信号机处。上述两种方案的选择将在设计联络阶段决定。

设置人工进路的示意图如图 3-17 所示。

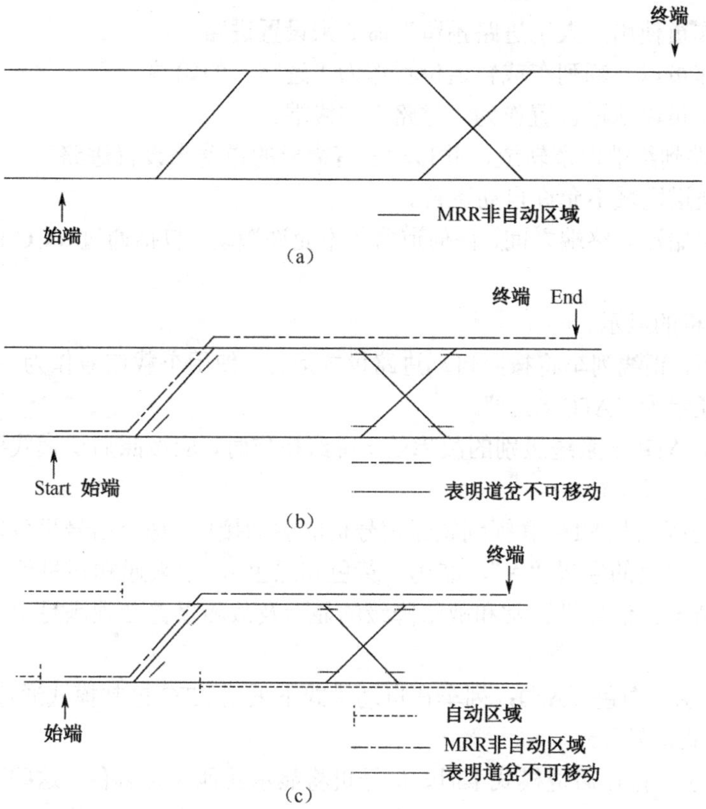

图 3-17　设置人工进路的示意图

① MRR 经过几个信号机时的信号显示。

在 MRR 进路设置区域中的信号机将显示绿/黄/红信号。信号的显示取决于进路上计轴闭塞分区的占用状态。在 MRR 进路的终端，信号机将显示白“A”灯。

② 当列车越过边界后 TOD 上显示的信息。

当列车越过环线边界后，重新进入 ATC 系统，TOD 将显示“位置已确定”。列车一旦停车，就可以进入自动和保护人工模式。一旦中央操作员为列车分配好进路，列车得到授权，就可以移动了。

一旦列车在环线边界重新进入，TOD 将显示“位置已确定”。不管 MRR 是否取消都将显示该信息。然后司机停车，将列车模式转换到“自动”或“保护人工”模式。

一旦中央操作员取消 MRR，为列车分配好进路，列车得到授权即可移动。

MRR 功能试图预留一部分轨道，给某个列车专用。如果有故障列车占用该区域，则不能预留为进路区域。在这种情况下，ATP 系统将不会允许进路预留。

此外，当 MRR 跨越的进路同时也是 STC 后退模式进路时，ATC 将自动改变进路前方的信号灯设置，使该进路设置从“A”灯（自动）转换为绿色、黄色（人工）。

人工进路设置用于提供一个在轨道上非通信列车周围的保护区域，允许它们行进到停车辆段、停车线或一些其他的恢复区域。在人工进路运行时，驾驶员在从中央操作员获得口头的授权以后，用人工来控制列车。

③基于计算机的联锁允许使用下列程序来设置人工进路：

- 中央操作员使用“人工进路预留”命令来设置进路。
- 中央操作员以一辆列车或轨道位置作为“进路”的始端。
- 中央操作员以轨道位置作为“进路”的终端。

VCC 从始端到终端保留轨道，并移动所有需要的道岔来设置进路。

在预留的轨道区域不允许自动运营。

在行进线路始端到终端之间，任何道岔都不允许搬动（包括通过 VCC 根据联锁原则锁定的道岔）。

（19）信号机的显示。

正常情况下，正线列车将按照自动进路模式运行，使用车载信号作为主要的操作信号，轨旁信号机将显示为“ATC 显示”。

当列车由于 ATP 子系统级别的故障处于降级操作时，应按照后退模式要求设置的信号显示，采用人工模式运行。

ATC 系统将提供从 STC 联锁到轨旁信号机的驱动接口。每个信号机可以有最多 4 种相互独立的显示（白色的字母“A”、红色、黄色和绿色），用来通知司机信号机的运行模式和前方进路的情况。信号机正常和故障降级的显示及故障报警必须满足中国联锁的有关技术要求。

① ATC 显示（白色“A”）：列车在自动模式下采用 ATC 控制模式通过。

② 后退模式信号显示。

当 ATC 系统工作在后退模式下时，信号机将显示其他 3 种颜色。这些不同的颜色显示帮助司机人工驾驶车辆（限制的人工模式或者“Cut-Out”模式），并引导司机在不同的显示下进行操作。

- 红色信号灯——禁止通过，列车将在信号灯前停车。

当列车进入前方闭塞分区不能保证安全，或者信号机被禁止，或者道岔位置未指向当前定义的进路时，信号机将显示红灯。

- 绿色信号灯——允许通过，前方进路中所有的道岔均开至直向。

绿色显示灯表示前方闭塞分区已经被设置到了指定方向，没有列车处于该分区内，而且其他有关安全性的以及监控下的线路条件均已满足。至少这意味着前方同方向两个信号机之间的任何一点均处于经 STC 所认可的状态（一个进路），且两个信号机之间的轨道未被占用。其他安全性相关的条件也是必不可少的，如防淹门被锁在全开状态，或者其他道岔被锁好以提供保护。

- 黄色信号灯——允许通过，前方进路中至少有一组道岔开至侧向。

黄色显示灯表示前方的闭塞分区被设置为变更交替进路（即进路中至少有一组道岔已经被锁闭在侧向的位置），前方区段没有车辆占用，并且其他安全性相关的条件已经满足。

系统提供在中央调度员工作站和车站 SMC 工作站上设置“信号机红灯”的命令，该命令可以针对全部信号机和单个信号机，也可对单个信号机和全部信号机进行命令解除。

2）ATO 子系统

（1）ATO 子系统的功能。

ATO 子系统包含了 ATC 系统中诸如速度调节、车站程序停车和门控等功能。SelTrac ATC 系统中还提供了以下 ATO 功能：

- SMC：告警报告、速度曲线设置、设置站台及车载旅客广播报文。
- VCC：为列车排列进路、设置列车速度曲线、车站停车命令。
- VOBC：控制列车牵引和制动、速度自动控制、车站停车、车门和屏蔽门控制。

① 车站停车。

VOBC 在其定位系统和 VCC 命令的支持下，能够实现±0.3m 的车站停车精度。此外，当列车在±0.5m 范围内时将允许（不是命令）列车门打开。

基于车站停车功能的高可靠性和精确性，列车无须蠕动前进、后退来达到正确的定位点。在 ATO 模式中，列车在停车后将不再前后蠕动，而在“ATP 倒车模式”中可以做到这样。但是列车最多可以前进或后退 5m，不降低安全性，也不影响系统内其他列车的行驶。

② 门控。

在列车正确定位在站台上并且完全停下后，站台侧的车门在自动运行模式下可以自动地允许打开。所谓正确定位，是指它停在确定站台停车点的±0.3m 内。在自动模式，列车停站超出±0.5m 的误差时，ATC 系统不会命令开门。如果由于超出±0.5m 误差而车门不能人工或自动打开，OCC 会产生一个告警，指出该站台车门不能打开。

门控的主要功能：对出错情况报警；向中心报告车门状态；确定何时允许并命令车门开、关。

③ 双向运行。

系统提供了全线双向的 ATP/ATO 列车运行，因此能方便地支持诸如变更和穿梭运营等故障管理策略。这主要是得益于：VCC 中的双向线路数据结构以及所用轨旁设备没有方向限制（例如感应环通信）；在正向和反向运行时，车站停车和屏蔽门控制是一样的。不管运行方向如何，列车都将对齐站台上相同的位置。

（2）系统控制方式。

① SMC 控制模式的功能。

SMC 控制模式也叫自动或者正常模式，是 ATC 系统的正常运营模式。该模式下，所有的 ATC 系统的功能都能实现。包括：自动时刻表调整；使用图形化人机接口控制和监视自动列车驾驶；使用移动闭塞原则实现自动列车保护；旅客信息通知系统；和 MCS、无线、时钟系统的接口。

② VCC 控制模式的功能。

当 SMC 故障（或 SMC 至 VCC 的通信通道故障）时系统自动降级为此控制模式。此模式提供了降级的系统功能，但系统仍可自动运行。VCC 可以按 16 种预定义的运行线为列车排列进路。

在正常运行下，SMC 控制运行线和进路，并且对于由 ATC 系统支持的运行线的数量不予限制。VCC 降级控制模式为运营故障模式。某地铁投标文件延伸线项目的运行交路示意图如图 3-18 所示。

图 3-18 中表示出了长、短、Y 型 3 条列车运行交路，VCC 的 16 条运行线将在此基础上结合车站配线，根据用户的运营要求予以定义。

每个在 VCC 控制模式下的 VCC 能够为单一列车排列这 16 条中指定的一条运行线进路。对于覆盖多个 VCC 控制区域的运行线的长交路，运行线将被两个 VCC 共用。VCC 中定义的与相邻 VCC 相连的一条运行线，要求在相邻 VCC 中得到相应的定义。

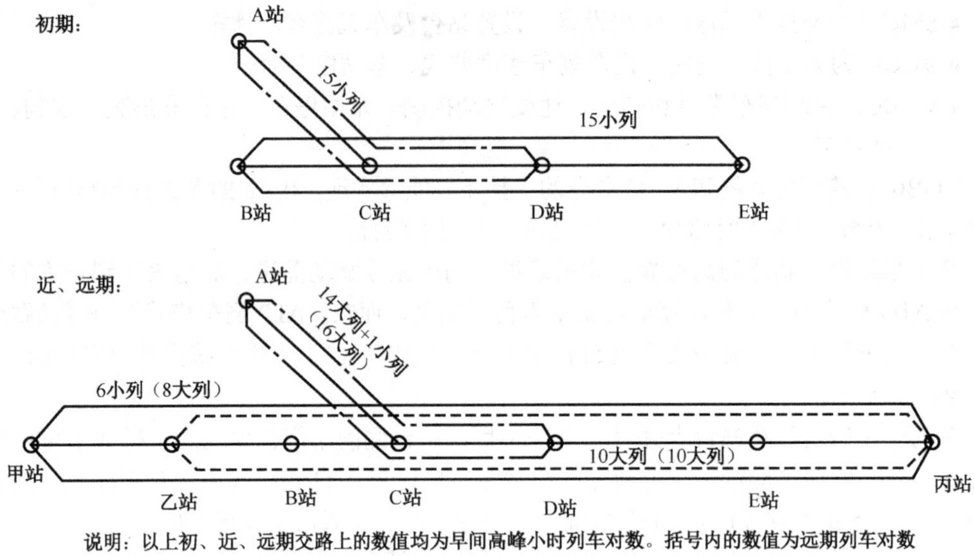

图 3-18　某地铁投标文件延伸项目的运行交路示意图

如果分配的是短交路运营，其只在一个 VCC 区域内，则不要求相邻 VCC 做出相应的定义。

在 SMC 上手动设置的列车进路和防护区域不会占用 16 条运行线路资源。

在 VCC 降级控制模式中，16 条运行线路被保持在每个 VCC 中。每条“运行线”可以由线路中的任何有效进路所组成。

在 VCC 控制模式下，原来在 SMC 控制模式下运行时 VCC 中央调度员终端中所有有效的中央调度员命令仍然被 VCC 所支持。

当运行于 VCC 控制模式下时，ATC 系统连续地提供如下基本功能：

- 全部的 ATP/ATO 功能。
- 该降级模式下 VCC 自动获取运行线的分配，且 VCC 保持在 SMC 未故障前对每一列车的原有运行线（包含在常用的 16 条运行线中）的分配。
- 图形化的 VCC 接口。
- 站台旅客向导信息。
- 一旦列车在站台对位停车，将显示下一站和目的地信息。
- 列车自动进入/退出运行。
- 临时限速的插入和取消。
- 列车最高速度和减速率的选择。
- 轨道和站台的封锁。
- 轨道的重开启。
- 当系统运行在 VCC 控制模式下时，CCO 接口设备仅仅限于 VCC CCO 终端。在此模式下，ATC 系统仅将 SMC 系统挂起，其余功能仍然可以实现。

SMC 故障时，VCC 可以提供下列命令来支持列车运营：

- “列车发车”（Train Depart）命令可在列车出发进入运行前接受一个运行线号码。所有的站台停车将采用预定的站台停车时间值。VCC 控制模式支持最大 16 条运行线。
- “列车前进”（Train Go）命令仍然可用于让中央调度员按照设定的进路和方向将列

车排列到下一个车站。使用“列车前进”命令可以使单一的列车驶向单一的目的地。该进路的目的地可以是一段轨道、一个车站或退出服务。

当系统运行于 VCC 控制模式下时，将不包括下列功能：

- 图定列车运行。
- 运行图调整。
- 系统性能数据采集。
- SMC 与 VCC 之间的自动时间同步。

③ ATC 后退模式的功能。

当系统 VCC 发生故障时，ATC 系统将自动地转入后退模式运行。系统确保当转为后退模式时进路和信号机的可控性。ATC 后退模式包括 SMC 正常和 SMC 也故障两种情况下的后退模式。

在 ATC 后退模式下，系统基于计轴站间闭塞的原理提供列车之间的安全间隔。该模式下列车不能以自动模式和 ATP 人工保护模式运行，以人工方式控制站台屏蔽门。STC 通过轨旁信号机和计轴轨道区段来向列车提供 ATP 站间闭塞功能。列车的占用检测基于计轴设备，计轴轨道区段还将提供接近或区段锁闭功能。对于计轴区段接近锁闭延时解锁的条件和时机，在设计联络阶段确定。

在 ATC 后退模式下，轨旁信号机可为列车运行提供 3 种显示。当道岔处于定位且进路空闲时，显示绿灯；当道岔处于反位且进路空闲时，显示黄灯；信号机内方的计轴区段占用时，或道岔开通未预先定义的进路时，显示红灯。对某车站控制器的进路改变命令将由 SMC 直接发出，或通过本地工作站在本站发出。

在 ATC 后退模式下，STC 将作为一个安全性轨旁联锁设备，使用正常情况下的折返交路来为列车排列进路，以穿越其控制区域。系统确保所有进路（包括已定义的可自动排列的进路和人工设定的进路）的联锁安全保护。

在中央设备正常的情况下，如果 STC 接收到从中央操作员通过 SMC 发出的命令，使所有的信号机进入人工控制下时，STC 将进入后退模式运行：SMC 允许操作员设定单个或系统的全部 STC 到后退模式。STC 如果没有得到中央或本地操作员的确认，将不会自动进入后退模式。

一旦 VCC 的运行及其与 STC 之间的通信恢复，STC 将把对区域的控制权转回 VCC。

3）ATS 子系统

ATC 系统的运行图用于调整列车运营的服务，它们定义了一天当中营运所使用的服务模式和级别。运行图还提供了关于在一天的运营中如何增加或降低服务级别的信息。每个运行图由若干时间段构成，这些时间段为一天当中不同时间内的班次定义了调整模式（如到达时间和运行线）。一个运行班次是运行图中的一个时间段，列车必须按此运行。运行图对各服务级别之间的转换进行了定义，使得列车在一天当中可以进入、退出和继续运营。

ATC 按照运行图定义的不同服务模式运行。服务模式由若干不同服务等级组成，以满足每天不同时段间隔和载客量的要求。每个服务时段可定义为一种服务等级。

运行图信息显示屏以表格的形式显示列车计划到达及发车信息。当列车按班次运行时，实际的车站到达和发车时间记录在该屏上。当每次列车前进时，屏幕上还显示列车在下一趟运行的预计到达时间和发车时间。

（1）运行图编辑器。

运行图编辑器是一种离线应用，目的是使运营商和调度员有能力为ATC系统投入运营创建运行图。它所编制出的运行图将能够在满足最小行车间隔的前提下，进行无冲突地正常运营。

运行图编辑器使用运行图中定义的“运行线”。运行线将在设计阶段定义。运行图编辑功能基于时间间隔，以及长交路、短交路和Y型线的运营。

运行图编辑功能支持3节和6节不同的列车编组；运行图编辑功能提供列车出/入车辆段及存车线的功能；运行图编辑具有定义灵活的运行图的能力，如多线编辑。

运行图编辑器能识别冲突，并向运行图编辑人员提示，以便以图形方式调整运行班次，解决冲突；运行图编辑器能识别列车到站和离开时刻的冲突。当两列预定到达的列车的时刻在预先设置的“冲突极限”之内时，运行图编辑器就能识别该冲突。该方式可用于运行图编辑器支持的所有操作方式。

① 子运行图的生成。

一张完整的子运行图定义了在一个任意时间段内为保证固定数量列车按计划运行所需的全部信息。子运行图在合成为运行图之前，并没有与之相关联的具体起止时间。子运行图是作为运行图的组成部分来创建的。一个子运行图可以在几个不同的运行图中使用。子运行图中所包含的信息不必是唯一的。

② 运行图的生成。

运行图完整地定义了设定时间段内（通常为一天）的运行计划；在最简单的条件下，运行图由若干子运行图组成，每个子运行图均指定了起止时间；各子运营图首尾相连；每个子运营图都设定好一个开始和结束时间。

③ 一张完整的运行图包含的信息：

- 列车投入运营的时间（车辆段发车开始服务的时间）。
- 运行图内各个班次的班次号。
- 一天运营当中每列投入运营服务列车的所有运动。
- 每个班次在各个计划停站（包括折返轨）的到达及发车时间。
- 运营结束后，列车返回车辆段或其他存车点的退出时间。

基本运行图编制完成后，按不同种类（包括平日、节假日、特殊情况等）存入数据库内，以备调度员随时调用。基本运行图的数据不得擅自修改，当必须修改时，由专门的维护人员按照有关命令进行。存储在计算机内的基本运行图不少于256种。基本运行图的数据必须确保安全存储，并易于长期保存。

④ 运行图的传送。

运行图由运行图编辑器离线编辑产生。完成的运行图通过局域网连接传到SMC硬盘中。所有运行图都可通过SMC“指定运行图”命令得到。当“指定运行图”命令启动后，运行图就装载至运行图调整服务器（SRS）。编辑和装载某一新运行图可在不到10分钟的时间内完成。

时间—距离图还可以用于编辑运行图。用户可以通过观察线条的斜率判断定义的服务级是否可以实现。如果不同班次的线条出现交叉，用户就知道运行图发生了冲突，因为交叉线代表了列车要互相超越。用户可以使用鼠标对运行图的线条进行调整，以对运行图数据进行修改。这种可视化的反馈对所创建运行图的准确性有极大的帮助。

在时间表完成后，可以在 ATS 仿真运行模拟器上高速测试（以最快 10 倍于实时的速度进行）。

完成的运行图可以转送给 SMC，添加到经过批准的现有运行图中。

运营及维护人员可以创建新的计划运行图，也可以用运行图编辑器修改既有的运行图。创建和修改运行图通常由运行图编辑计算机完成，所有的文字信息都用中文显示。

⑤ 指定或取消运行图。

系统具备指定和取消运行图的命令。当某一运行图被取消时，按班次运行的列车将失去被指定的班次，但其仍将保持该班次的原有运行线。列车将继续提供站台服务，但停车时间改为预设的时间，而不是根据计划发车时间来确定的。取消运行图还会使列车速度恢复至最大允许速度，而不是运行图中所优化的速度值。

指定新的运行图需要中央调度员的直接干预，以使其与现行的运行操作协调一致。如果调度员认为现行的列车可以用于新图，那么在指定新图后，调度员就可以为这些列车指定新的班次。

（2）调度命令。

以下将描述一些用于 ATS/SMC 工作站上的调度员命令，调度员可以用它们来人工调整系统运行。

① 跳停。

系统可以命令所有列车或某一列车跳停某一站台。SMC 可命令所有列车跳过某一车站，用另外一个命令让某一特定列车跳过某一特定车站。在使用跳停功能时，中央调度员允许自动模式的列车以最大允许速度通过所选择的跳过车站而不停车。列车跳过车站但并不取消当前指定的运行班次。在中央调度员发出解除命令之前，该站台的跳停将一直保持有效。

中央调度员还可以指定某一特定运行线上的所有列车或所有运行线上的全部列车在某一特定站台跳停。

② 扣车。

“扣车”命令用于暂时扣停站台上某一特定列车或所有列车。可以采用“列车发车”或“解除扣车”命令来陆续解除列车扣停状态。

如果“列车扣车”命令应用于某一列车，则终止该命令可采用“列车发车”和“解除扣车”命令，二者具有相同的效果；如果“列车扣车”命令应用于某一个站台，“列车发车”命令将使列车从站台出发，但站台的扣车状态仍然保持，以使下一列进入该站台的列车被扣车。

系统向中央调度员提供下列与扣车有关的 SMC 命令：

- 设置站台扣停（和解除站台扣停）。
- 列车扣停（及解除列车扣停）。
- 系统服务暂停（及解除系统服务暂停）。
- 投入服务暂停（及恢复投入服务）。

在上述各种情况下，列车指定的运行线/班次均被保留。

③ 列车停车。

“停车”命令通常用于让列车在车站无条件停车。具体命令如下：

“列车就近停站”命令将使列车在前方下一个开放车站停车，而不管该列车在运行图上指定的进路是否指向该站。一旦抵达该站，列车指定的运行线/班次即被取消。当接到 VCC 的列车发车命令（以及指定的进路、运行线或班次）之后，列车才被允许离开该站。

“列车到站停车”命令将使列车在下一个计划服务停车站站台停车，并取消所有现存的指定运行线或班次。

如果列车的进路被排列到下一个可停的车站，上述两个命令均使列车停到相同的车站。

④ 人工列车发车。

中央调度员可以通过人工列车发车命令中止列车的停站时间或解除其扣停，并让列车发往下一停靠站。

⑤ 人工停站时间调整。

对于所有按照指定运行线和班次运行的列车，都可以调整站台停车时间。对按照运行线运行的列车来说，中央调度员输入的“标称”停站时间数值就是列车停在车站并打开车门的时间。

用于班次的最短和最长停站时间值可以通过运行图来定义，并且当指定了新运行图之后能够重新设定这些值。中央调度员可以改变用于列车运行调整的“最短”和/或“最长”停站时间值。

（3）中央线路全局显示。

系统实时采集轨旁及 VOBC 提供的列车位置、进路状态、列车识别、列车运行状态及信号设备故障等监督列车运行的基础信息传送至 SMC，发送列车运行控制及调整命令。SMC 可依次在线路全局显示上显示列车位置，只要列车位置与前一个位置相比变化了 25m，则列车位置将被更新。信息将根据全部收到的数据而不断更新。SMC 正常工作时对全线的信息采集、控制周期不大于 1s。

ATC 系统能向所有 SMC 工作站上的中央调度员精确显示列车的位置，并能识别通信列车的车号。

（4）节能运营。

SMC 可以为各个车站出发的列车建立优化的速率模式曲线和停站时间，以使在满足站间运行时间的要求下使能耗降到最小。每个站间的速率曲线都可以调整，这样站间行车时间将以 1 秒级递增或递减。

SMC 中的运算法则允许 CCO 使用影响能量消耗的运行参数。

在理想情况下，可通过执行一个经过精心设计的运行图来达到最佳的节能效果。本系统将提供给业主一台久经考验的运行图编译器，以满足业主生成并在仿真器上测试这些运行图的需要。

经过仿真测试，运行图编译器可以用数学方法预测系统的能耗需求。一旦运行图被编辑设置好，编译器将提供与时间相对应的、系统内全部列车能耗总需求的图形显示。这使业主可以在编制运行图的同时，立刻看到能量高峰及负载级别。当编辑使用仿真的运行图时，业主可以利用这些信息调整运行图，以更好地管理系统能耗需求。

离线运行图编译器能帮助操作员改善列车发车计划，来优化一整天的能量消耗。

在降级服务期间，运行图能自动降低站间列车的运行速度。SMC 将每个列车、每个班次的速度控制到运行图中定义的站间速度。

（5）列车识别号（ID）的生成、跟踪、传递和显示。

系统能自动完成正线控制区段内的列车识别号跟踪。跟踪从列车自车辆段出发占用转换轨时开始，至终到站或返回车辆段离开转换轨时结束。列车识别号可由中央 ATS 自动生成，或由列车车载设备经车—地通信系统向 ATS 发出，两个途径的信息以最后下达的为准。识别号随着列车的走行自动跟踪，并可由调度员人工修改，包括设定、删除、位移、变更。列车识别号因故丢失时，计算机应能根据运行图、列车位置及时间自动推算并自动设置列车识别号，或设置缺省列车识别号。

列车识别号的组成在设计联络阶段详细确定。

（6）运行图调整。

分配的运行线上的每个车站的最大或最小停站时间是运行图中用于调整列车的参数。这些值将在项目设计阶段进行确定。站间运行时间以秒级精度进行调整，其范围在最小和最大的图定走行时间内。每个站台都定义了最大和最小停站时间，停站时间的分配应在此范围之内。

SMC 的运行图调整是通过连续地比较列车在每个车站的实际到达时间和计划到站时间来进行的。在预定范围内，增加/减少列车停站时间及列车最大授权速度，可以纠正轻微的运行图偏差。具体方法如下：

① 确定某一列车在某一站台的运行图偏差。

② 调整自动列车停站时间使运行图偏差最小。

③ 自动调整列车实际运行速度。

（7）旅客向导系统。

SMC 向旅客向导系统提供报文。同时报文还直接发给列车，以便生成在车上发布的信息来通知乘客下一个站台停车。

SelTrac 系统将提供站台旅客向导系统。它通过串行线与本地 ATS 工作站计算机接口，从而与 ATC 系统相连。

车载旅客广播系统与 VOBC 串行接口。VOBC 将向广播系统发送触发信号，该信号包括一个报文号和代码，表明要广播的内容。VOBC 并不提供“自由报文”格式。车上广播由 ATS 在需要时发命令。ATS 将报文命令传给 VOBC，再与车载广播系统接口。

（8）发车指示器。

发车指示器是吊装点阵显示盘，由 SelTrac 系统提供。SMC 向安装于每个站台的发车指示器提供必要的信息。它通过串行线与本地 ATS 工作站计算机接口，从而与 ATC 系统相连。发车指示器向司机显示该停站时间值，并以秒为单位自动倒计时至 0。当倒计时至 0 时，开始正向计数，标明列车已经晚点。当检测到列车的移动后，显示被清除。任何发车指示器的报警数据，如“健康”状态，都要汇报给 SMC。

SelTra CBTC 系统的架构及列车的基本控制原理如图 3-19 所示。

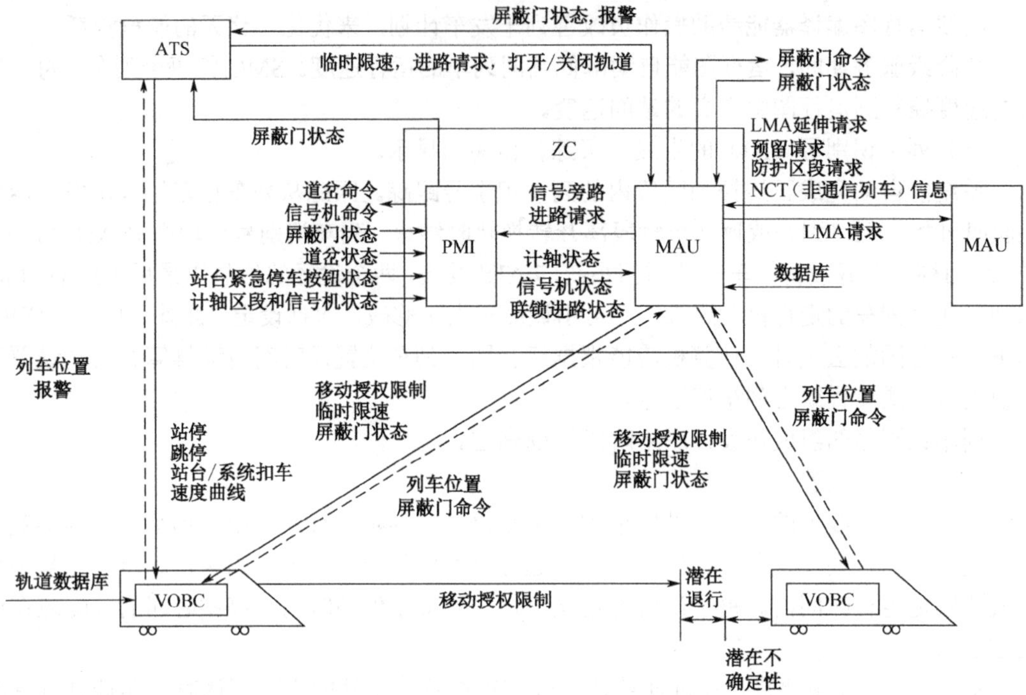

图 3-19　SelTra CBTC 系统的架构及列车的基本控制原理

5．系统的维护

1）系统的维护策略及层次

基本维护策略是通过定期及纠正性维护满足系统运行的安全性和经济性。根据在哪里进行维护可以满足系统的最大可用度，系统维护分为以下 3 个层次。

（1）一线维护。

一线维护定义为可在现场进行，通过对故障部件/模块或可替换单元（LRU）进行撤下和更换而对设备进行的维修和恢复。维修作业可以在子系统部分运行和/或全部运行的情况下进行，以减少对系统可用度的影响。

对于车载和车站设备而言，维护人员将使用一套专门设计用来诊断、隔离和判断故障 LRU 的标准便携式测试设备。另外，维修作业还包括对失效的 LRU 进行撤除和更换，并对更换的备件进行功能验证测试。

维护人员将充分利用下列全部或部分故障提示：

① 在组件或 LRU 安装位置不变的情况下，可以利用的检测点。

② 内置的测试及外部指示灯。

③ 内置的一线诊断软件指示灯。

④ 健康状态监视故障表示。

⑤ 外观检查和无须物理或电气拆卸而进行的机械和/或肉眼测量。

无论何种一线维护，设备的就位、安装及装配等维修作业都不得对除故障 LRU 以外的其他 LRU 进行诸如解体、拆除或更换、局部装配、安装或开盖等作业。

（2）二线维护。

一线维护中确定失效的 LRU 被退回到集中维护部门。维护人员使用一套标准的二线维护测试和诊断设备对故障 LRU 内的故障部件或部分进行隔离及鉴别。

二线维护的维修工作包括拆除和替换失效部件或部分（最低级的 LRU），并验证所替换部件的功能。

二线维护时可以利用下列部分或全部故障显示来对故障部件或部分进行隔离及鉴别。另外，在适用的时间和地点也可以使用标准的二线维护测试和诊断设备。

① 在故障 LRU 安装位置保持不变的情况下，对那些通过采用适当的接插件或适配器可及的检测点进行测试。

② 内置故障及测试硬件指示灯。

③ 内置软件故障及诊断指示灯。

④ 外观检查和无须物理或电气拆卸而进行的机械和/或肉眼测量。

二线维护可对一线维护判为故障的 LRU 进行功能测试，而对一线维护可以维修的部件或部分不做处理。

（3）三线维护。

三线维护定义为在远程地点进行的 LRU 维修和恢复。三线维护作业需要制造商的特殊技能、工具和测试设备，或者是制造商批准的维修和大修代理。所有三线维护作业建议由供应商、原制造商或其授权的代理进行。

2）系统的维护方案

设备维护方案的原则：一线维护时，故障隔离时间必须缩到最短；二线维护时故障隔离时间可以最长。一般方案如下：

（1）一线维护时，将平均修复时间（MTTR）缩到最短。MTTR 最小化是通过把故障隔离在那些容易迅速替换的模块上进行的，这类模块包括电子单元（EU）、PC 中央处理器（CPU）、馈电设备（FID）子机架等。

（2）在模块更换困难或不可能更换的情况下，纠正性维护可以在冗余系统的故障部分离线时来完成。

（3）使二线的故障隔离最大化。

（4）通过所提供的二线维护设备（SLMD），可以对许多 VOBC 的 LRU 和某些轨旁模块及元件进行故障隔离。

3）预防性维护

对 ATC 系统设备定期进行预防性维护，避免它们造成子系统故障。对于每天 20h 的运营来说，每天可以有 4h 用来按计划进行正线上的预防性维护，车场的时间则更长。

（1）SMC 设备的维护检查。

调度员工作站、系统服务器、运行图调整服务器采用冗余方式进行配置。对这些设备的维护可以在冗余单元上进行而不影响正常的运营服务。为了进行维护作业，可能需要对系统服务器和运行图调整服务器进行切换，以便使之从在线状态转为离线状态。

维护人员可在不影响 SMC 运营的情况下对其他 SMC 设备进行维护检查。检查包括肉眼检查和信号电平的验证检查。一旦 SMC 运营受到影响，可以启用 VCC 控制模式，使 ATO 能够继续运行。

SMC 还可以让调度员完成一些操作来支持系统维护。

SMC 可以让必要的授权区及控制区的调度员来指定转辙机所需转动到的位置。

SMC 允许调度员选择一列车及与该车相关的文字。该文字可以用于以后的检查。

（2）VCC 设备的维护检查。

大部分的 VCC 维护作业可以在不影响 ATO 运营的前提下进行。主要的测试工作包括对可用测量点的视觉检查和验证信号电平。

对紧急停车设备（ESD）的测试要让该设备激活，并造成轨道的关闭。该测试应在测试区域内无车时进行。

（3）车辆设备的维护检查

对车辆的维护作业应在列车退出运营服务后在维护区内进行。维护内容如下：

① 常规的检验过程。

② 数据转储，以获得运行中由 CPU 产生的各种数据。

③ 车轮磨损补偿开关设置过程。

在经过维护检查之后，健康的车辆就可以重新回到 ATC 系统。但每次列车投入运营时，还需自动进行投入检查。

（4）轨旁设备的维护检查。

大多数轨旁维护作业的执行不会影响 ATO 的运营。主要的检测程序包括对可用的检查点的肉眼检查和信号电平验证。

由于进行维护检查作业或对下列设备的作业可能会造成部分线路的阻塞：

① ESD（紧急停车设备，如站台紧急停车按钮）。

② 转辙机或环线电流调整。

为了不影响 ATO 的运行，中央调度员应该与维护人员进行协调来完成测试工作，如采用跳停或变更进路的方式。

（5）设备维护的实施性方案。

以车地通信设备的维护为例，如表 3-3 所示，明确规定了维修周期及工作内容。

表 3-3　车地通信设备的检修周期与工作内容

<table>
<tr><th>设备（数量）</th><th>修程</th><th>检修的工作内容</th><th>周期</th></tr>
<tr><td rowspan="12">感应环线及轨旁设备、对位环线</td><td rowspan="7">二级保养</td><td>1．安装装置的检查</td><td rowspan="7">每半年</td></tr>
<tr><td>2．感应电缆外观检查</td></tr>
<tr><td>3．导线、引接线、防护管、接地线检查</td></tr>
<tr><td>4．检查各种紧固件（轨枕夹、支架、绑带）</td></tr>
<tr><td>5．盒内、盒外各种螺丝紧固</td></tr>
<tr><td>6．箱盒外观及内部防潮、防湿检查</td></tr>
<tr><td>7．检查整箱盒的橡胶密封条并检查铭牌</td></tr>
<tr><td rowspan="3">小修</td><td>1．二级保养内容。</td><td rowspan="3">每年</td></tr>
<tr><td>2．电缆芯线对地绝缘及线间绝缘测试</td></tr>
<tr><td>3．环线电缆高阻测试</td></tr>
<tr><td>中修</td><td>对整机部件性能的老化度进行评估，根据评估结果更换老化部件</td><td>5 年</td></tr>
<tr><td>大修</td><td>更换系统（根据采购合同系统的生命周期而定）</td><td>15 年</td></tr>
</table>

续表

设备（数量）	修程	检修的工作内容	周期
馈电设备柜(FID)、入口馈电设备柜(EFID)、线路放大器柜	二级保养	1．检查设备的运转状态，有无异状	每季度
		2．设备柜清洁	
		3．检查所有接线端子、接地线连接是否牢固	
		4．检查所有的插接件是否牢固	
		5．检查整箱盒的橡胶密封条并检查铭牌	
		6．检查标示及设备铭牌	
		7．电气参数测量	
	小修	1．二级保养内容	每年
		2．检查全部保险	
		3．设备模块卫生清洁	
		4．地线、屏蔽线检查	
		5．入口密封性检查	
	中修	对整机部件性能的老化度进行评估，根据评估结果更换老化部件	5 年
	大修	更换系统（根据采购合同系统的生命周期而定）	15 年

4）纠正性维护

对运营中 ATC 设备的纠正性维护包括对 LRU 一级的问题诊断。电缆连接及模块的设计和布置使得更换工作可以简单快速地进行，并可以减少重新连接过程中出现错误的机会。

故障诊断和纠正性维护最重要的是尽快使系统恢复正常运行。更详细或大修式的故障分析（即模块一级的）应该离线进行。

设备故障最常见的现象是在 VCC 终端或 SMC 工作站上的显示故障或报警信息。

在每个子系统的维护手册里，均对子系统所报告的故障代码进行了定义。另外还对可以采取的纠正性维护过程进行了定义以判断故障，并在某些情况下纠正故障。这些过程包括取得故障发生之前存储在子系统 CPU 内的数据、复位子系统并重新装载软件，或检查不同测试点的信号电平。

对一线维护等级部件的故障判断将允许调度员或维护人员采取适用的故障管理及恢复策略，以使其对运营服务的影响最小。同时，可以对故障单元进行维修。

3.3　相关规范、规程与标准

《SelTrac CBTC 基于通信的列车控制系统和信号解决方案（自仪泰雷兹）》相关条文。

项目小结

（1）SelTrac 使用移动闭塞原理，它根据实际运行速度、制动曲线和进路上列车的位置，动态计算相邻列车之间的安全距离。由于定位报告的分辨率很高，根据当前的运行速度，后续列车可以安全地接近前一列车尾部最后一次被确认的位置，直至两者之间的距离不小于安全制动距离。

（2）SelTrac S40 系统可以划分为：① 安全的车辆和轨道设备控制层，对于列车运行的安全控制和轨道设备的联锁，由 VCC 来进行控制；② 安全的遥测和车载控制器应用层，每一列车两端都安装有 VOBC，每套 VOBC 的双重处理器的一致性被持续监控，负责列车管理的各方面，包括跟踪和报告列车位置；③ 非安全监督控制层（管理层），监督控制层旨在为系统操作员提供人机界面，便于对运输服务进行调整。

复习思考题

1．简述 SelTrac 系统的层次结构。
2．简述 SelTrac 安全列车间隔控制及目标点设定。
3．简述系统的 ATC 功能。
4．简述扣车及跳停的含义。
5．简述系统的维护策略及层次。

项目4　Urbalis 888 CBTC系统维护

项目引导

Urbalis 888 CBTC系统集成了ATP系统、ATS系统、计算机联锁及数据通信子系统，能够在保障列车行驶安全的同时有效地缩短行车间隔并提高运能。

4.1　工作任务

认知Urbalis 888 CBTC系统，了解系统的预防性维护。

4.2　知识链接

1. 系统的功能及结构

1）系统的总体功能

Urbalis 888系统具备列车自动防护、列车自动驾驶、运营调整等功能。

（1）提供列车自动保护，包括执行进路操作、提供列车移动测量、控制速度限制、提供安全列车间隔、执行倒溜保护、车门管理、监控列车。

（2）提供列车自动驾驶，包括命令列车制动和牵引、执行正线存车和不存车、执行列车自动折返、执行紧急制动、站台精确停车。

（3）确保人员安全，包括提供安全紧急疏散、提供乘客安全上下车、提供工作人员和乘客下车保护。

（4）提供联锁控制，包括道岔控制、进路控制、信号机控制、建立保护区段。

（5）提供运营调整，包括提供列车识别号和追踪、实施调整策略、实施调整指令、在线时刻表/运行图的管理与编辑。

（6）提供运营前列车综合测试。

（7）历史数据的记录和回放。

（8）时刻表/运行图离线编辑。

（9）确保端对端数据通信。

（10）提供维护监测，包括监测信号设备和收集报警、计划维护活动、提供维护统计数据。

（11）提供培训功能。

2）系统的构成及功能

Urbalis 888 CBTC系统，由ATP/ATO子系统、计算机联锁（CBI）子系统、ATS子系统、数据通信子系统（DCS）、维护支持子系统（MSS）和信号集中监测子系统构成，并以计轴设备作为列车次级检测设备实现系统的降级及后备功能。各子系统的作用如表 4-1 所示。

表 4-1　各子系统在系统功能中的作用

功能要求		ATP/ATO	ATS	CBI	MSS	DCS
1．提供自动列车保护	执行进路联锁	○	○	○		
	提供列车移动测量	○		○		
	控制速度限制	○	○			
	提供安全列车间隔	○		○		
	执行倒溜保护	○				
2．确保用户安全	提供安全紧急疏散	○	○			
	提供乘客安全上下车	○	○	○		
	提供工作人员和乘客下车保护	○	○	○		
3．提供列车移动指令	命令列车制动和牵引	○				
	执行正线存车和不存车	○	○	○		○
	执行列车自动折返	○	○	○		
	执行紧急制动	○				
4．通知用户	提供乘客信息		○			
	向司机显示信息	○	○			
	向系统管理员显示信息		○	○		
	为交通管理员提供信息		○	○		
5．提供运行调整指令	提供列车识别号和追踪	○	○	○		
	实施调整策略	○	○	○		
	实施调整指令	○	○	○		
6．确保端对端数据通信						
7．提供离线调整支持	影响列车驾驶员	○	○			
	提供模拟培训		○			
	编辑离线时刻表		○			
	提供性能监测		○			
8．提供维护监测	监测信号设备和收集报警	○	○	○	○	○
	计划维护活动	○	○	○	○	○
	提供维护统计数据	○	○	○	○	○

注：由于提供其他子系统间的连接，DSC 与所有功能有关，多于其他某一子系统。

（1）ATP/ATO 子系统。

ATP 子系统管理列车位置和确保列车保护及列车运行，主要负责列车定位、列车位移和速度测量、超速防护和防护点防护、临时限速、运行方向和倒溜监督、退行监督、停稳监督、车门监督及释放、紧急制动、站台屏蔽门/安全门监控、紧急停车按钮监控、防淹门、列车完整性监督、子系统维修。ATO 子系统主要负责自动驾驶、精确停车、列车调整、主动列车识别。ATP/ATO 子系统如图 4-1 所示。

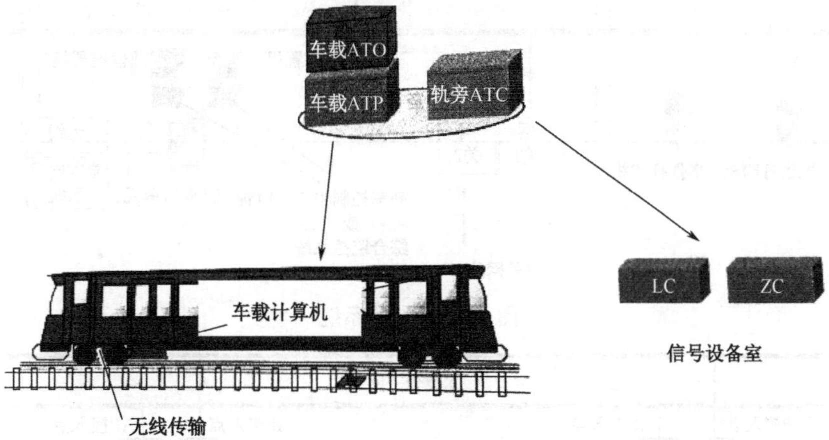

图 4-1　ATP/ATO 子系统

ATP/ATO 子系统还包括编码里程计、信标天线、信标（应答器）等。

（2）ATS 子系统。

ATS 子系统确保运营管理，包括线路、停车场和资源管理，主要负责系统监视（显示）、进路操作、临时限速、列车描述、列车运行调整、时刻表/运行图编辑和管理、列车运用计划及管理、车站发车指示、维护和报警、运营记录和统计报表、系统管理、回放。

ATS 系统作为地铁信号控制系统的一个重要组成系统，与联锁、轨旁 ATC 设备、车载 ATC 设备等其他系统一起工作，实现信号设备集中监控，并控制列车按照预先制订的运营计划在正线和停车场内自动运行。ATS 子系统如图 4-2 所示。

（3）DCS。

DCS 是单元之间通信的核心。每个单元（ATP/ATO、CBI、MSS、ATS）都连接到 DCS。由于 RAM 的目的，DCS 能够通过冗余通信路径交换信息。主要为整个系统提供通信，并具备网络及管理功能。

DCS 包括：① 有线网络——地对地数据通信（核心网络+边缘网络=骨干网）；② 无线网络——车地数据通信（无线连接）；③ 管理系统——DCS 的管理、配置、监测和维护工具。

DCS 无线网络的组成如图 4-3 所示。其中，① 接入点：位于轨旁 TRE 盒内，提供车地无线通信功能；② 波导管和自由天线混合传播：波导管、轨旁天线和车载无线天线实现了轨旁和车载设备之间的连续无线传播；③ 无线调制解调器：位于车载 MRE 盒内，实现车载有线网络和轨旁 DCS 有线网络之间的通信。

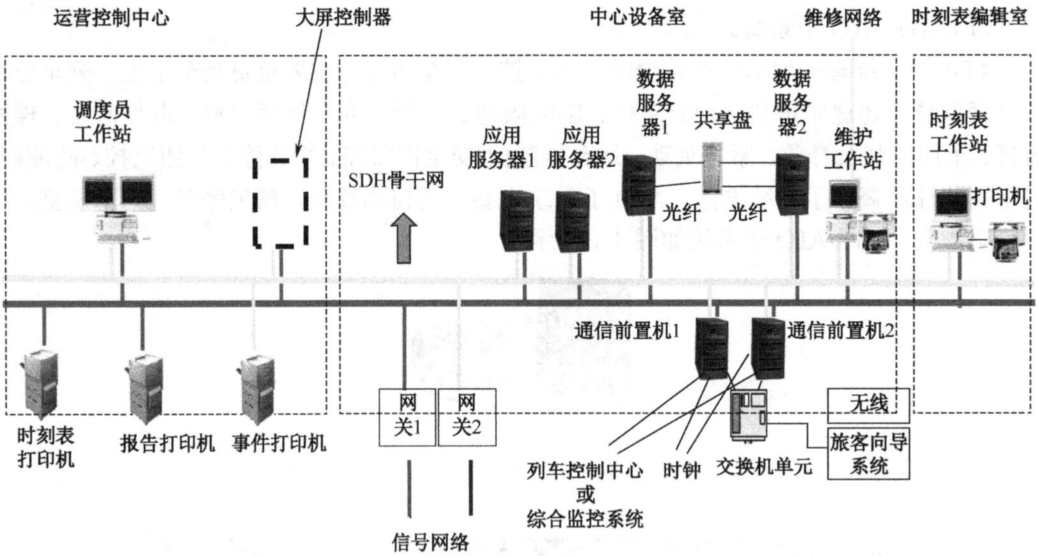

图 4-2　ATS 子系统

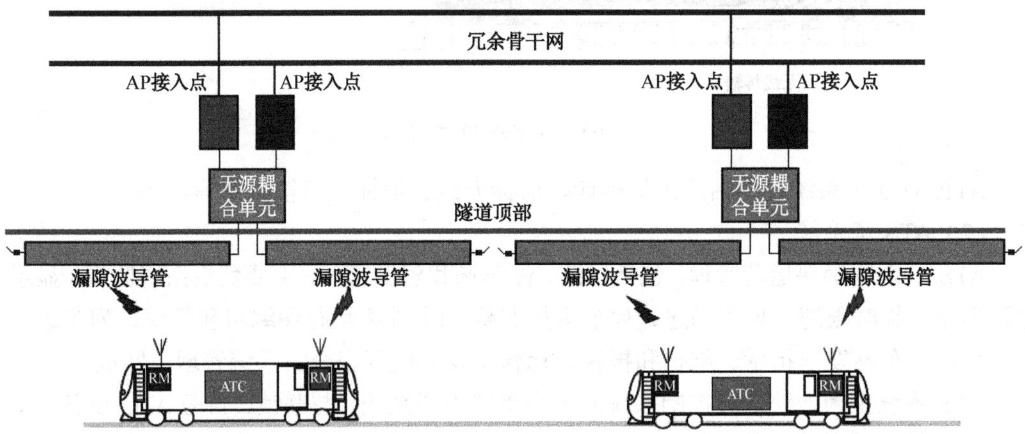

图 4-3　DCS 无线网络结构

（4）MSS。

MSS 提供信号系统的性能维护。MSS 是整个信号系统的设备状态监测和维护辅助工具，主要用于维护信息的采集，帮助维修调度人员对故障设备进行定位，管理维修作业。MSS 主要负责设备管理、设备运行状态检测、维护管理、外部接口管理、系统配置，如图 4-4 所示。

在维护中心设置两台维护服务器及一套共享磁盘阵列，在维护中心、控制中心、设备集中站设置维护终端。

MSS 主要的功能如下：

① 对整个信号系统所有设备（包括电源设备）的工作状态和电气性能指标进行在线监测和集中报警。

② 收集、显示包括 ATS、ATP/ATO、CBI 等子系统设备的报警信息。

③ 辅助用户进行设备资产管理。

④ 辅助用户方便计划和制定预防性及纠正性维护作业。

⑤ 辅助用户分析数据，自动生成文本和图形格式的标准预定制维修报表功能。

⑥ 提供功能性操作员的管理操作。

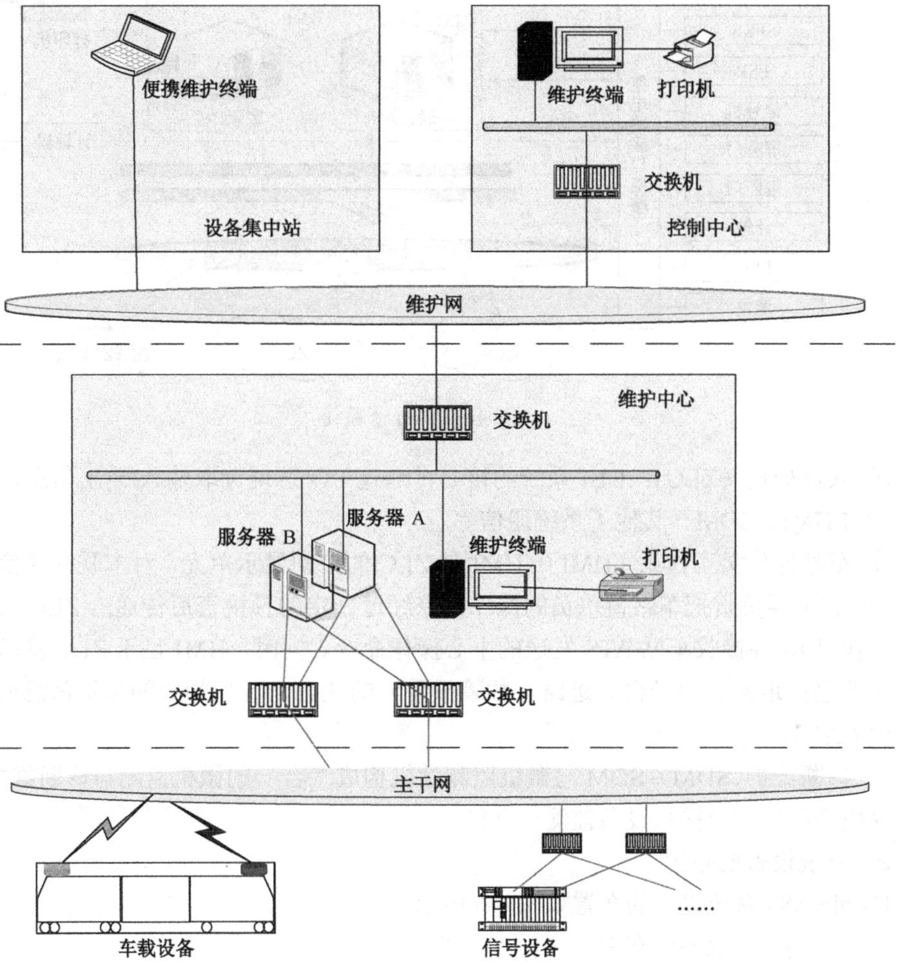

图 4-4　MSS 子系统

（5）CBI 子系统。

CBI 防止列车（在 Urbalis 区域）正面或侧面碰撞、脱轨以及操作轨旁设备。

CBI 主要负责进路控制、自动闭塞控制、紧急关闭、扣车、进路的自动功能、信号机控制、轨道空闲处理、道岔控制、本地监控、信号设备的监督报警及故障诊断。负责处理进路内的道岔、信号机、区段之间的安全联锁关系，接受 ATS 或者操作员的控制指令，向 ATC、ATS 输出联锁信息。CBI 子系统的组成如图 4-5 所示。

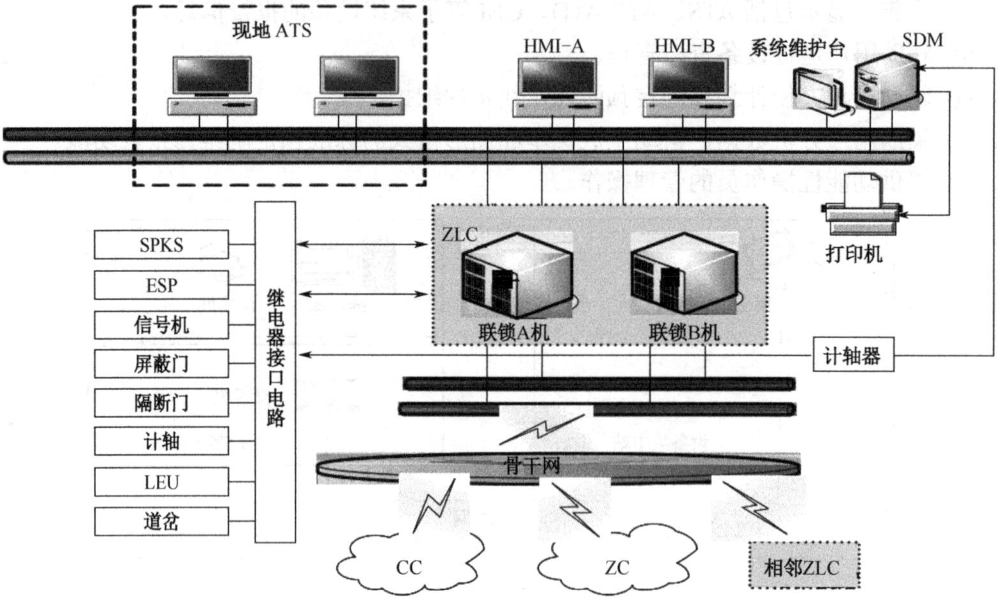

图 4-5　CBI 子系统

① 联锁处理（ZLC）：CBI 系统的核心，通过 I/O 选址读取输入/输出信息，进行联锁运算，与 HMI、SDM、其他子系统通信等。

② 车站操作员工作站（HMI）：HMI 是 ZLC 的控制显示单元，对本联锁区信号设备进行监控。它主要负责把车站值班员的操作命令经过一定的预检查后传递给 ZLC（进路办理、道岔操作等），并接收车站 ATS 发送的中心操作命令。同时，HMI 显示 ZLC 发送的显示信息（主要包括道岔、信号机、进路、故障报警）的状态，并把相应的显示信息通过 LATS 发送给 CATS。

③ 诊断维护（SDM）：SDM 与微机监测站机构成二合一的微机监测与诊断维护子系统，主要完成系统维护及接口设备监测的功能。

2．系统设备的布置

Urbalis 888 系统设备的布置如图 4-6 所示。

（1）控制中心设备的布置。

如图 4-7 所示，控制中心负责全线调度监控功能。

在控制中心中央调度大厅有调度员工作站和总调度工作站。

在控制中心打印室有打印工作站、彩色绘图仪（用于运行图打印）、彩色激光网络打印机（用于数据报表打印）等。

在控制中心计划运行图室有运行图/时刻表编辑工作站、彩色激光打印机（用于运行图/时刻表打印）等。

在控制中心培训演示室有模拟/演示服务器、模拟/演示模拟器、模拟/演示教师台、模拟/演示学员工作站（模拟/演示显示终端）。

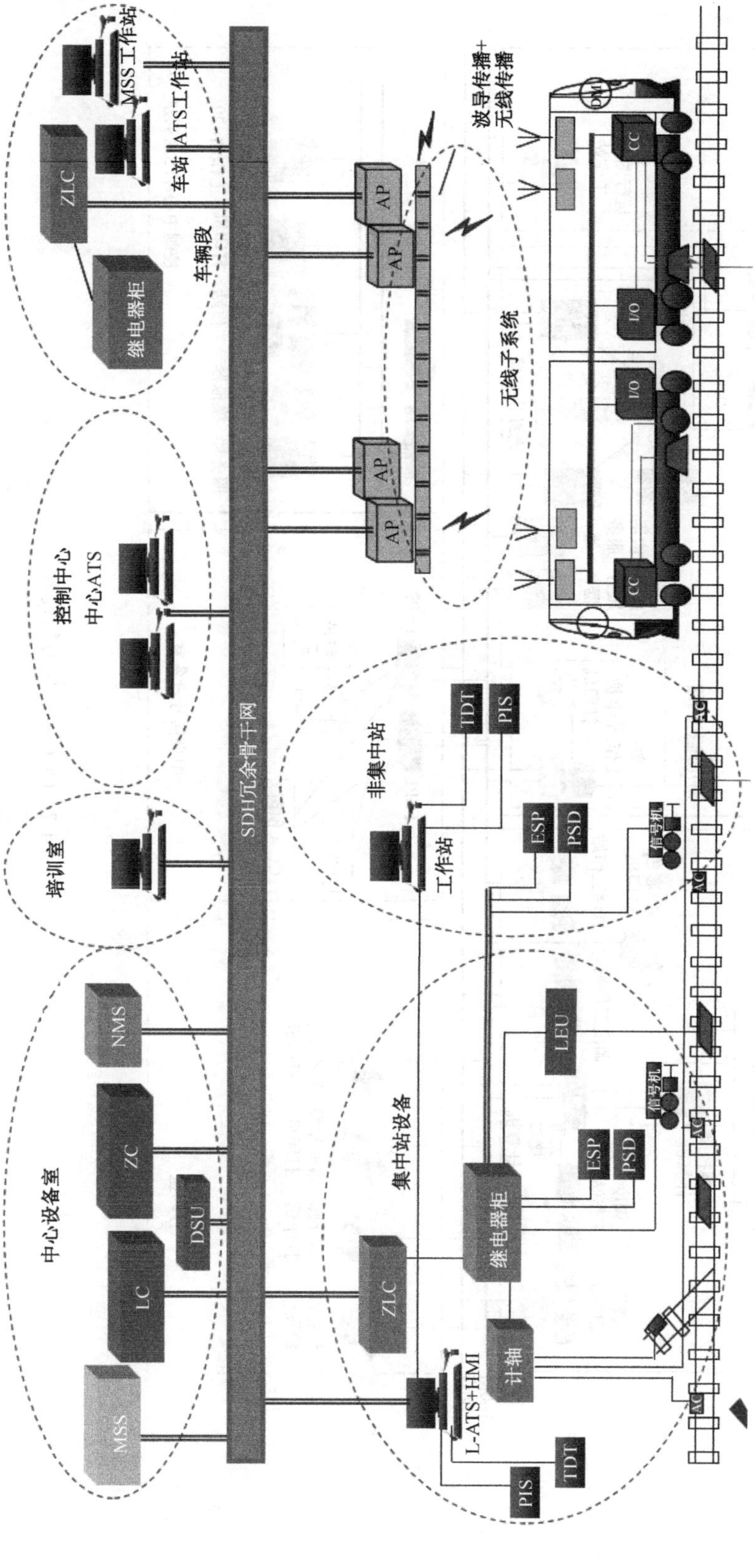

图 4-6　Urbalis 888 总体布置图

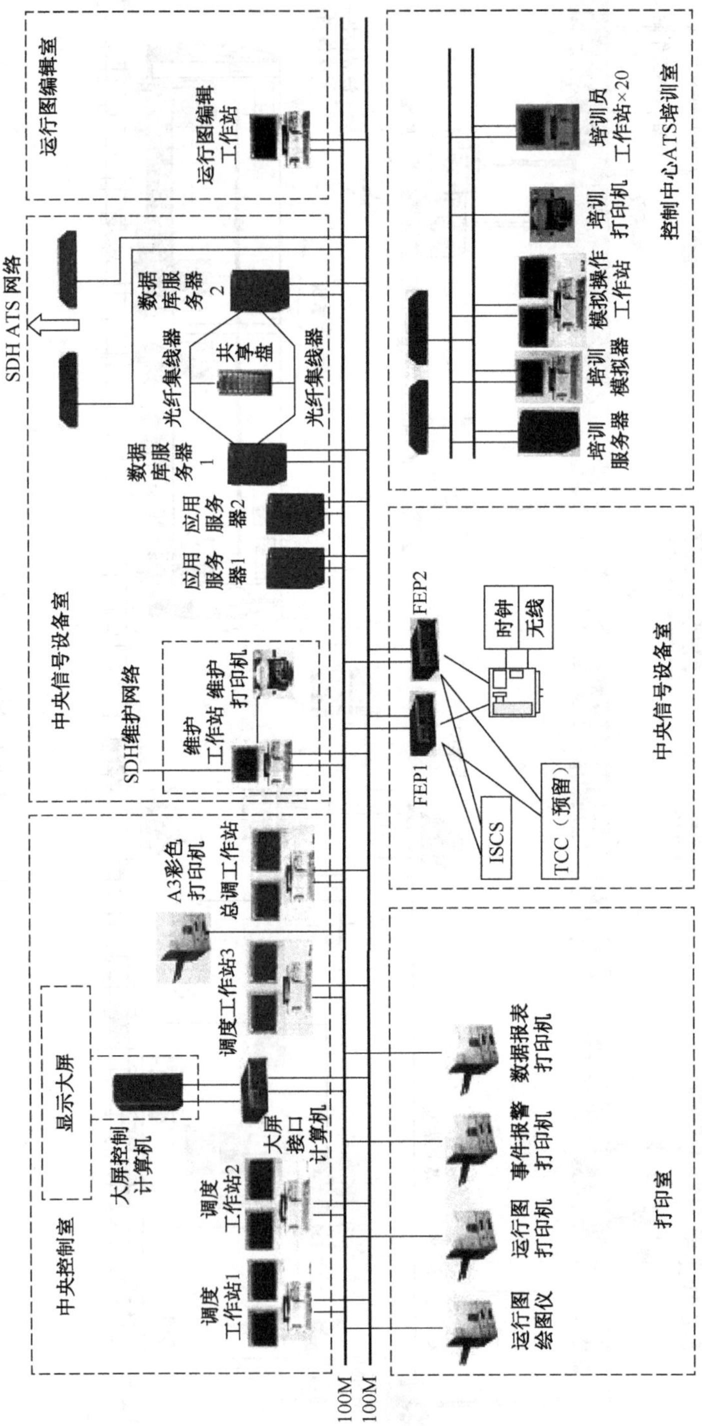

图 4-7　OCC 控制中心的设备

在控制中心设备室及电源室有 ATS 通信前置机（FEP）、双机切换单元、冗余的 CATS 数据库服务器、共享盘（磁盘阵列）、冗余的 CATS 应用服务器、ATS 维护工作站、维护打印机、大屏接口计算机、通信机柜、服务器机柜、电交换机和集中监测工作站、集中监测维护打印机、中心网络交换机、中心电源及 UPS 设备、防雷设备。

在应急指挥中心和在线网指挥中心还有相关设备。

（2）集中站设备的布置。

如图 4-8 所示，设备集中站包括以下信号设备：电交换机；联锁交换机；用于连接无线接入点的光口交换机；冗余联锁（CI）；本地维护工作站；车站 LATS 分机和切换单元；现地控制工作站；计轴室内及轨旁设备；用于点式后备模式的欧式编码器 LEU；集中监测采集设备（微机监测采集设备）；集中监测站机（兼有维护工作站功能）；集中监测维护工作站；现场设备接口的继电器机柜（含接口柜、继电器组合、组合柜、防雷分线柜、断路器、断路报警设备、灯丝报警主机等）；电源屏及 UPS 设备（含稳压柜）；防雷设备；发车指示器（DTI）；站台紧急停车按钮（ESB）；自动折返按钮（ATB）；轨旁信标；轨旁信号机、转辙机（含防尘罩）；轨旁无线接入点（AP）及无线天线；IBP 盘上与信号系统有关的所有按钮和表示灯。

有的站还设有：区域控制器（ZC）；正线全线线路数据库的 LC；用于 ATS 网与信号安全网接口的网关服务器。

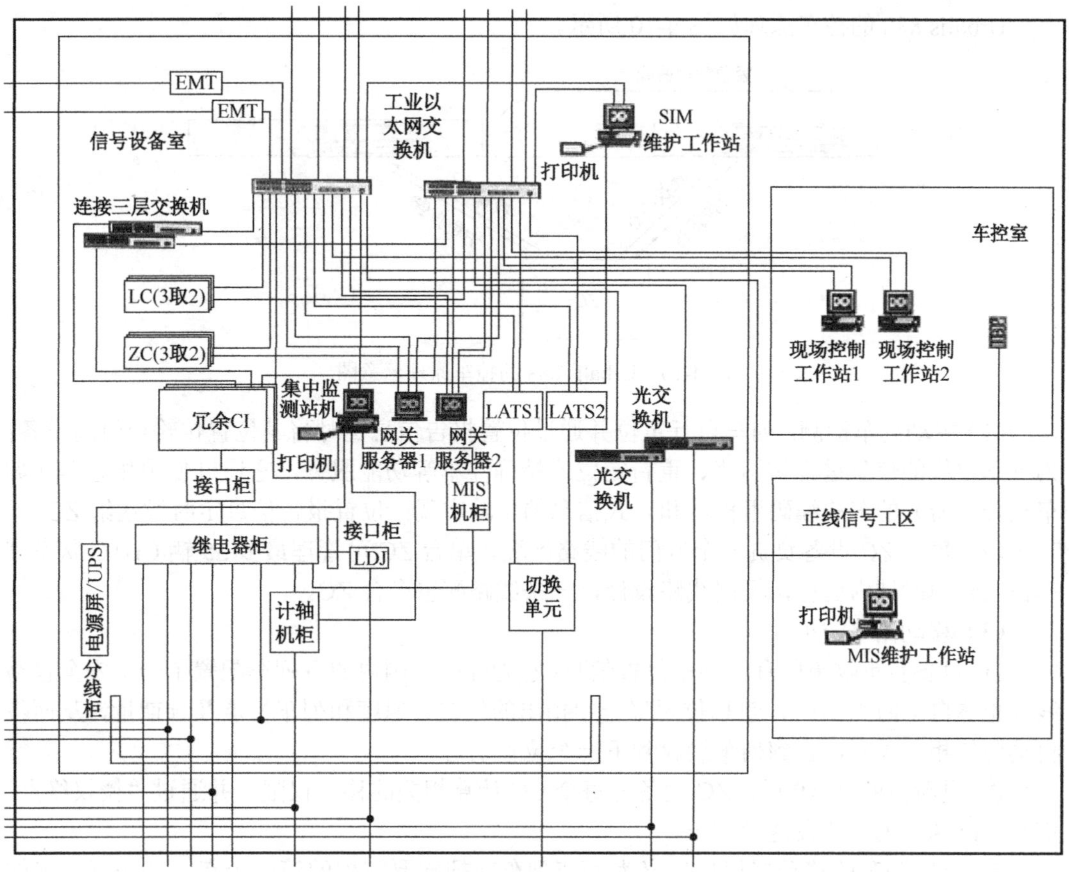

图 4-8 集中站的设备

（3）非集中站设备的布置。

如图 4-9 所示，非集中站包括的信号设备有：ATS 显示工作站；发车指示器（DTI）；站台紧急停车按钮（ESB）；光电转换器；1 套与现场设备接口的分线柜；电源屏及 UPS 设备（含稳压柜）；防雷设备；IBP 盘上与信号系统有关的所有按钮和表示灯。

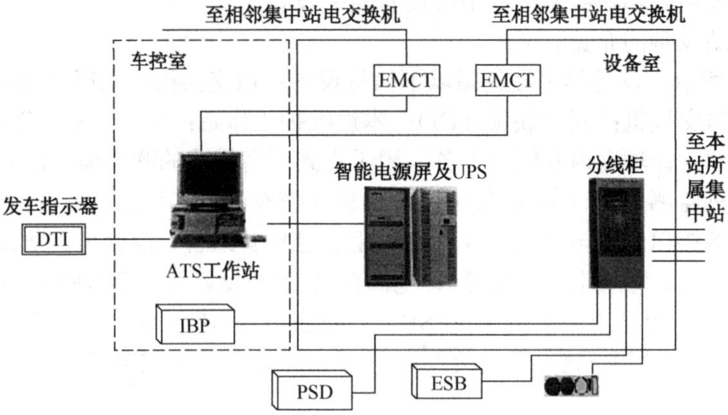

图 4-9　非集中站的设备

3．Urbalis 888 的控车原理

Urbalis 888 的控车原理如图 4-10 所示。

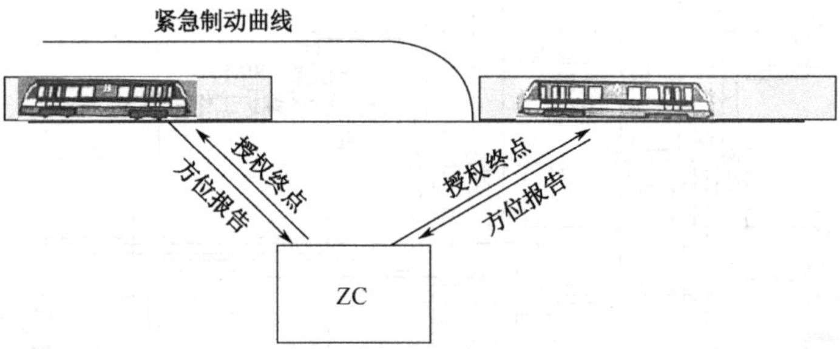

图 4-10　Urbalis 888 的控车原理示意图

（1）主动列车检测。列车自行定位并通过位置报告信息定时将其位置传输至轨道设备；为列车定位的信息进行初始化、重新定位或精确停车等功能服务，它通过使用传感器（如车轮传感器）的车载编码里程计和点式信息的传输实现；位置报告信息定时发送给 ZC。

（2）每个 ZC 设备负责一个专门的线路区域，单台 ZC 可管理最多 55 辆 CBTC 状态列车在其管理区域内运行，根据线路设计，一条线路配置多台 ZC。

（3）移动闭塞防护。

ZC 设备负责收集所有的列车位置信息；它为控制范围内的每列车配置了一个安全包路线（也称自动防护 AP），包括位置报告中指出的位置、速度和列车性能及预期量，从而使自动防护相互关联，直到列车接收到下一个位置信息。

① 更新完所有 AP 后，ZC 设备为每个 CC 计算相关的移动权限，并通过"授权终点"信息（EOA）的形式发送给列车。

② 指定列车的移动授权域定义为：在列车前搜索要防护的第一个点，如先行列车的 AP、反向进路、失去表示的道岔等。

（4）每列车均可确定其速度和距离曲线，直至移动授权终点。

（5）在上述正常情况下，AP 的更新与列车次级检测系统无关；对于移动授权而言，不使用次级检测设备的占用信息，但必须排列出相应的进路：如未排进路或列车未按授权方向运动，则列车将会接收到一个限制 EOA。

（6）对于安全性问题，信息具有时效性；当信息过期后，将应用限制 EOA。

4．Urbalis 888 信号系统的运营模式

Urbalis 888 信号系统提供了 3 种运行控制模式，无线连续式通信下列车控制方式为移动闭塞下的正常控制方式，点式 ATP 控制方式和联锁控制级的控制方式为信号系统的后备控制方式。

（1）CBTC 移动闭塞（ATO 或 ATP 驾驶模式可用）。

如图 4-11 所示，移动闭塞通过留出与下次列车的间隔来防护追尾碰撞。Urbalis 系统向位于 Urbalis 区域的每辆列车提供自动保护区域。自动保护区域的终端是后续列车的移动终点（授权终点）。

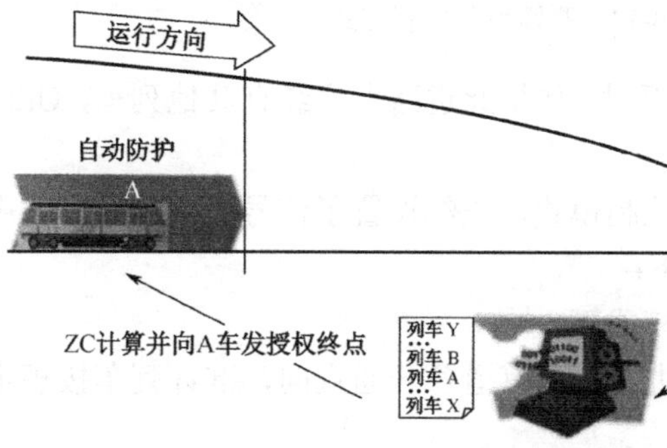

图 4-11　CBTC 移动闭塞控制方式

（2）BM 固定闭塞（ATO 或 ATP 驾驶模式可用）。

如图 4-12 所示，后备模式下，安全列车间隔由传送到列车的信号机状态控制。后备模式下，Urbalis 系统确保两架信号机及其防护区间内仅有一辆列车。Urbalis 系统通过间隔信号来确保后备模式下的列车间隔。

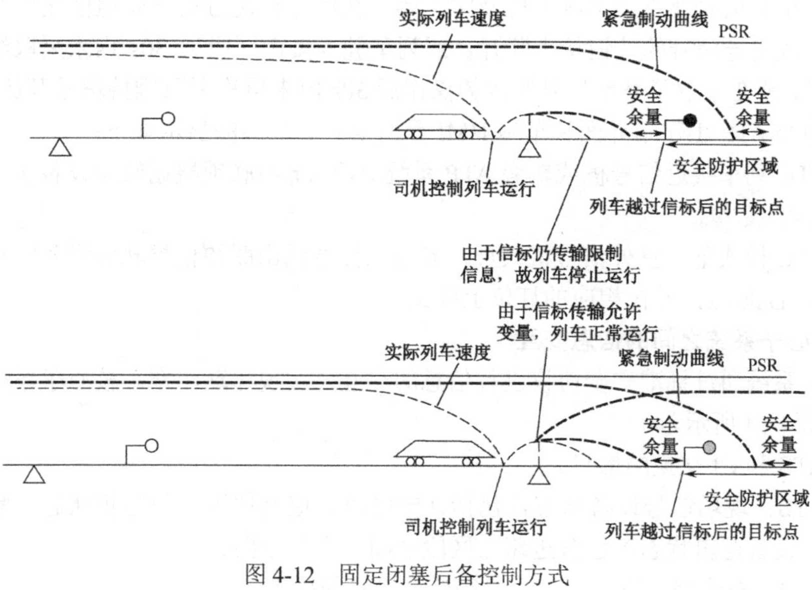

图 4-12　固定闭塞后备控制方式

（3）联锁控制级下的运行。

如图 4-13 所示，当某通信列车在 ATO CBTC 模式或 ATP CBTC 模式下接近时，即使进路中已有另一列车，Urbalis 系统也会允许此可通信列车进入进路或站间。

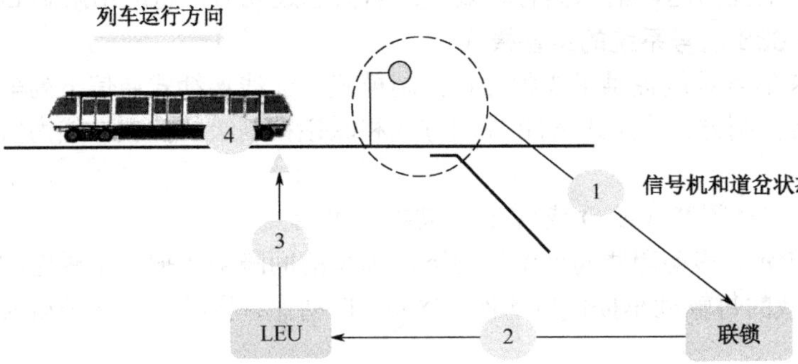

图 4-13　联锁后备控制方式

当无通信的列车以 ATP 模式接近时，如果此进路上已经有其他列车，Urbalis 系统会向列车提供一个限制信号。

Urbalis 888 信号系统具有后备控制模式，正线设置了信号机，信号机采用黄、绿、红三灯位信号机构，其显示及意义如下：

灭灯：表示系统运行在 CBTC 模式下。

绿色灯光：表示道岔已锁闭，进路中所有道岔开通直向，准许列车按规定速度越过该架信号机。

黄色灯光：表示道岔已锁闭，进路中至少有一组道岔开通侧向，准许列车按规定速度越过该架信号机。

红色灯光：禁止列车越过信号机。

红色灯光+黄色灯光：表明开放引导信号，准许列车以不大于一个规定值（如 25km/h）的速度越过该架信号机并随时准备停车。

注意，引导信号在下列情况下应及时关闭：在信号机内方第一轨道区段内发生故障的情况下，开放引导信号的按钮接点断开，或列车驶入接近区段后 30s 内未采取维持信号开放的操作时，或在采取了维持信号开放的操作后 30s 内未再次采取维持信号开放的操作时。

控制中心 ATS 工作站界面和车站 HMI 界面信号机状态的显示如下：

非 CBTC 列车接近信号机或轨旁 ATP 系统故障时，由联锁根据轨旁设备状态和进路设置情况显示红/黄/绿。

在 CBTC 模式下，室外信号机灭灯，界面上信号机由联锁根据轨旁设备状态和进路设置情况显示红/黄/绿，并在相应的灯位上打叉。

5．核心子系统之间的信息交互

各个子系统通过标准安全协议进行信息的交互，实现移动闭塞。核心子系统之间的信息交互如图 4-14 所示。

（1）ATS 和 CI 交换的信息。

CI→ATS：现场信号设备状态，包括计轴区段、道岔位置、信号机状态、紧急停车按钮状态等；设备逻辑状态，包含进路、区段锁闭、行车方向。

ATS→CI：对进路、道岔、信号机等信号设备的控制。

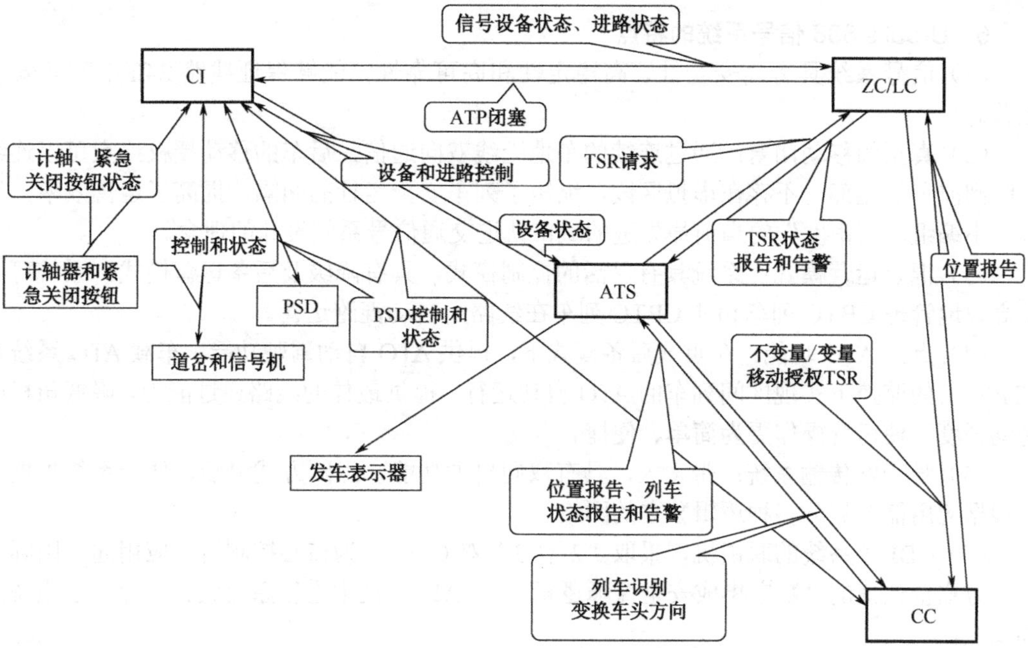

图 4-14　核心子系统之间的信息交互

（2）ATS 和 ZC 交换的信息。

ZC→ATS：列车识别列车自动防护 AP 状态。

ATS→ZC：列车识别 AP 状态的请求。

（3）ZC 和 CC 交换的信息。

CC（车载控制器）→ZC：发送列车所有相关移动信息（列车识别号、列车尾部位置、列车头部位置、列车速度等）的位置报告。

ZC→CC：EOA 信息；前方线路区段动态描述的变量信息。

（4）CI 和 CC 交换的信息。

CI→CC：屏蔽门状态（屏蔽门关闭且锁闭信息）。

CC→CI：屏蔽门开/关门命令。

（5）ATS 和 LC 交换的信息。

LC→ATS：临时限速 TSR 状态报告（描述线路上 TSR 的数量和每个 TSR 的状态）。

ATS→LC：临时限速 TSR 修改请求。

（6）ATS 和 CC 交换的信息。

ATS→CC：值班员调整控制，包含（主动列车识别）设置、扣车、跳停；自动调整策略，包含根据时刻表给出某站的发车时间和到达时间。

CC→ATS：发送所有列车相关状态信息（列车识别号、驾驶模式、默认状态、车门开/关状态、跳停状态、CC 可用性、报警信息等）。

（7）CI 和 ZC 交换的信息。

CI→ZC：道岔位置、信号机显示状态、计轴占用、紧急停车按钮、屏蔽门状态等设备状态，进路、区段锁闭、行车方向的设备内部状态。

ZC→CI：ATP 区段状态，计轴可用和不可用状态。

6. Urbalis 888 信号系统的特点

（1）信号系统具有高安全性、高稳定性和高可靠性，能够保证线路 24h 不间断安全运营。

（2）真正的移动闭塞：通过连续的车地无线双向通信，后车的移动授权终点可以连续追踪到前车的尾部，不存在虚拟区段，缩短了列车安全运行的间隔，提高了运营效率，符合“小编组，高密度”的当前最先进的城市轨道交通信号系统设计的理念。

（3）混合运营模式：系统具有灵活的控制模式，具有降级及后备运营模式。系统可安全高效地管理 CBTC 列车和非 CBTC 列车在线路上自动混跑运营。

（4）点式 ATO 功能：在点式后备模式下，提供 ATO 自动驾驶功能，车载 ATO 系统在 ATP 设备的监控下实现区间列车的 ATO 自动运行，提供最佳的线路通过能力，降低司机的劳动强度，使运营操作更为简单、便捷。

（5）骨干网传输系统：带宽大，具有双向自愈功能，组网方式灵活，便于系统扩展，可根据应用需要划分多种逻辑独立的网络。

（6）CBI 子系统的联锁机，采取“2 取 2”双 CPU 作为核心控制器，应用通过国际上第三方安全认证的“数字集成安全保障逻辑（NISAL）”技术进行系统设计，保证了系统的高安全性。

（7）强大的 ATS 系统功能：提供自动和人工在线时刻表调整功能，以满足不同时间段的运营要求；提供更贴近中国用户习惯的友好操作界面。

（8）信号集中监测系统：对整个信号系统所有设备的工作状态进行在线监测，在中心提供全系统设备的运营维护支持信息及报警，从而降低系统运营维护成本。

（9）采用必要的冗余措施：系统设计为内置冗余，该设计基于两个主要原则。第一，冗余应用于设备级，ATC 子系统采用 3 取 2 冗余技术（ZC、LC 和 CC 的输入/输出模块）和首尾热备冗余（ZC）、2 乘 2 取 2 冗余方式（CBI）、热备方式（DCS、ATS 子系统）。第二，冗余应用于所有的通信系统，系统信息通过不同的独立网络传输，光纤采用电信级的自愈环保护，其切换时间小于 50ms，不会导致任何传输应用业务受到干扰。

（10）模块化设计：系统硬件和软件采用模块化设计，便于在线路等发生变化时进行系统扩展。

7. 设备维护

依据计划及维修规程，可进行预防性及纠正性维护。下面以车载设备的预防性维护为例进行说明，预防性维护计划如表 4-2 所示。

表 4-2　预防性维护计划

预防性维护措施	周期
重启 CC	每 24h 之内
一个 VIO 通道故障的定期检查	每运行 144h
里程计固定定期检查	每次车辆进行调整时检查或每年检查
信标天线固定和减震器定期检查	每次车辆进行调整时检查或 18000h 检查
电源安全继电器替换（PSO）	预防性维护的频率取决于运行时 PSO 继电器的动作次数（最多 1000000 次） 维护人员应统计每天平均的继电器动作次数，从而得出维护周期
安全继电器替换（DSO）	预防性维护的频率取决于运行时 DSO 继电器的动作次数（最多 1000000 次）

1）重启 CC 预防维护规程

（1）附加信息。

“CC 即将重启”信息指 2h 后 CC 会达到自动重启的时间限制。如果为是，则触发值为 1；如果为否，则触发值为 0。当触发值为 1 时，应使用预防性维护规程，在 2h 内重启 CC。

“CC 即将重启”可能由于：① 晚上没有重启列车；② 列车运行时间过长。

该警报为非严重警报（不影响功能），仅提示 CC 已连续运行 30 个小时没有执行重启的操作，CC 将在 2h 内自动重启。

（2）安全与授权。

维护人员须拥有相关资质。维护人员须注意遵守现场安全规范进行操作。

（3）基本要求。

重启 CC 的基本要求如表 4-3 所示。

表 4-3　重启 CC 的基本要求

告警类型	技术超限预警
标准工具	对讲机或其他通信工具
准用工具	NA
备品	NA
耗材	NA
所需操作员人数	2
预估时间	0.5h

（4）准备工作。

通知 ATS 操作员，CC 将在 2h 内重启。

（5）操作步骤。

步骤 1：及时向 ATS 操作员告知该告警。

步骤 2：ATS 操作员有 2h 的时间组织该列车退出运营，并将列车清客后停到存车线或回库。

步骤 3：重启 CC，或者人工重启 CC。

（6）人工重启 CC 的方法。

方法 1：按钮重启（将在后期实现）。

方法 2：空开重启。

如果方法 1 按钮重启的方法不可用，则可采用空开重启的方法。此方法需两人配合完成。

① CC 重启时，应确保列车保持在静止状态，两端司机室各有一名维护或工作人员。

② 两名维护或工作人员分别将各自驾驶室内的 ATC 空开切断，这些空开包括 VLOM1、VLOM2、VLOM3 及 CORE MPC，如图 4-15 所示。

③ 通过对讲机或其他通信工具，两端司机室维护或工作人员保持一致，同时合上红框内所有开关（两端司机室空开合上的时间应尽可能一致）。

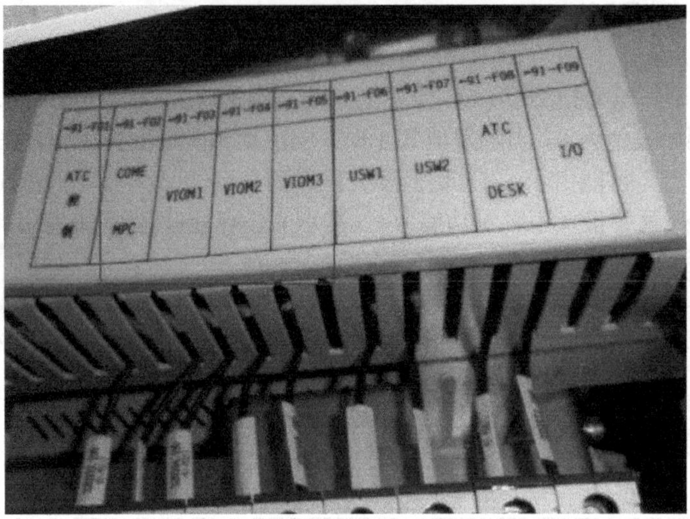

图 4-15　驾驶室内的 ATC 空开实物图

④ 以上操作完毕后，等待车载 ATC 设备初始化，直至设备正常运行。

另外，如果需要单独重启交换机或 DMI，可能开相应空开 3 秒钟，然后重新合上即可。否则在接下来的 2h 内 CC 将自动重启，导致 EB 并且失去定位。

（7）操作后的检查。

步骤 1：在 MSS 上检查“CC 即将重启”的告警是否已消失。

步骤 2：调查晚上 CC 重启的原因并防止以后发生该类事件。

2）一个 VIO 通道故障的定期检查

（1）附加信息。

NA。

（2）安全与授权。

维护人员须拥有相关资质。维护人员须注意遵守现场安全规范进行操作。

（3）基本要求。

一个 VIO 通道故障的定期检查的基本要求如表 4-4 所示。

表 4-4　一个 VIO 通道故障的定期检查的基本要求

周期	每运行 144h
最坏情况	不执行该操作可能对产品造成风险 所有输入、输出为限制
标准工具	标准工具箱 用于 CHC 螺钉（ϕ6）的螺钉旋具
专用工具	NA
备用	NA
耗材	NA
需要的操作人员人数	2
预估时间	20min

（4）准备工作。

需使用该规程在列车的所有 UNIVIC 上执行。

（5）操作步骤。

步骤 1：开启车载 CC 电源。

步骤 2：等待 2min 直到 CC 启动完毕。

步骤 3：检查 3 个 PPU 板的 LED 显示，如图 4-16 所示。如果 3 个 PPU 中的任意一个 F3 灯点亮，则继续执行下一步；否则没有通道故障，结束操作。

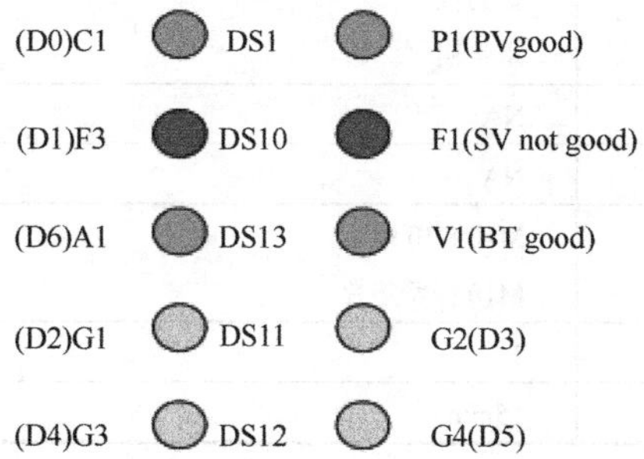

图 4-16 PPU 的 LED 显示

步骤 4：需要在车间取得列车使用权。

步骤 5：卸除机架。卸除机架螺钉的顺序如图 4-17 所示。

图 4-17 卸除机架螺钉的顺序

① 按照 1—2—3—4 的顺序卸下 4 个螺钉。

② 取下机架（机架大约重 20kg）。

③ 把机架放到二级维护平台做 VIO 维护。

3）里程计固定定期检查

（1）附加信息。

车载 CC 从编码里程计获取速度和位移信息。

（2）安全与授权。

维护人员须拥有相关资质。维护人员须注意遵守现场安全规范进行操作。

（3）基本要求。

里程计固定定期检查的基本要求如表 4-5 所示。

表 4-5　里程计固定定期检查的基本要求

周期	每次车辆调整时检查或者每年检查
最坏情况	不执行该操作可能对产品造成风险 里程计中心位移，甚至掉落 不执行该操作可能对 ATC 子系统造成风险 CC 无法测速
标准工具	标准工具箱 扭力扳手 水管钳
专用工具	NA
备品	NA
耗材	M10×30 螺钉 M10 弹簧垫片
需要的操作员人数	1
预估时间	15min

（4）准备工作。

需要在车库取得列车使用授权。

（5）操作步骤。

步骤 1：检查里程计固定情况，如图 4-18 所示。

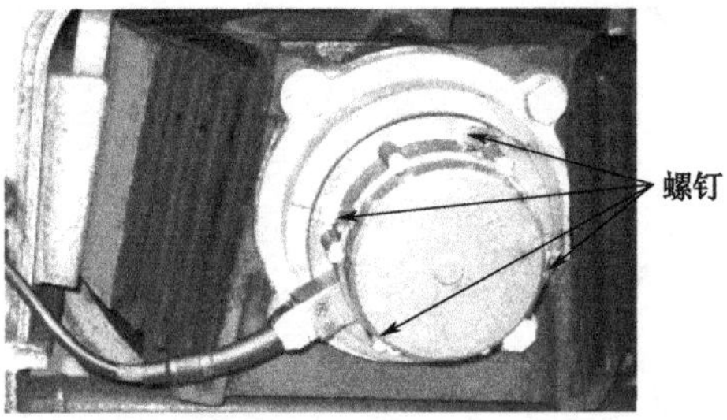

图 4-18　里程计固定检查示意图

步骤 2：检查里程计插头固定情况，如图 4-19 所示。

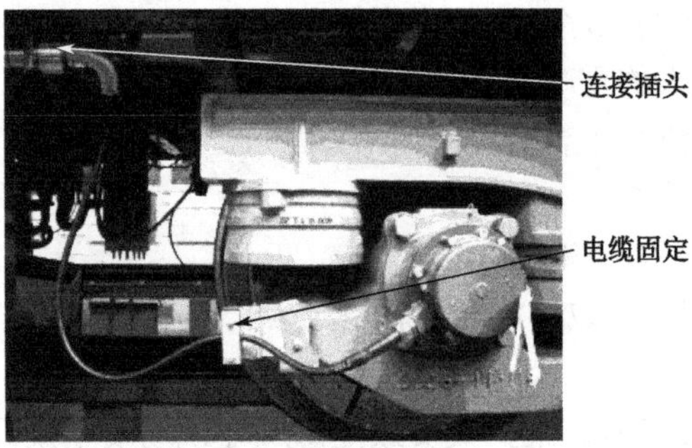

图 4-19　里程计插头固定检查示意图

步骤 3：用水管钳拧紧插头。

步骤 4：检查电缆固定情况。

4）信标天线固定和减震器定期检查

（1）附加信息。

信标天线如图 4-20 所示，天线和减震器重约 20kg，信标天线用于信标和 CC 之间的传输。

图 4-20　信标天线

（2）安全与授权。

维护人员须拥有相关资质。维护人员须注意遵守现场安全规范进行操作。

（3）基本要求。

信标天线固定和减震器定期检查的基本要求如表 4-6 所示。

表 4-6　信标天线固定和减震器定期检查的基本要求

周期	每次车辆调整时或者每列车运行 18000h
最坏情况	不执行该操作可能对产品造成风险 减震器电缆损坏造成电气中心移位甚至天线掉落 减震器变形造成电气中心移位 不执行该操作可能对 ATC 子系统造成风险 导致停车精度受影响 影响读取信标
标准工具	标准工具箱 扭力扳手（紧固扭矩 40N・m） 扭力扳手（紧固扭矩 21N・m） 水管钳
专用工具	NA
备用	两个减震器
耗材	HM8-30/30 螺钉，钢材等级 8-8 HM8-25/25 螺钉，钢材等级 8-8 HM10-20/20 螺钉，钢材等级 8-8 NORD-LOCK8 防松垫圈 CS10-22-1.6 防松垫圈 M10 平垫圈
所需操作员人数	2
预估时间	1h

（4）准备工作。

需要在车库取得列车使用授权，将车置于有地沟的轨道上。

（5）操作步骤。

步骤 1：关闭 CC 电源。

步骤 2：检查减震器和固定，如图 4-21 所示。

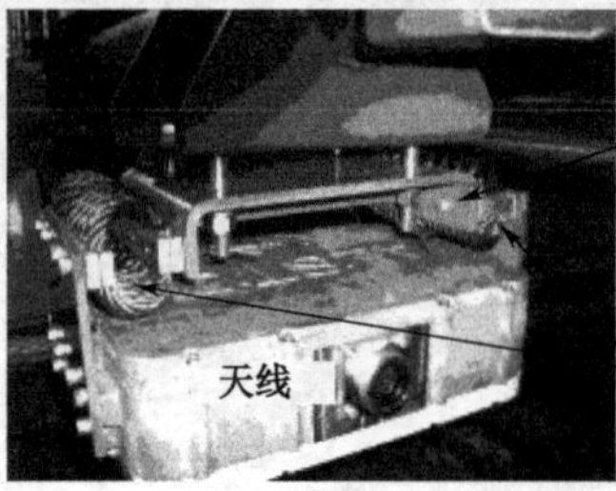

图 4-21　减震器和固定检查示意图

① 检查减震器线圈。

② 如果有一根以上的减震器线圈损坏，则替换减震器，见步骤 4。

③ 检查减震器和天线固定。

步骤 3：检查连接器插头固定，如图 4-22 所示。

图 4-22　连接器插头固定检查示意图

① 用水管钳拧紧插头。

② 检查连接插头固定。

步骤 4：如果需要，则替换减震器。

① 卸下天线电缆插头。

② 使用扭矩为 40N・m 的扭力扳手拆除接地辫。

③ 从横向板上拆除减震器。

④ 从安装支架上拆除减震器。

⑤ 在安装支架上安装新的减震器，然后安装横向板。

⑥ 使用螺钉 HM8-30，并加上紧固垫片。

⑦ 使用扭矩为 21N・m 的扭力扳手。

警告：紧固垫片应按如图 4-23 所示安装。

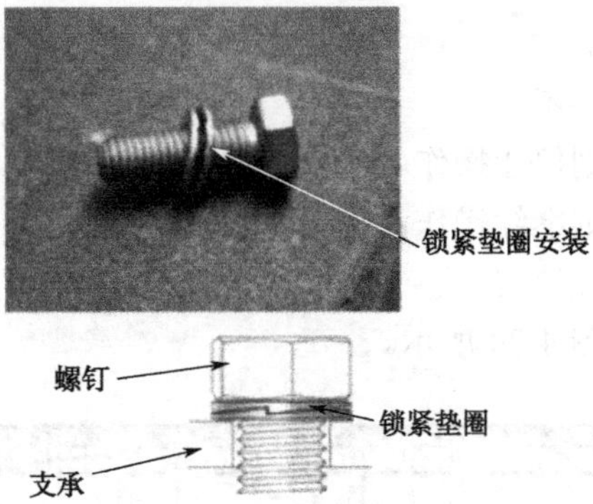

图 4-23　紧固垫片安装示意图

⑧ 使用扭矩为 40N・m 的扳手拧上天线接地辫。

⑨ 插上天线电缆。用手拧紧连接器插头并用水管钳紧固。

5）电源安全继电器替换

（1）附加信息。

PSO 板控制电源安全继电器。提供两个电源安全输出。

干接点 SIL4 24～110V；120VA；*L*/*R*=30ms

（2）安全与授权。

维护人员须拥有相关资质。维护人员须注意遵守现场安全规范进行操作。

（3）基本要求。

电源安全继电器替换的基本要求如表 4-7 所示。

表 4-7　电源安全继电器替换的基本要求

周期	预防性维护的频率取决于运行时 PSO 继电器的动作次数（最多 1000000 次） 维护人员应统计每天平均的继电器动作次数，从而得出维护周期
最坏情况	不执行该操作可能对产品造成风险 此安全输出一直为禁止状态
标准工具	标准工具箱 梅花 T8 螺钉旋具
专用工具	NA
备品	新的 PSO 板
耗材	NA
需要的操作员人数	1
预估时间	20min

（4）准备工作。

需要在车库取得列车使用授权。

（5）操作步骤。

步骤 1：关闭 CC 电源。

步骤 2：卸下 PSO 板。

① 卸下板子上的两个螺钉，如图 4-24 所示。

② 取下电路板。

步骤 3：安装新电路板。

① 确认新旧电路板的参考号。

② 如果参考号不同，则停止操作。

③ 如果参考号一致，则继续操作。

④ 将电路板安装至相应位置。

⑤ 拧上两个螺钉，如图 4-24 所示。

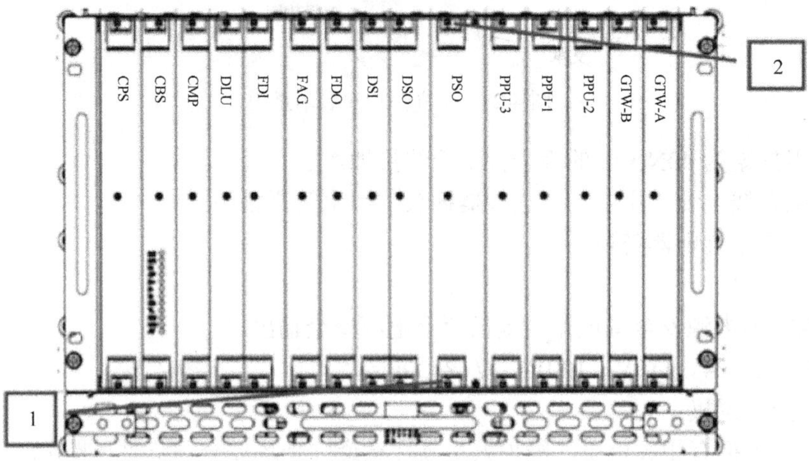

图 4-24　PSO 板螺钉拆装示意图

⑥ 启动电源。

（6）操作后的检查。

根据附加信息，检查 I/O 电路板上的 3 个 CH 黄灯，3 个 TX 绿灯。

6）安全继电器替换

（1）附加信息。

DSO 板控制安全输出继电器。提供 8 个安全输出。

干接点 SIL4 24～110V；120VA；*L*/*R*=30ms

（2）安全与授权。

维护人员须拥有相关资质。维护人员须注意遵守现场安全规范进行操作。

（3）基本要求。

安全继电器替换的基本要求如表 4-8 所示。

表 4-8　安全继电器替换的基本要求

周期	预防性维护的频率取决于运行时 DSO 继电器的动作次数（最多 1000000 次） 维护人员应统计每天平均的继电器动作次数，从而得出维护周期
最坏情况	不执行该操作可能对产品造成风险 安全输出一直为禁止状态
标准工具	标准工具箱 梅花 T8 螺钉旋具
专用工具	NA
备品	新的 DSO 板

续表

耗材	NA
需要的操作员人数	1
预估时间	20min

（4）准备工作。

需要在车库取得列车使用授权。

（5）操作步骤。

步骤 1：关闭 CC 电源。

步骤 2：卸下 DSO 板。

① 卸下板子上的两个螺钉，如图 4-25 所示。

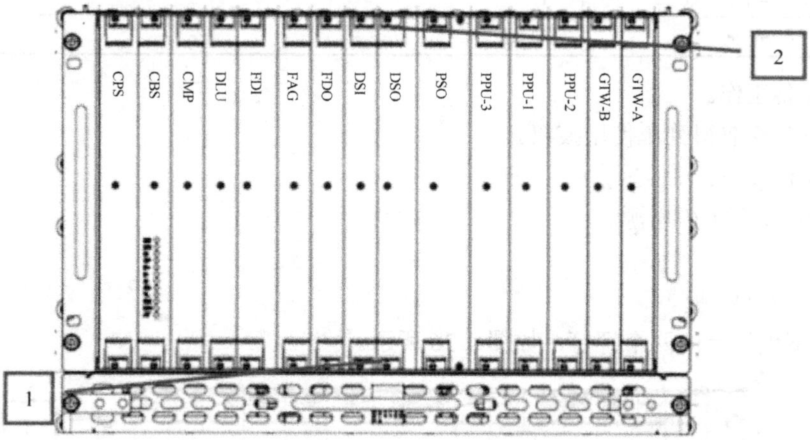

图 4-25 DSO 板螺钉拆装示意图

② 取下电路板。

步骤 3：安装新电路板。

① 确认新旧电路板的参考号。

② 如果参考号不同，则停止操作。

③ 如果参考号一致，则继续操作。

④ 将电路板安装至相应位置。

⑤ 拧上两个螺钉，如图 4-25 所示。

⑥ 启动电源。

（6）操作后的检查。

根据附加信息，检查 I/O 电路板上的 3 个 CH 黄灯，3 个 TX 绿灯。

7）MVB 接口板生命周期限制

（1）附加信息。

NA。

（2）安全与授权。

维护人员须拥有相关资质。维护人员须注意遵守现场安全规范进行操作。

（3）基本要求。

MVB 接口板生命周期限制的基本要求如表 4-9 所示。

表 4-9　MVB 接口板生命周期限制的基本要求

周期	20 年
最坏情况	不执行该操作可能对产品造成风险 无法与 TCMS 进行通信
标准工具	标准工具箱 梅花 T8 螺钉旋具
专用工具	NA
备品	新的 GTW 板
耗材	NA
需要的操作员人数	1
预估时间	40min

（4）准备工作。

需要在车库取得列车使用授权。

（5）操作步骤。

步骤 1：关闭 CC 电源。

步骤 2：

① 卸下 GTW 板。

② 卸下板子上的两个螺钉，如图 4-26 所示。

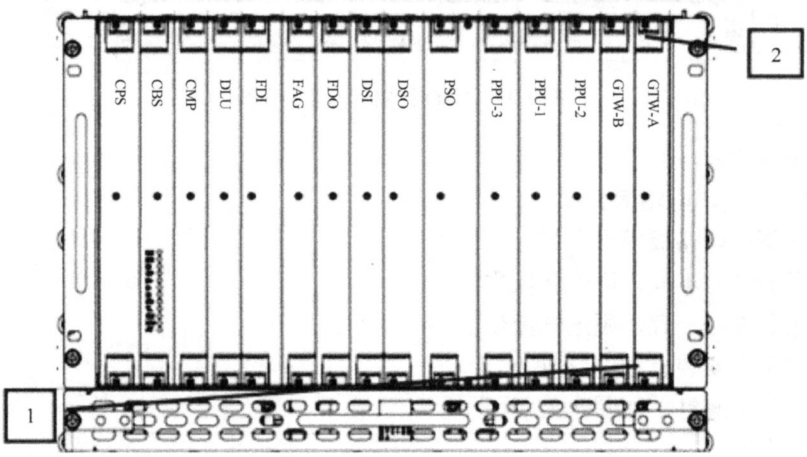

图 4-26　GTW 板螺钉拆装示意图

③ 取下电路板。

步骤 3：

① 安装新电路板。

② 确认新旧电路板的参考号。

③ 如果参考号不同，则停止操作。

④ 如果参考号一致，则继续操作。

⑤ 将电路板安装至相应位置。

⑥ 拧上两个螺丝，如图 4-26 所示。

⑦ 启动电源。

（6）操作后的检查。

根据电源安全继电器替换的基本要求，检查 GTW 电路板的灯位是否正常。

8）CMV 除尘

（1）附加信息。

NA。

（2）安全与授权。

维护人员须拥有相关资质。维护人员须注意遵守现场安全规范进行操作。

（3）基本要求。

CMV 除尘的基本要求如表 4-10 所示。

表 4-10　CMV 除尘的基本要求

周期	20 年
最坏情况	不执行该操作可能对产品造成风险 无法与 TCMS 进行通信
标准工具	标准工具箱 梅花 T8 螺钉旋具
专用工具	NA
备品	NA
耗材	NA
需要的操作员人数	1
预估时间	40min

（4）操作步骤。

步骤 1：关闭 CC 电源。

步骤 2：卸下 CORE-VIOM 机笼。

① 按照图 4-27 中 1、2、3、4 的顺序卸下 4 个螺钉。

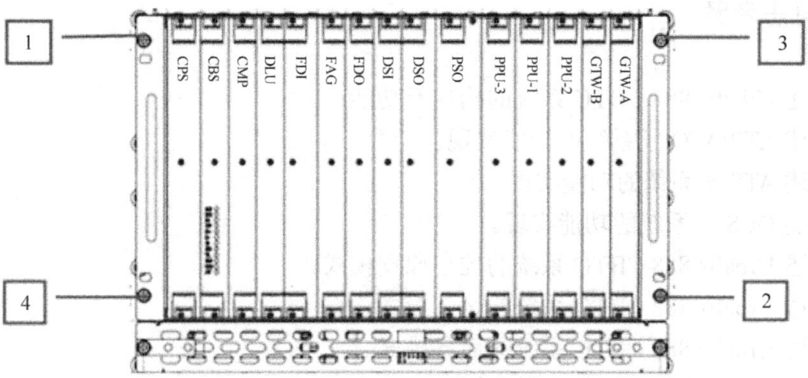

图 4-27　CORE-VIOM 机笼螺钉拆装螺丝示意图

② 取下机笼（机笼约重 20kg）。

步骤 3：将机笼带到一个干净的房间。

步骤 4：带上防静电腕带，用 T8 螺钉旋具卸下一块板卡，用软毛刷轻轻刷去灰尘。

步骤 5：将清理好的板卡放入防静电袋中，用吸尘器吸去工作台上的灰尘。

步骤 6：对所有板卡重复步骤 4 与步骤 5 的操作。

步骤 7：将所有板子都移除后，清除 CMV 机架。

步骤 8：将所有的板子装回 CMV 机架，并紧固所有螺钉。

步骤 9：将该 CMV 放到 BTE 上进行测试（推荐）。

步骤 10：将机笼装回车上。

① 将机笼放在对应位置。

② 按照图 4-27 中 1、2、3、4 的顺序拧上螺钉（包括垫片），扭矩为 8N・m。

③ 启动电源。

（5）操作后的检查。

上电后，根据电源安全继电器替换的基本要求，检查 UNIVIC 各个板子的灯位是否正常。

4.3 相关规范、规程与标准

《Urbalis 888 国产化列车运行控制系统解决方案（卡斯柯）》相关条文。

项目小结

（1）系统由车载和轨旁两部分组成，车载部分包括车载控制器（CC）和驾驶室 DMI 接口，轨旁部分有区域控制器（ZC）、线路控制器（LC）、数据存储器（DSU）、编码器（LEU）和信标（Beacon）。

（2）DCS 系统分为三部分：① 有线网络实现地对地数据通信（核心网络+边缘网络=骨干网）；② 无线网络实现车地数据通信（无线连接）；③ 管理系统是 DCS 系统的管理、配置、监测和维护工具。

复习思考题

1．简述 Urbalis 888 CBTC 系统的构成及功能。
2．简述 ATP/ATO 子系统的功能实现。
3．简述 ATS 子系统的功能实现。
4．简述 DCS 子系统的功能实现。
5．简述 Urbalis 888 CBTC 系统的控车原理模式。
6．简述 Urbalis 888 CBTC 系统的运营模式。
7．简述 Urbalis 888 CBTC 系统的后备模式。
8．简述核心子系统之间的功能交换。

项目5　CITYFLO 650 CBTC系统认知

项目引导

CITYFLO 650 移动闭塞系统采用基于漏缆和/或无线天线传输方式，传输方式选择灵活，支持漏缆传输方式、无线天线传输方式、漏缆和无线天线结合方式。

5.1　工作任务

认知 CITYFLO 650 系统。

5.2　知识链接

1．系统的结构

基于无线通信技术的 CITYFLO 650 移动闭塞系统包括 ATS 子系统、ATP 子系统、ATO 子系统、联锁子系统、DTS（数据传输系统）和 TWC（车地通信）等子系统。

1）正线系统的结构

某城轨典型的正线系统配置如图 5-1 所示。正线信号系统提供了降级或紧急运营模式。在 CBTC 系统出现故障时，所有在正线范围内作业的列车仍可被系统探测及追踪；并在正线线路适当位置设置轨旁信号机协助司机驾驶，以维持列车服务。同时，也可让没有安装车载信号设备的列车在正线安全作业。

（1）控制中心设备。

控制中心 ATS 子系统设置了一套热备冗余的 ATS 应用服务器，一套冗余的数据库服务器，一套冗余的通信服务器，一套大屏接口计算机，以及调度员工作站、运行图/时刻表工作站、模拟培训工作站等，实现线网线路的集中控制、运营数据记录和模拟功能。

（2）车站设备。

全线车站分为 3 种类型，即区域控制站、联锁设备集中站和非设备集中站。各车站设置紧急停车按钮（ESB）、发车表示器、电源设备、控制屏蔽门的门控柜等设备。

① 区域控制器设备集中站分别设置一套 CITYFLO 650 的 RATP/联锁、RATO 及目标控制器，TWC 网络核心设备，以及 ATS 工作站、现地工作站、维护工作站。区域控制站收集轨旁联锁及列车移动信息，并将其传送到控制中心，同时接收来自控制中心的控制信息，以实现对轨旁设备的联锁控制及列车移动的控制。区域之间可以实现无缝交接。

② 联锁设备集中站设置现地工作站、维护工作站（选择性设置）、目标控制器及冗余的 ATS_RTU，并接受控制中心和区域控制站的监督及控制。

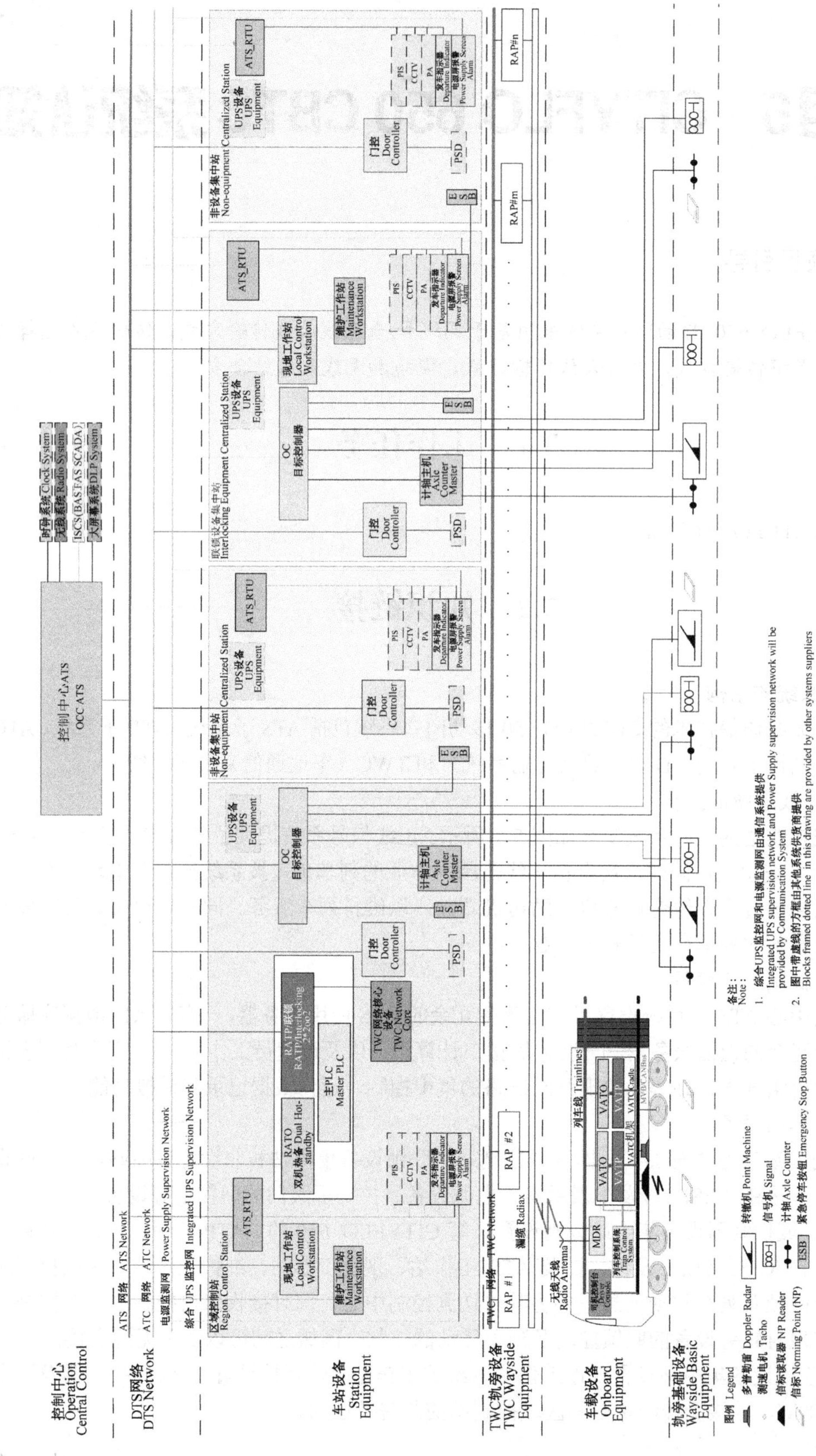

图 5-1　典型的正线系统配置

③ 非设备集中站设置冗余结构的 ATS_RTU，接受控制中心、区域控制站和联锁设备集中站的监督和控制。

（3）轨旁基础设备。

轨旁基础设备沿着线路分布，由信号机、计轴、信标（NP）、转辙机等组成。轨旁基础设备受控制中心、区域控制站及联锁设备集中站的监督和控制。

（4）车载设备。

每列车配置一套 CITYFLO TM 的车载 ATP（VATP）和 ATO（VATO），能与地面 ATP/ATO（RATP/RATO）共同实现列车间隔控制及列车追踪功能，实现 ATO 驾驶模式、ATP 驾驶模式、限制人工驾驶模式及端站折返模式。

（5）通信网络设备。

DTS 及 TWC 子系统构成整个系统的通信传输网络。

DTS 由控制中心 ATS 冗余局域网、车站层的冗余 ATS 网、冗余 ATC 网组成。DTS 包含位于控制中心的中央 DTS 核心设备、网络管理/监测设备以及车站层的本地 DTS 设备等，负责控制中心设备之间、控制中心与车站层之间、车站层之间的数据传输。

TWC 子系统由车地通信网的网络核心设备、TWC 轨旁设备（RAP、漏缆或 LoS 天线等）、车载无线设备组成，负责地面 ATC 设备和车载 ATC 设备之间的数据通信。

2）子系统和主要设备

（1）ATS 子系统。

① 控制中心 ATS 设备层。

控制中心 ATS 子系统的结构如图 5-2 所示。包括用于发送调度指令的调度员工作站、调度长工作站、热备冗余的 ATS 应用服务器、冗余的数据库服务器、通信服务器、运行图/时刻表工作站、模拟培训工作站、大屏幕接口计算机、中央核心交换机等设备。用于监督整个 CITYFLO 650 系统运行情况，监控和跟踪整个系统，提供运营需求命令，设置列车进路，显示系统报警。

② 车站和停车场及车辆段 ATS 设备层。

在 2 个区域控制器设备集中站和 8 个联锁设备集中站设置 ATS 工作站、现地工作站和维护工作站（选择性设置）；ATS_RTU 用于驱动车站发车指示器及其他系统如 CCTV、PIS、PA 和电源监控接口。非设备集中站设 ATS_RTU，用于驱动车站发车指示器及与其他系统如 CCTV、PIS 和 PA 接口；停车场及车辆段设 ATS_RTU 及停车场/车辆段 ATS 工作站；停车场/车辆段派班室设 ATS 派班工作站；车辆段维修中心设维护诊断工作站。

（2）区域 ATP/ATO（RATP/RATO）。

RATP 是一个安全子系统，采用 2 乘 2 取 2 的结构，能确保列车的安全间隔运行，通过 TWC 子系统对列车位置、速度信息进行连续监控，计算移动授权，并传送信息到所有装载 CBTC 通信设备的列车上。集成在 RATP 的联锁模块收集并处理来自目标控制器的联锁信息。

RATO 子系统提供了与所辖区域 CBTC 系统其他子系统如 RATP、ATS 之间的接口。RATP/RATO 设置在区域控制站，实现一个区域内的列车正常运行。

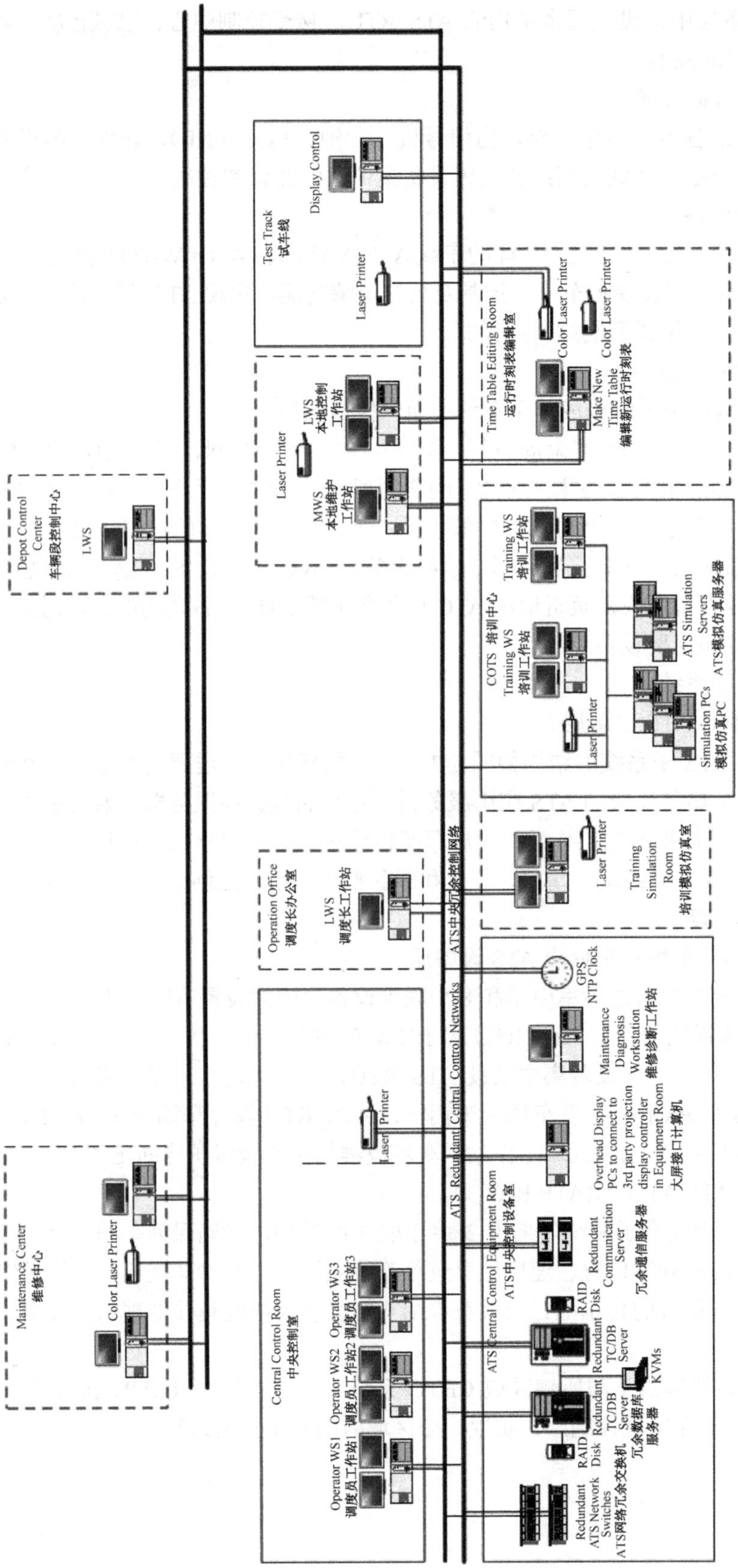

图 5-2 控制中心 ATS 子系统的结构

（3）正线联锁子系统。

① 联锁功能模块。

联锁子系统的主要功能模块集成在 RATP 设备中。在正线区域控制站设置联锁模块，用于实现一个区域的联锁逻辑计算和控制。联锁功能模块是一个安全的模块，提供联锁功能。联锁模块对区域范围内的联锁设备进行监督和控制。当 CBTC 因发生部分故障而不支持自动模式时，联锁子系统将提供自动站间闭塞模式，满足后备控制模式功能。

② 目标控制器。

2 个区域控制站和 8 个联锁设备集中站设置了目标控制器，用于收集轨旁信号设备的状态，如信号机、计轴、转辙机，并执行联锁命令，驱动轨旁设备，同时用于与紧急停车按钮接口。

（4）DTS/TWC 子系统。

DTS 提供了控制中心、车站、轨旁到轨旁子系统之间的冗余的骨干通信网，它将 ATS 系统、RATP/RATO 子系统等系统相互连接起来，组成一套完整的、高安全的列车控制系统。DTS 的结构如图 5-3 所示。

TWC 子系统是一个无线通信系统，用于提供列车和轨旁 ATP 之间的无线通信。TWC 采用全冗余设计，具有很高的可靠性，可以克服任何单点故障，数据传输速度较快。TWC 子系统具有其自身的数据网络，TWC 无线网络核心设备提供与轨旁 ATP 之间的通信，并与所有的轨旁分布式数据无线装置 RAP 相连接。TWC 无线网络核心设备和轨旁 ATP 设置在同一房间内，如图 5-4 所示。

（5）车载 ATC 子系统。

车载 ATC 采用了故障-安全原理的双通道冗余校验（2 取 2）结构。为满足在地铁应用中高可用性要求，每列车采用两套 VATC 设备，以实现热备切换。车载 VATC 的配置如图 5-5 所示。

① VATP/VATO。

VATP 是基于微处理器的、具有冗余结构、双机、相互校验的安全子系统。VATP 通过车载定位子系统确定列车位置，计算出列车防护间隔或者列车的虚拟占用（VO），VATP 将列车位置信息通过 TWC 返回到 RATP。VATP 保证列车速度不能超过其最高限速，完成列车自动运行的所有安全功能。VATO 子系统根据预先设定的安全原则控制列车的运行，实现速度调节、精确停车等功能。

② 移动数据电台（MDR）。

MDR 通过 TWC 子系统接收和发送车载设备与地面设备之间的信息。

③ 司机控制台。

司机控制台是装设于列车上的 CBTC 系统的人机界面。它装备有表示器和控制器，用于当列车在 ATP 模式下或者在人工限速模式下运行时司机对列车的运行控制。

④ 辅助装置。

辅助装置包括车载天线、信标读取器、测速发电机、多普勒雷达。测速发电机和多普勒雷达共同实现车速的精确检测，克服列车打滑和空转的影响。信标读取器接收沿轨道分布的信标中所含的地理位置信息，提供列车位置精确校正功能并辅助补偿列车轮径误差。

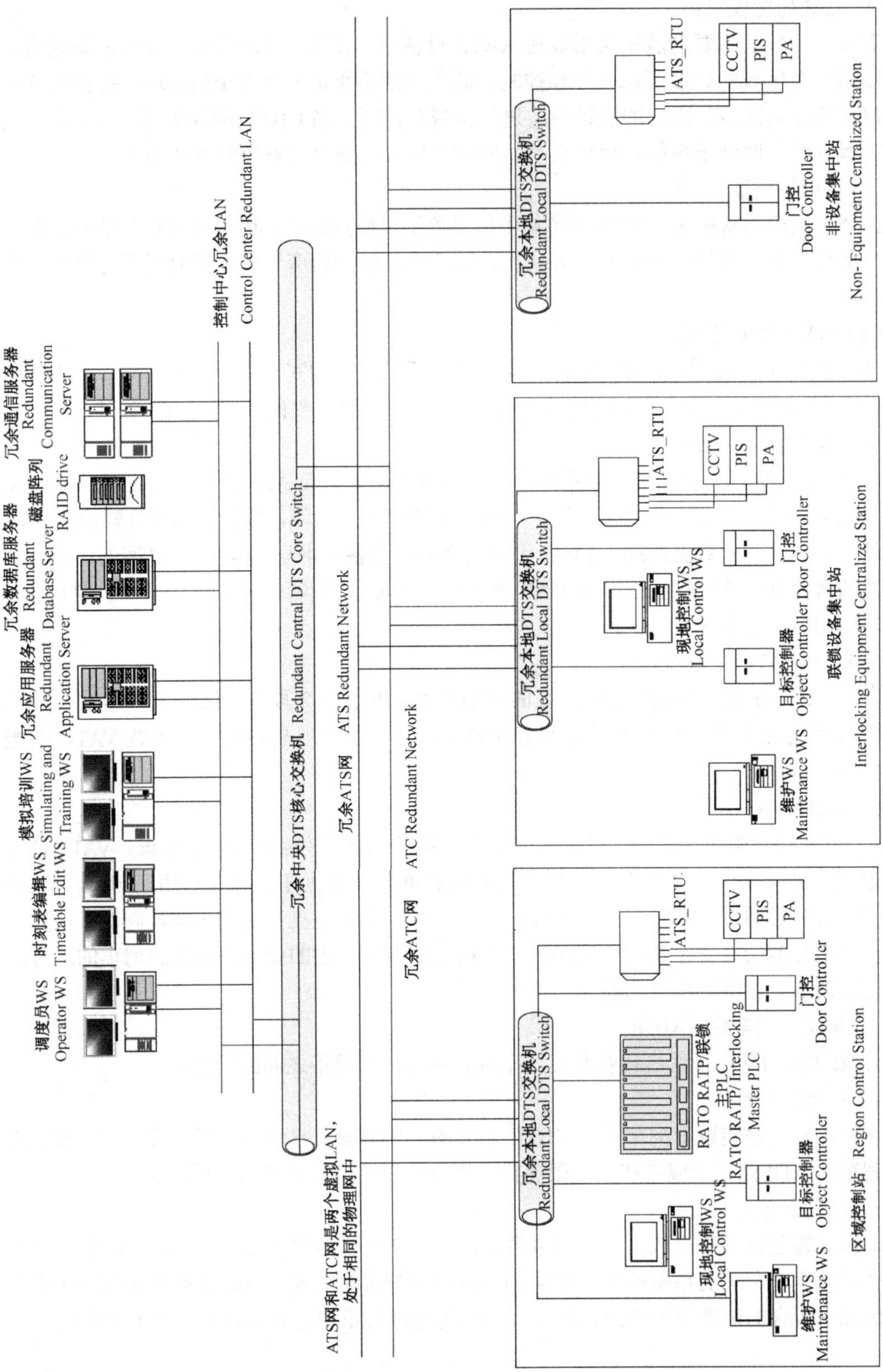
调度员WS
Operator WS
时刻表编辑WS
Timetable Edit WS
模拟培训WS
Simulating and Training WS
冗余应用服务器
Redundant Application Server
冗余数据库服务器
Redundant Database Server
磁盘阵列
RAID drive
冗余通信服务器
Redundant Communication Server
控制中心冗余LAN
Control Center Redundant LAN
冗余中央DTS核心交换机 Redundant Central DTS Core Switch
冗余ATS网 ATS Redundant Network
冗余ATC网 ATC Redundant Network
ATS网和ATC网是两个虚拟LAN，处于相同的物理网中
冗余本地DTS交换机
Redundant Local DTS Switch
ATS_RTU
CCTV
PIS
PA
门控
Door Controller
非设备集中站
Non- Equipment Centralized Station
现地控制WS
Local Control WS
目标控制器
Object Controller
维护WS
Maintenance WS
联锁设备集中站
Interlocking Equipment Centralized Station
RATO RATP/联锁主PLC
RATO RATP/ Interlocking Master PLC
区域控制站 Region Control Station

图 5-3 DTS示意图

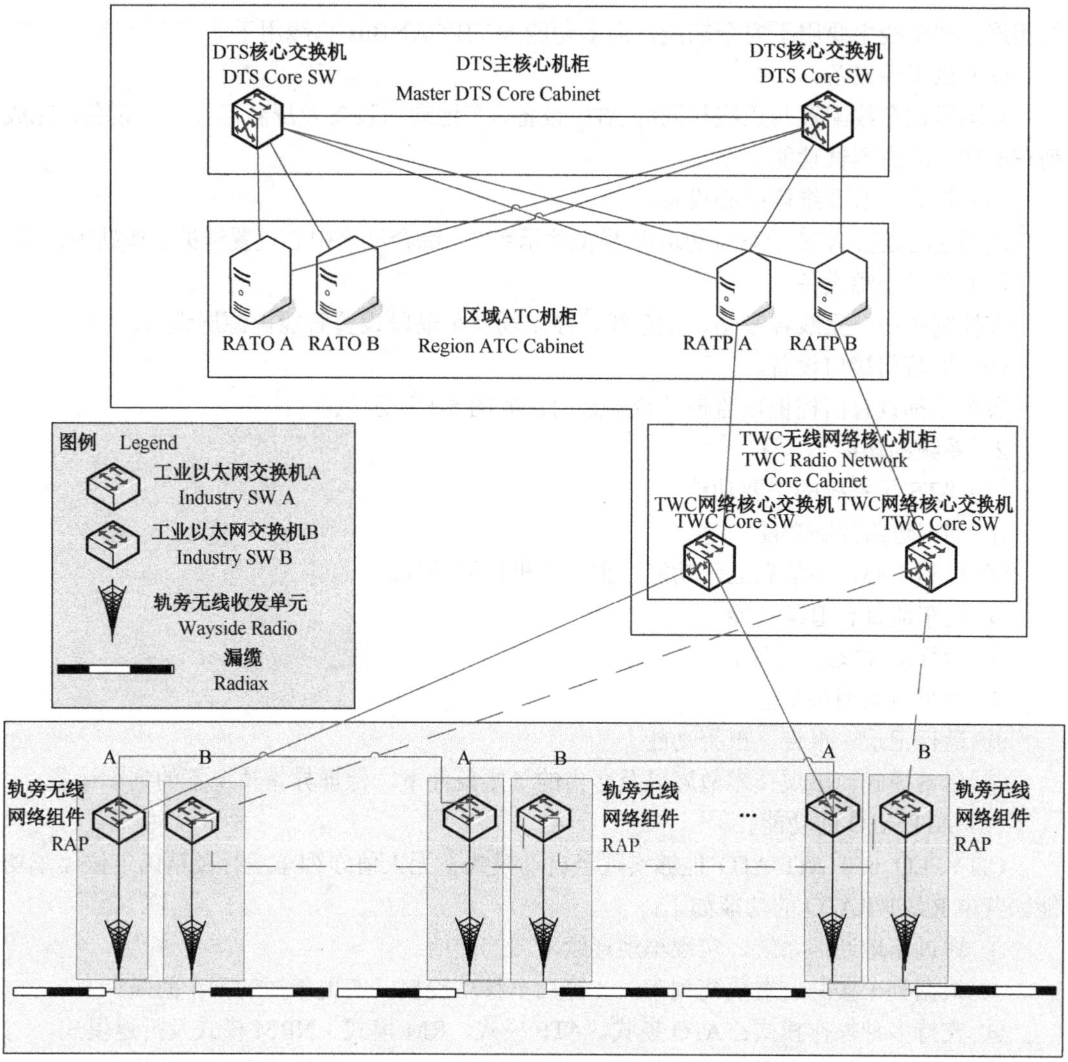

图 5-4　TWC 无线网络示意图

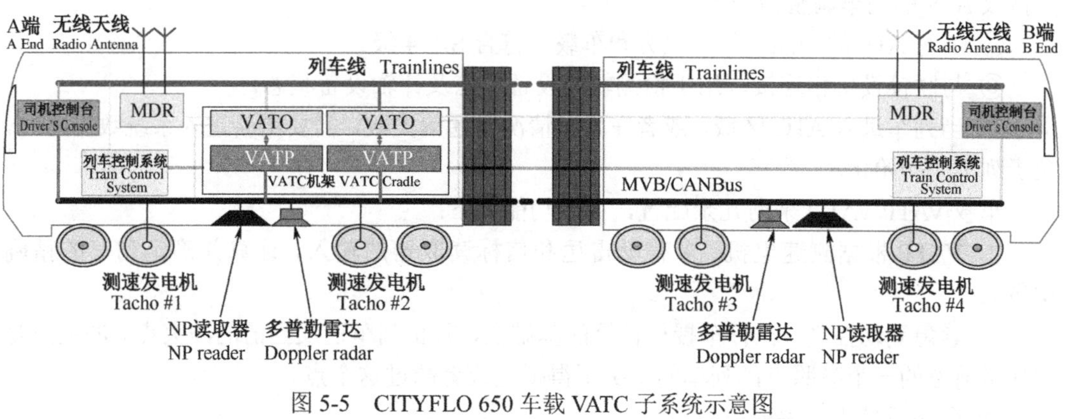

图 5-5　CITYFLO 650 车载 VATC 子系统示意图

⑤ VATC 接口装置。

VATC 通过若干独立的列车线或者多功能 MVB/CANBus 总线（车载网络）与列车子系

统相连。列车线主要用于安全功能，而多功能 MVB/CANBus 总线用于非安全功能。

（6）试车线设备。

车辆段试车线配置与正线相同的 ATC 设备、车地通信设备及屏蔽门接口等设备，完成列车的动、静态测试功能。

（7）培训中心及维修中心设备。

培训室将设置 ATS 子系统的培训/模拟演示系统，综合维修中心设置维护工作站等设备。

（8）信号电源设备。

在控制中心、正线各车站、试车线、停车场及车辆段设置智能电源屏设备。

（9）屏蔽门接口设备。

各车站都设有门控柜以监控站台屏蔽门，如图 5-1 所示。

2．系统的功能

（1）ATS 子系统的主要功能。

① 列车进路控制功能。

② 控制中心行车信息显示功能、车站人机界面功能。

③ 列车监督和追踪功能。

④ 运行图/时刻表功能。

⑤ 列车自动调整功能。

⑥ 运行记录、报告、报警功能。

⑦ 后备模式，出现技术故障以及恶劣的气候条件下，保证异常情况下的列车运营。

（2）ATP/ATO 的功能。

CITYFLO 650 ATP/ATO 能够实现全自动模式下无人值守列车运行及精确定位停车功能。其中 RATP/RATO 的功能如下：

① 通过车地通信系统，实现车地连续双向的通信。

② 根据列车实际位置隔离列车，计算列车移动授权，实现最短的列车间隔。

③ 支持多种操作模式：ATO 模式、ATP 模式、RM 模式、NRM 模式及折返模式。

④ 连续地进行列车跟踪和列车识别，传送列车和轨旁设备的报警和事件信息给 ATS，并接收 ATS 的列车调整指令。

⑤ 所有 ATP 的功能（包括轨旁和车载）符合 SIL 4 级。

⑥ 与联锁设备相连接，用于检测轨旁设备状态及计轴设备状态。

⑦ 当列车进入 ATC 区域，或者在延时情况下通信失败，需要重新进入系统数据库时，负责列车的初始化。

车载 VATP/VATO 采用冗余配置，主要功能如下：

① VATP 根据测速电机、多普勒雷达和信标读取器的输入，计算并确定列车的精确位置。

② 紧急制动控制，在行车授权计算的基础上，防止列车违反当前的冲突点。冲突点是在轨道前方的一个参照点，列车的车头不得抵达或者超过这个点。

③ 允许或禁止开关列车门。

④ 与安全功能相关的事件记录。

⑤ 控制列车的牵引和制动力，通过平稳的加速/减速和防冲击控制功能保持。

⑥ 保证乘客的舒适性。

⑦ 超速防护。

⑧ 确保站台精确定位停车。

⑨ 根据 ATS 请求的路线及运行性能，进行无人看守下的列车运行。

⑩ 提供列车门开启/关闭动作及列车自动出站功能。

⑪ 提供列车自动折返功能。

（3）联锁子系统的功能。

① 办理和解锁/取消列车进路。

② 自动折返进路。

③ 自动通过进路。

④ 对所有进路的侧面防护。

⑤ 控制和改变列车运行方向。

⑥ 控制转辙机、信号机和其他轨旁设备。

⑦ 单独操作和锁闭转辙机。

⑧ 车站封锁/区间封锁。

⑨ 监控设置在综合控制盘上的紧急停车按钮。

⑩ 通过 RATO 处理来自中心 ATS 和车站现地工作站的命令并返回指令。

⑪ 确保在 CBTC 设备失效情况下列车的安全运行。

⑫ 故障解锁。

⑬ 确保列车运营的高效性等。。

⑭ 按照一定的联锁（道岔、进路和信号机的访问）关系完成联锁的进路命令。

（4）DTS/TWC 子系统的功能。

DTS 的主要功能是提供控制中心 ATS、车站、轨旁到轨旁子系统之间的通信接口，它使 CITYFLO 650 系统内部及外部系统相互连接起来进行通信。DTS 采用完全冗余结构，拥有自动恢复功能以容许单个点上出现故障，达到不影响系统运行的效果。

TWC 子系统采用全冗余设计，数据传输速度较快，单点故障不影响系统功能，其主要功能是实现车载设备与地面设备之间的数据通信。

3．系统控制级别

本系统提供两个列车控制等级：CBTC 模式和后备自动站间闭塞模式。每一个等级基于各个列车控制子系统的运行状态提供相应的操作和性能。

（1）CBTC 模式。

CBTC 具有完整的系统操作和性能。CBTC 要求所有列车控制子系统，包括轨旁、中央、车载和通信子系统都完备并工作。CBTC 提供最高等级的系统操作和性能。CBTC 提供移动闭塞安全列车间隔和保护、全功能的车载 ATP/ATO，以及 120s 的运行间隔，支持所有定义的 ATC 驾驶模式，其中某些提供完整的系统操作和性能（ATO 模式和 ATP 模式）。其他模式在降级条件（RM 模式和 NRM 模式）下提供降级操作。

（2）后备模式。

本系统具有完备的后备模式，即自动站间闭塞模式。当信号系统的设备故障或某些功能失效时，系统也能降级到后备模式运行。计轴设备采集线路上列车的占用状态，将信息发送给联锁。联锁经过联锁逻辑运算后，发出控制指令，控制信号机显示“允许”或“禁止”信号，控制转辙机及进路。司机根据信号机的指示作为行车凭证。

4．子系统的信息交换

系统的各个子系统经由有线和无线以太网连接进行的信息传递如图 5-6 所示。

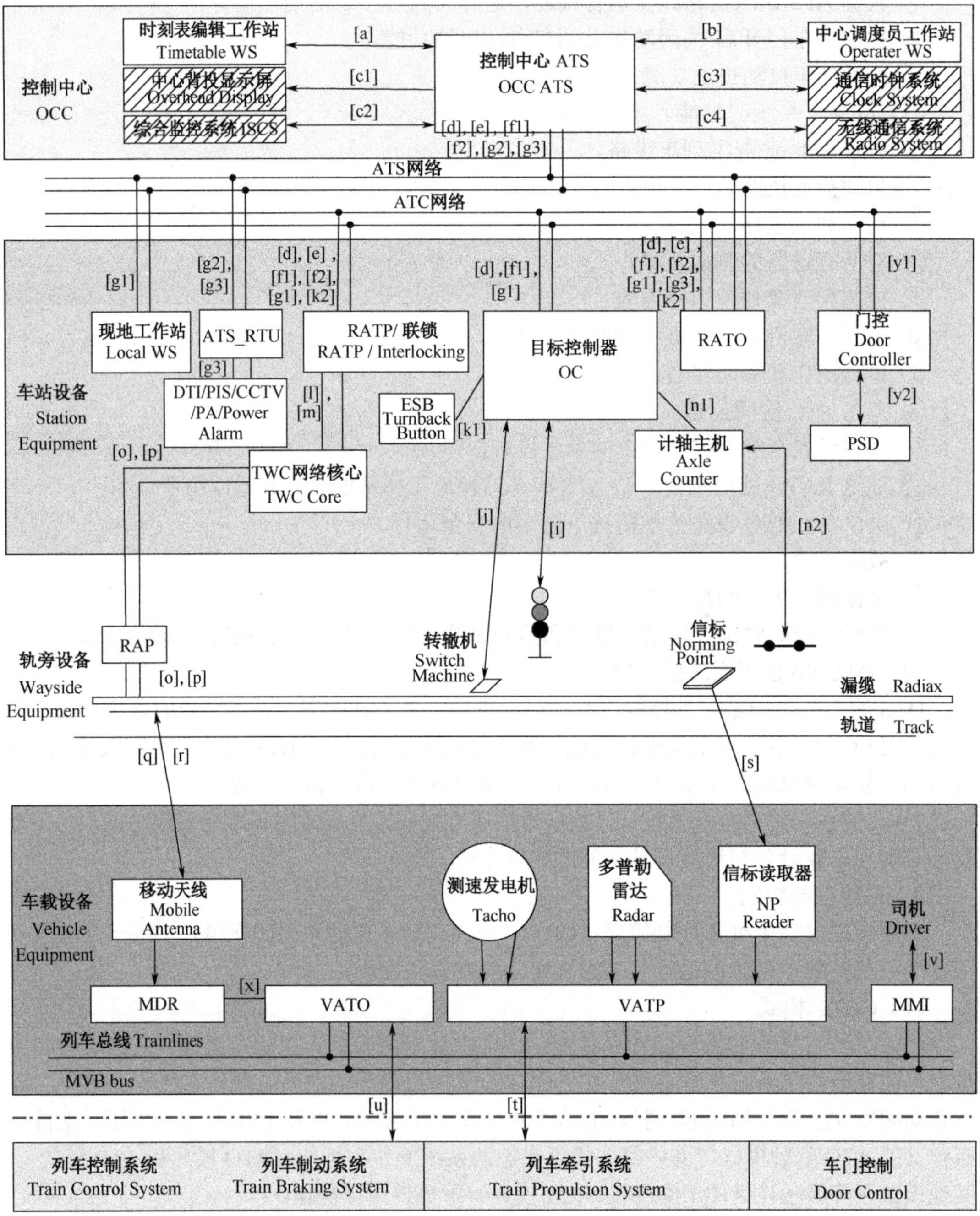

图 5-6 信号系统各子系统间的主要数据流

各数据流的说明如下。

[a]：OCC ATS 将时刻表数据发送给时刻表编辑工作站；时刻表编辑工作站将时刻表数据返回给 OCC ATS。

[b]：中心调度员输入车次号等至 OCC ATS，OCC ATS 将状态信息、报警信息等送至中心调度员工作站。

[c1]：OCC ATS 将行车信息通过背投接口计算机发送给控制中心背投显示屏。

[c2]：OCC ATS 与综合监控系统交换信息，OCC ATS 将列车运行信息、信号设备状态、故障信息等发送给综合监控系统，综合监控系统将牵引供电信息、客流信息发送给 OCC ATS。

[c3]：通信时钟系统将标准时钟信息发送给 OCC ATS。

[c4]：OCC ATS 将列车号、正线行车信息、折返信息、运行方向等发送给无线通信系统。

[d]：OC 将收集的轨旁设备状态信息（如道岔状态、信号机状态等）发送给 RATP/联锁，RATP/联锁通过 RATO 将轨旁设备状态信息发送给 OCC ATS。

[e]：OCC ATS 将运行调节指令发送给 RATO，由 RATO 向 RATP/联锁传送该信息，调节线路上的列车运行。

[f1]：OCC ATS 通过 RATO 向联锁设备发送进路排列命令、道岔转换指令等。

[f2]：RATP/联锁将列车位置信息、列车运行状态信息、进路状态、报警信息发送给 OCC ATS。

[g1]：车站调度员通过现地工作站，由现地工作站输入控制指令（如道岔转换、扣车等）通过 RATO 传送至联锁设备。

[g2]：RATO 从 OCC ATS 上获取列车运行时刻表、列车识别号等信息。

[g3]：ATS_RTU 将 OCC ATS 的停站时间或 ATS_RTU 的停站时间发送给 DTI 显示，ATS_RTU 与 PIS/PA/CCTV 传送列车运行信息，ATS_RTU 采集电源屏报警信息。对于非设备集中站，则由 ATS_RTU 实现该信息传送。

[i]：OC 至信号机的控制指令，信号机至 OC 的状态信息。

[j]：OC 至道岔的控制指令，道岔至 OC 的状态信息。

[k1]：紧急停车按钮、折返按钮至 OC 的状态信息。

[l]：车载设备通过 TWC 网络核心向 RATP 发送列车位置、列车运行方向等信息。

[m]：RATP 向车载设备发送的移动授权、屏蔽门状态等信息。

[n1]：计轴主机向 OC 发送轨道区段的占用/空闲状态信息。

[n2]：计轴点将计轴数发送给计轴主机。

[o]：车载设备通过 RAP 发送的位置和状态信息。

[p]：通过 RAP 传送的移动授权、屏蔽门状态等信息。

[q]：RAP 通过漏缆向 TWC 天线发送的移动授权等信息。

[r]：TWC 天线发送的列车位置、状态信息。

[s]：沿线布置的信标向车载信标读取器发送的报文，校正列车的精确位置。

[t]：VATP 与列车控制系统的信息交换，如 VATP 发送的车门开关允许指令、紧急制动指令，列车控制系统发送的状态信息等。

[u]：VATO 与列车控制系统的信息交换，VATO 向列车控制系统发送牵引、制动指令、车门开关指令等。

[v]：MMI 向司机显示车载设备状态信息、列车运行模式、操作提示、报警等信息，司

机通过 MMI 输入驾驶模式转换等命令。

[x]：VATO 通过无线通信处理器向车载 MDR 传送报文。

[y1]：RATP/RATO 至门控柜的控制屏蔽门的信息。

[y2]：屏蔽门至门控柜的状态信息。

5. 系统的运营模式

1）驾驶模式

本系统提供了如下 5 种列车驾驶模式：ATO 模式（正常运行模式）；ATP 模式（正常运行模式）；RM 模式（降级模式）；NRM 模式（降级模式）；折返模式。

（1）ATO 模式。

ATO 模式是 CBTC 移动闭塞系统常用的运行模式。ATC 系统自动驾驶列车，按照 RATO 的速度调节指令，确保旅客乘坐平稳，在站台上尤其是配备有屏蔽门的站台上精确停车，并提供站台停车管理功能（车门自动锁定/解锁、车门开启/关闭、停站时间结束后自动启动）。

ATO 的功能永远在 ATP 的保护下工作，ATP 负责列车的安全。当 ATO 在自动模式下时，ATO 将直接驾驶列车。

在 ATO 模式下，以下功能由 VATC 自动执行，不需要人为干预：

① 开启静止列车的 ATC 设备。

② 进行日常的自动测试（紧急制动 EB 测试和车门测试），并向 ATS 系统汇报测试结果。

③ 接收并对来自 RATO 的列车标识进行确认（列车识别号 ID：用于 RATO 自动进路设定和调节）。

④ 根据时刻表对列车初始化并从转换轨进入正线正常运行。

⑤ 根据与安全相关的约束条件及调整控制，自动驾驶列车。

⑥ 在正线上运行列车，在自动折返站自动折返。

⑦ 在车站精确、安全停车，安全管理车门（锁定/解锁、开启和关闭），管理站停时间和车站发车时间。

⑧ 记录数据，并将每天的运行情况及其性能和维修数据向 ATS 系统进行汇报，接收并对中央控制中心远程请求和特殊命令做出回应。

⑨ 对于来自控制中心的某些特定请求，自动执行调节功能。

⑩ 根据系统时刻表或者 ATS 初始请求将列车从正常运行中移除。

ATP 系统处理并传送所有与安全相关的授权，检查未得到授权时不进行超速，并在必要时触发紧急制动。ATP 考虑列车和线路的特征，确保列车总能采用紧急制动停在某一特定点上。

（2）ATP 模式。

当选择 ATP 模式时，列车司机负责操作列车，并控制车门，列车仍然在 ATP 完全控制之下，当检测到不安全状态时列车会被迫停车。为此，列车 VATP 通过如下功能为司机提供驾驶帮助：

① 根据列车间隔和速度限制规定，显示当前实际速度和线路不同路段上的最大允许速度。提供与驾驶模式相关的信息、车载设备良好状态、可启动的命令。

② 即将达到或者已经超出限速时，提供语音或者视觉报警。如果司机不立即采取措施，

将自动采取紧急制动。

③ 当列车与站台对齐时，显示允许开门。

④ 当列车准备离开站台时，显示列车允许离开。

⑤ 根据上述信息，司机仍有责任遵守显示的信息，并必须根据司机操作盘上的提示做出反应。在这种模式下执行列车运行保护的所有功能。

因此，在 ATP 模式下，ATC 应当做到以下几点：

① 如果超出限速，或者即将闯入下一冲突点的安全距离，启动紧急制动。

② 执行日常组合测试（包括紧急制动测试），并将测试结果报告给 ATS 系统。

③ 当列车投入运营，VATC 设备必须进行初始化。

④ 帮助司机在考虑安全相关规定和调节请求的情况下人工驾驶列车。帮助司机在降级模式下折返。

⑤ 当列车停靠站时授权车门开启，显示停靠和列车离开车站命令。

（3）RM 模式。

在 RM 模式下，VATP 限制列车在某一固定的限速（如 25km/h）之下运行，司机根据调度命令和地面信号显示驾驶列车，如果列车的运行速度超过该固定的速度，车载 ATP 设备就对列车实施紧急制动，强迫列车停车。由于轨旁设备或者 TWC 系统故障，不能提供运行授权，在 RM 模式下 ATC 系统不能强制进行列车安全间隔。列车运行的安全由联锁系统、VATP 设备、调度人员、司机共同保证。站台停车以后车门及屏蔽门的开关均由司机人工控制。

通常在如下情况下采用 RM 模式：

① 在一些降级模式下，如 RATC 故障或者 TWC 系统故障。

② 在车辆段/停车场内。

③ 对于从故障恢复的列车，RM 模式允许列车在速度 5km/h 下反方向运行。

（4）NRM 模式。

在非 CBTC 区域如在车辆段区域，或者当列车没有配备 CBTC 设备时，或者 VATP 发生故障时使用 NRM 模式。人工模式必须总是受到严格的操作规则限制，并遵守轨旁信号显示规定。

在这种模式下，列车不受 ATC 系统保护，司机对列车运行的安全负全部责任。通常情况下，操作规程都要求预置限速。

（5）折返模式。

折返模式包括无人驾驶自动折返模式、ATO 有人监督自动折返模式、ATP 监督下的人工折返模式、限制人工折返模式、非限制人工折返模式。

① 无人驾驶自动折返模式。

在无人驾驶自动折返模式下，列车运行在指定的车站，在无人操作的情况下进行更换列车运行方向（调头）作业。通常，在线路的终点站，当所有乘客离开列车时可执行自动折返作业。在无人驾驶自动折返模式下，VATC 驾驶车辆，并自动选择工作状态的驾驶室（考虑到驾驶方向）。列车从车站的一个站台运行，到达调头区域，停在指定位置并更换工作状态的驾驶室。随后，列车可以继续运行到达下一站台。当离开列车的司机或者其他值班员通过按下位于站台上的按钮启动折返程序后可进行上述过程。

在正常运行模式下，在所选择的折返车站可采用自动折返功能。自动折返功能使列车从一侧轨道的车站停车点行驶到对面轨道的车站停车点。

以下是描述无司机（司机按压站台上的自动折返按钮）自动折返过程的一个实例。

为使列车进入无人驾驶自动折返模式，联锁功能必须将相应的开关键状态设置为“自动折返模式允许”“无司机允许”。

如图 5-7 所示，列车进入车站停车点 1，且需要行驶到车站停车点 2。列车可以选择两个折返轨道（201 或 203）。

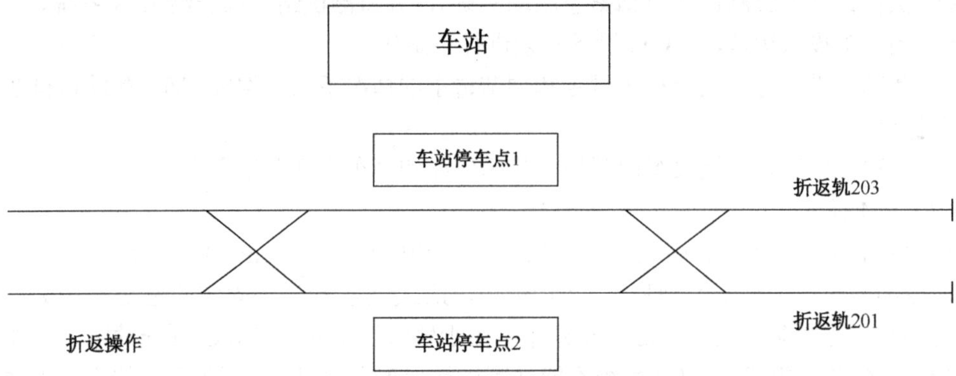

图 5-7　无人驾驶自动折返模式示意图

当 ATS 和中心调度员命令列车折返时，联锁自动排列列车折返进路。自动折返过程从列车进入车站停车点 1 开始。

在列车接近车站停车点 1（或列车在车站停车点 1 停车不久之后），列车通过 RATO 接收来自 ATS 的折返进路命令。同时，通过 RATP 接收来自联锁的“自动折返模式允许”和“无司机允许”开关键的状态。

如果两个开关键都处于允许状态，则司机可以选择自动折返模式。

此时，司机选择自动折返模式，并离开列车驾驶室，按压车站上的无人自动折返按钮，以启动列车的自动折返过程。

列车将离开站台，执行自动折返，并到达对面的车站停车点 2。

一旦列车到达并停靠在车站停车点 2，司机进入驾驶室，并选择 ATO 模式。

② ATO 有人监督自动折返模式。

在 ATO 有人监督自动折返模式下，当列车在折返站规定的停车时间结束及旅客下车完毕，车门和站台屏蔽门关闭后，由司机按压车上相关的折返按钮，列车自动驾驶进入折返线，返回到发车站台后，自动打开车门和站台屏蔽门。司机在列车折返过程中任何时间均可终止自动折返，关闭本端驾驶台，开启反向端驾驶台，进行人工折返。

③ ATP 监督下的人工折返模式。

在 ATP 监督下的人工折返模式下，司机采用“控制手柄”控制列车运行，司机人工驾驶列车运行到折返线并停车，人工关闭本驾驶端驾驶台，并启动反向端驾驶台，之后人工驾驶列车进入发车股道并定位停车。司机按压开门按钮，打开车门和站台屏蔽门。整个过程中，列车速度都在 ATP 的监督下。

④ 限制人工折返模式。

在限制人工折返模式下，司机采用“控制手柄”控制列车运行，司机人工驾驶列车运行到折返线并停车，关闭本驾驶端驾驶台并启动反向端驾驶台，之后驾驶列车进入发车股道并定点停车。司机按压开门按钮，打开车门和站台屏蔽门。整个折返过程中，车载 ATP 限制列车按照某一固定的低速（如 25km/h）运行。

⑤ 非限制人工折返模式。

在非限制人工折返模式下，司机根据调度命令和地面信号的显示，人工驾驶列车运行到折返线并停车，再驾驶列车进入发车股道并定点停车。司机按压开门按钮，打开车门和站台屏蔽门。

⑥ 驾驶模式的转换。

（a）出入停车场/车辆段时。

● RM 模式→ATP/ATO 模式。

在 RM 模式下（通常在停车场/车辆段），司机驾驶列车运行。在列车进入 CBTC 控制区域后，VATO 能自动识别 ATC 监控区。列车经过两个信标，确定列车的位置，且车载设备响应 RATP 发出初始化的请求，初始化成功后，列车与地面建立通信，系统将向司机提供驾驶提示，司机可以选择任何一种可使用的驾驶模式。转换到 ATP 模式不需要停车，转换到 ATO 模式需要停车。

● ATO/ATP 模式→RM 模式。

通常在列车进入停车场/车辆段时，列车将转换为 RM 模式。列车不需要停车，司机仅需要确认列车的控制，人工选择驾驶模式。

● ATP 模式→ATO 模式。

若列车满足自动运行条件，则列车将在零速下人工转换为 ATO 模式。

VATC 的故障恢复：自动切换。

VATC 采用热备冗余结构，因此如果一套 VATC 故障，系统将不需要停车，自动切换到另一套 VATC。如果两套都故障，司机必须选择 NRM 驾驶模式。

● ATO/ATP 模式→RM/NRM。

若区域 ATO 故障，列车将转为 ATP 驾驶模式。若区域 ATO/ATP 设备故障（热备冗余，两个系统都故障才会发生），司机将在列车零速度时选择 NRM 模式。

若车载 ATP/ATO 或车地通信故障，列车将由司机转换为 NRM 模式。

● RM/NRM 模式→ATO/ATP 模式。

列车运行至区域 ATO/ATP 设备正常的区域时，若车载设备与地面建立了通信，则列车可在不停车的情况下，由司机转换为 ATP 模式运行，列车不需要停车。如果转换为 ATO 模式，则需要停车。

（b）折返。

● ATO/ATP 模式→自动折返模式。

当列车收到自动折返命令时，列车将自动转换为自动折返模式。

● 自动折返模式→ATO/ATP 模式。

列车完成折返后（切换车头车尾设备控制权后），需要人工转换为 ATO/ATP 模式。

● 自动折返模式→RM 模式。

列车完成折返后，在某些情况下，如 TWC 故障，人工转换为 RM 模式。

● RM 模式→NRM 模式。

在某些故障情况下，列车将人工转换为 NRM 模式。

（c）无模式状态。

如果系统检测到故障，使得系统不能再为列车提供当前的驾驶模式，列车将进入无模式状态。此时列车将会制动停车，司机控制台上将会显示下一个可用的驾驶模式，让司机选择。

使列车进入无模式状态的几种典型的情况是系统上电、应用紧急制动、故障或没有请求 CBTC，无模式状态也发生在列车完成自动折返操作后。

2）正线信号显示

（1）正线出站信号机、道岔防护信号机，在正常运行模式，即在 ATO 模式和 ATP 模式下，信号灯显示蓝灯或灭灯，可在设计联络阶段确定。

（2）在后备模式下，信号机蓝灯灭灯，正线出站信号机、道岔防护信号机采用黄、绿、红三灯位，其显示及意义如下：

① 绿色灯光表示道岔已锁闭，进路开通直向，准许列车按规定的速度越过该架信号机。

② 黄色灯光表示道岔已锁闭，进路开通侧向，准许列车按规定的限制速度越过该架信号机。

③ 红色灯光表示不准许列车越过该架信号机。

④ 红色灯光+黄色灯光（仅防护进站方向的信号机）表示开放引导信号，准许列车以不超过规定的速度（25km/h）越过该架信号机，并随时准备停车。

⑤ 尽头阻挡信号机采用红、白两灯位，白灯封闭，信号机永远显示红灯，表示不准列车越过该驾信号机。

3）正常运行模式

ATO 模式是 CITYFLO 650 系统运行的常用标准模式。在这种模式下，ATC 系统运行，并服从 ATO 所提供的调节和控制功能。即便未从 ATS 收到数据，ATC 系统仍能够使用一些预先设定的默认参数（标准速度和停站时间）完全进行列车操作。ATS 仅仅发送主进路设置，但允许调度员改变默认设置。

正常模式下主要阶段的运行包括以下内容。

（1）列车初始化。

列车从车辆段到正线轨道的初始化。列车在进入正线之前，通过转换轨处设置的车地通信装置及定位装置建立列车与地面之间的通信，完成列车初始化功能，并转换为正常运行模式运行。

（2）正线运行。

① 根据系统对应关系中定义的正常行驶方向启动列车（右侧行车）。

② 解锁进路，当进路不属于 Fleeting 进路时。

③ 列车应当在所有车站停车。

④ 在全自动模式下由 RATO 对线路上的列车进行控制调节。当缺乏控制时，列车遵照预先设定的默认运行参数和停留时间。

⑤ ATO 进行自动调节。对列车进行调节，使其符合预先设定的时间表。站台上的乘客上下车。

在正常模式下，ATC 系统采用 ATS 系统的车站停站时间，并可通过 RATO 调整命令对停站时间值进行修改。

当未对车站停站时间进行调整，或者 ATS 未发送特殊请求时，列车将采用默认停站时间在每个站台停靠。这些车站的停站时间完全根据项目而定，用户可根据需要进行调整。在设计联络阶段最终确定这些值。

由于从 ATO 接收到离开命令，列车也接收到下一站的到达时间。这些都是系统计算最佳速度曲线，获得这一目标所必需的参数。在站间运行时，ATO 不断检查运行是否符合其速度曲线。然而，这些参数可能改变。由于另一列车的到来，可能产生新的到达时间。在这种情况下，ATO 不得不立即调整，并产生新的、最适合的速度曲线，以便取得新的目标。

一般来说，考虑到所需的间隔时间和站间长度，在站间可以运行几趟列车。然而，出于调节目的尤其是安全方面的考虑，不会让几趟列车挤在同一特定路段上（如隧道）。当发生事故时，这种情况难以管理，首先是乘客疏散，其次是秩序的恢复。因此，可建议只要前一列车没有离开某一位置，可将本列车停留在站内（车门开启）。

（3）列车删除。

列车离开正线轨道（入车辆段），将要离开 ATC 信号控制区，并不再受 ATC 的控制时，RATP 将会启动列车的删除操作。在列车的退出过程中，该列车不需要停车，但是必须转为 RM 驾驶模式。

4）故障车与非故障车的混合运行

当线路上有两列及以上列车运行时，其中一列车车载设备故障，将对此故障列车按照自动站间闭塞模式运行至停车线退出正线运行；对车载设备正常列车，仍然在 CBTC 模式下运行。具体描述如图 5-8 所示。

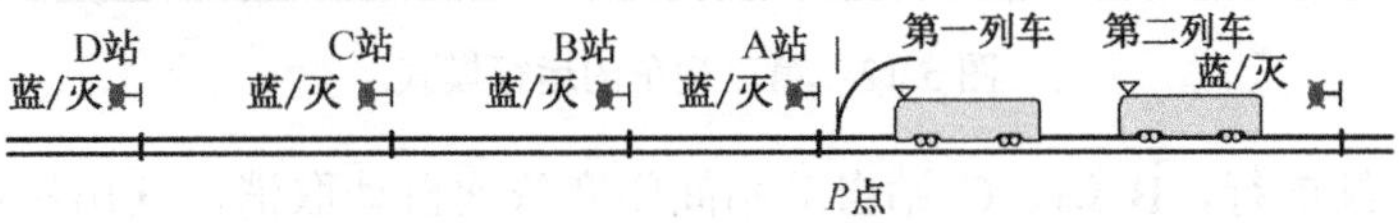

图 5-8　第一列车出现车—地通信故障

当第一列车的车载设备故障时，列车由于与地面 ATC 失去通信，列车将实施常用制动停车至 P 点。

停车后，司机将驾驶模式转为 RM 或 NRM 全人工驾驶模式，根据调度命令将该列车驾驶至 A 站站台，等待 A 站出站信号机变为绿灯后按照自动站间闭塞模式行车。

对第二列车，由于第一列车的车—地通信故障，地面 ATC 将故障列车的最后一次的列车位置信息作为计算第二列车的移动权限的基本点 N 点，第二列车将在 CBTC 正常运行模式下将列车停在 N 点，如图 5-9 所示。

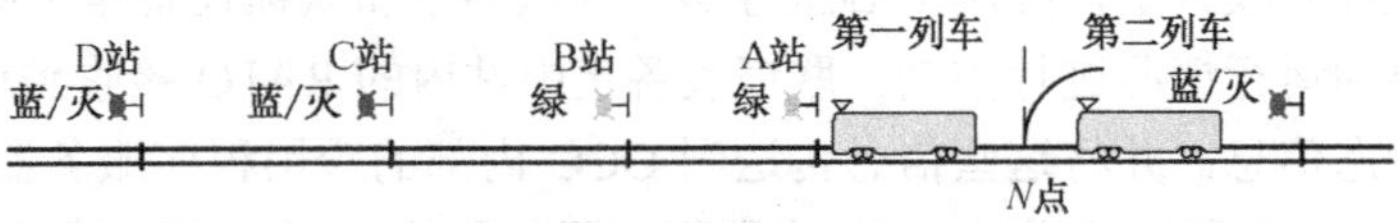

图 5-9　自动站间闭塞建立

地面 ATC 设备由于检测到第一列车的车—地通信故障，因此将发出要求联锁系统将该列车运行前方的区域转为自动站间闭塞的信息，联锁系统将按照要求自动或人工确认将该列车运行前方区域转为自动站间闭塞状态。

如图 5-9 所示，A 站、B 站的出发信号机将由 CBTC 模式下的灭灯（或蓝灯）转为自动站间闭塞点灯状态（根据自动站间闭塞条件点亮红灯或绿灯）。

待第一列故障列车从 A 站出发后，地面 ATC 将根据 A 站自动站间闭塞信号机的显示状态（红灯）重新向第二列车发送移动授权至 A 站自动站间闭塞信号机处，如图 5-10 所示。

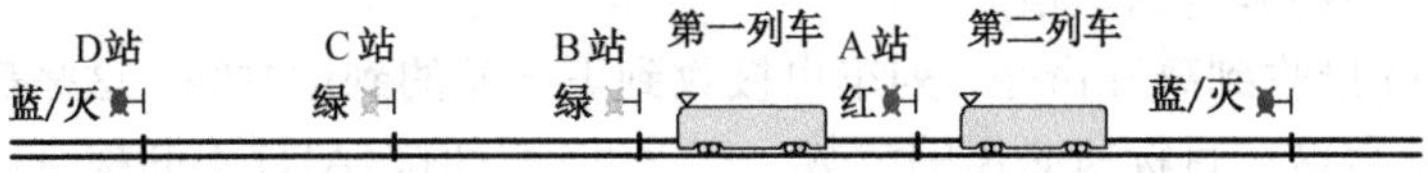

图 5-10　第一列车从 A 站出发

待前一列故障列车继续向前运行直至列车从 B 站出发后，A 站自动站间闭塞取消，A 站出发信号机变为灭灯或蓝灯后，第二列车的移动权限向前移至 B 站出发机处，如图 5-11 所示。

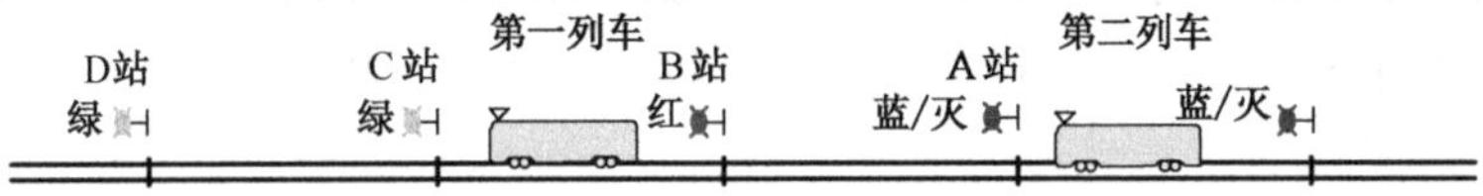

图 5-11　A 站自动站间闭塞取消

对紧跟着第一列故障车的第二列 CBTC 工作正常的列车来讲，其移动权限实际上是按照自动站间闭塞分区来变化的，但其后的第三列车则完全处于移动闭塞模式下运行，如图 5-12 所示。

图 5-12　第三列车的运行模式

故障列车继续前行，B 站、C 站自动站间闭塞依次自动取消，其出站信号机依次变为灭灯或蓝灯，从而恢复成正常运行模式。

至此，完成了故障车与 CBTC 正常列车的混合运行。

混合运行模式只有在车载 ATP 设备故障情况下才使用，目的是尽快将故障列车清除出正线运营区域，尽量减少由此故障造成的影响。

5）系统的后备运行模式

当信号系统的设备故障或某些功能失效时，系统能降级到后备模式运行。

（1）ATS 的后备模式。

① 中央控制模式。

在正常中央控制模式下，控制中心服务器根据从列车和联锁设备集中站上 RATO 接收到的信息对线路的运行情况进行控制。联锁设备集中站内的 RATO 接收到道岔位置、信号状态和计轴器状态信息，并将这些信息传送到 OCC 内部的应用程序服务器和本地 ATS 工作站上。所有路线命令和控制通过 OCC 应用程序服务器传送到 RATO 子系统上。在联锁设备集中站上的 RATO 接收到来自应用程序服务器和/或本地 ATS 工作站的路径命令，并将其传送到本地联锁装置。ATS 或本地 ATS 工作站接收车辆位置信息，显示列车标记，如目的地代码和列车编号、列车延迟和跳停状态等。

② 本地 ATS 控制模式。

在中央 ATS 完全故障的情况下，或在 OCC 和 RATO 之间不能进行通信的情况下，系统将在本地 ATS 模式下运行。操作人员可以选择切换到本地 ATS 模式。

当所有的 OCC 功能都故障后，RATO 可以通过当前存储的时刻表/运行图及信号设备状态自动设定路径。如果与相邻车站的通信可用，RATO 可以自动获取列车车次号。如果这条链路不可用，联锁设备集中站的操作人员可以根据时间表人工使用本地 ATS 工作站管理列车车次号。

此外，当 ATS 系统可以正常运行，但站内操作人员需要对路线进行控制时，可采用本地 ATS 控制模式。在 OCC 内的操作人员授权联锁设备集中站内的本地操作人员将本站的控制模式设置为本地 ATS 控制模式。

在正常车站控制模式下的数据流与正常 OCC 控制模式下的相同。但仅在本地控制站内的操作人员可以对信号设备进行控制，中央 ATS 不向本站传送命令。在这种模式下，从 OCC 到本地控制模式下的车站都采用了列车车次号。当联锁设备集中站位于正常本地模式时，RATO 可以从 OCC 下载时间表，并据此控制列车。

③ 本地 ATS 后备控制模式。

在本地 ATS 完全故障的情况下，RATO 按自动进路方式或人工进路方式控制在线列车的运行。

（2）车载设备故障的后备模式。

① 通信故障。

由于车载 RF 通信元件、MDR、无线天线、通信处理器发生故障，列车不能发送信息或接收来自 RATC 的信息，车载设备产生报警并紧急制动停车。

同时，地面 RATP 设备判断车地间失去通信后，将列车运行前方的区域转为自动站间闭塞区间。

同样，如图 5-13 所示，A 站、B 站的出发信号机将由 CBTC 模式下的灭灯（或蓝灯）转为自动站间闭塞点灯状态（根据自动站间闭塞条件点亮红灯或绿灯）。在这种固定闭塞模式下，列车运行间隔将受影响。

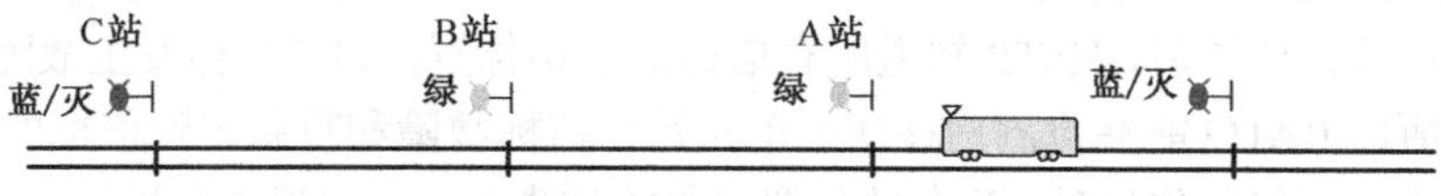

图 5-13 通信故障转自动站间闭塞示意图

② VATC 故障。

当 VATC 故障时，车载设备产生报警并紧急制动停车。

车载 ATP 设备故障，列车只能人工转换为 NRM 模式，由司机根据调度命令和地面信号机的显示人工驾驶列车运行在自动站间闭塞模式下。

当列车运行在 ATO 模式下，车载 ATO 设备故障，ATP 设备正常时，车载设备产生报警并紧急/常用制动停车，列车将自动切换另一套 VATC 设备。司机可选择 ATP 驾驶模式或 RM/NRM 模式继续运行列车。

③ 精确/不能精确停靠车站。

如果列车越过站台的停靠位置，则不能正确定位，不能安全地打开车门。因此，不能获得开门授权，会向 ATS 传送一个报警。

如果列车在站台停车超出了停车精度，则不能打开车门和屏蔽门。如果停车误差正负为 0.5m 但小于 10m，ATP 将确保车门和屏蔽门不能打开，列车由人工驾驶，采用微调运行（前后微调）的方式使其重新与站台对齐，运行速度不大于 25km/h（暂定），若停到位，则可允许开启车门和屏蔽门。如果列车在站台不能达到精确的停靠位置［停靠精确距离大于 10m（暂定）］，系统将使列车只能跳停到下一车站停车。

④ 非装备列车与装备列车的共线混跑。

在特殊情况下，系统支持非装备列车（指工程车或车载设备故障列车）与装备列车二者共线混跑，装备列车仍按 ATP 或 ATO 追踪方式运行，非装备列车按照自动站间闭塞模式组织运行。

（3）ATP/ATO 地面设备故障的后备模式。

当某一区域的地面 ATC 信息传输设备故障时，车载设备产生报警并紧急/常用制动列车使列车停车。

地面 ATC 设备判断后，将列车运行前方的区域转为自动站间闭塞区间，A 站、B 站的出发信号机将由 CBTC 模式下的灭灯（或蓝灯）转为站间闭塞点灯状态（根据站间闭塞条件点亮红灯或绿灯），如图 5-14 所示。司机将列车驾驶模式转换为 RM 或 NRM 模式，并以调度命令和地面信号机显示作为行车凭证，人工驾驶列车运行。信号机显示方式在设计联络会议阶段商定。

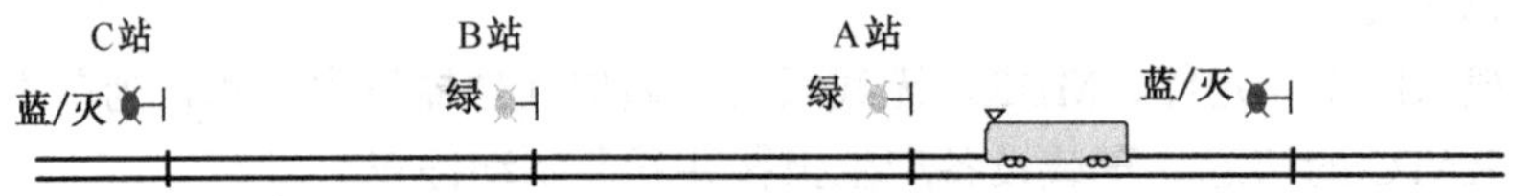

图 5-14　区域 ATP/ATO 故障转自动站间闭塞示意图

当列车运行至地面 ATC 设备正常的区域时，车载设备与地面设备通信恢复正常，地面 ATC 设备命令取消站间闭塞模式的指令，待自动站间闭塞取消后，地面出站信号机灭灯或点亮蓝灯，地面 ATC 将向列车发出新的移动授权，此时司机可在不停车的情况下将列车转换至 ATP 模式下运行。在转到 ATO 模式之前，司机必须停车。

在列车已确认位置后，VATP 知道所有信标的确切位置，如果信标发生故障，它将发送一个报警，所以 RATO 能够检测到移动列车初始化信标故障和重新定位信标的故障。

当列车收不到信标信息时，列车的位置误差将增大。当位置误差超过最大允许误差时，列车将实施紧急制动。信标将沿线设置，这样在列车连续两个信标信息均收不到的情况下，位置误差将超过最大允许误差。

（4）正线轨旁通信设备故障的后备模式。

① DTS 骨干网络故障。

骨干网络结构由一个冗余以太网络构成。如果一个网络通道完全故障，系统的设计可以采用另一网络通道继续运行，而操作性能不会降级。

如果网络完全故障（可能性极小），列车仅能在 RM 模式或者 NRM 模式下运行。

② 无线接入点 RAP 故障。

单个无线接入点 RAP 的故障不影响列车运行，系统将自动切换到另一个无线接入点。在两个无线接入点完全故障的情况下，该区域不能进行轨旁与列车之间的通信，所有信号参数将受限，列车将紧急停车。在发生通信故障的区域，除了可以在 RM 模式或者 NRM 模式下运行外，列车将不能再继续运行。

（5）轨旁基础信号设备故障。

① 信号机故障。

在 ATO 模式或者 ATP 模式下，信号机故障不会对列车运行产生影响。联锁子系统仍向 ATC 发送所有信号机的状态。

在自动站间闭塞模式下，信号机故障灭灯时，视作点亮红灯，禁止列车越过该驾信号机。

②转辙机故障。

在 ATO 模式或者 ATP 模式下，当转辙机发生故障时，列车禁止越过该道岔。此时可在人工干预情况下，采用特殊手段，使列车转换为 RM/NRM 模式，列车将缓慢通过道岔。

③ 计轴设备故障。

在 CBTC 模式下，如果发生计轴故障，联锁设备使用 ATC 发送轨道占用长度数据。ATC 明确知道列车的位置，将轨道的占用状态定期传给联锁子系统。

当道岔区段计轴故障时，道岔不允许转动。

（6）故障情况的驾驶模式汇总。

表 5-1 汇总了在不同的故障情况下可以采用的驾驶模式。

表 5-1　故障模式汇总

故障模式	可用模式	备注
由 RF 天线、测速发电机、多普勒雷达、MDR 导致的单个 VATP 故障	所有模式可用	将被冗余 VATP 接管
车载无线通信完全故障（两个装置）	RM 模式，或者 NRM 模式	列车司机将接管故障列车，并在 RM 模式或者 NRM 模式下驾驶列车
车载 MVB 总线故障	NRM 模式	仅仅影响一条司机控制台和 I/O，极不可能出现
一个车载以太网发生故障	所有模式均可用	车载冗余系统，它能使列车在正常条件下运行。对列车运行没有影响。列车诊断将不可用
VATP 完全发生故障（两套设备）	NRM 模式	极其不可能
整车紧急制动 EB 系统故障	NRM 模式	人工驾驶列车
RATC 故障	RM 模式，或者 NRM 模式	列车仅能运行在 RM 模式或者 NRM 模式下
在某一区域两个无线接入点 RAP 故障	除失去联系的区域外，其余区域所有模式均可用	当遇到两个连续信标，与 RATP 之间重新建立通信后，列车即恢复正常
整个骨干网 DTS 网络故障	RM 模式，或者 NRM 模式	极其不可能。列车仅能在 RM 模式或者 NRM 模式下运行
中央 ATS 故障	所有模式均可用	本地 ATS 接管，调节功能依旧可用
本地 ATS 故障	所有模式均可用	调节功能依旧可用

6．移动闭塞原理

CITYFLO 650 提供移动闭塞列车控制。主要包括：安全的列车间隔防护；列车定位；车—地连续、双向通信；列车追踪；列车自动控制等。

（1）列车定位原理。

列车位置或方向的确定是 VATP 一项重要的功能。VATP 通过车载传感器和收集到有关的信息来确定列车位置。这些传感器包括测速电机、多普勒雷达、信标读取器。VATC 含有线路数据库，用于表示系统物理拓扑（物理地图）。位置传感器和物理地图向 VATC 提供对列车进行精确定位的所有必要信息。为确定列车位置，VATP 采用列车长度来确定列车两端的位置。

VATP 采用几个车载传感器确定系统内部的列车位置。列车定位的过程如图 5-15 所示。

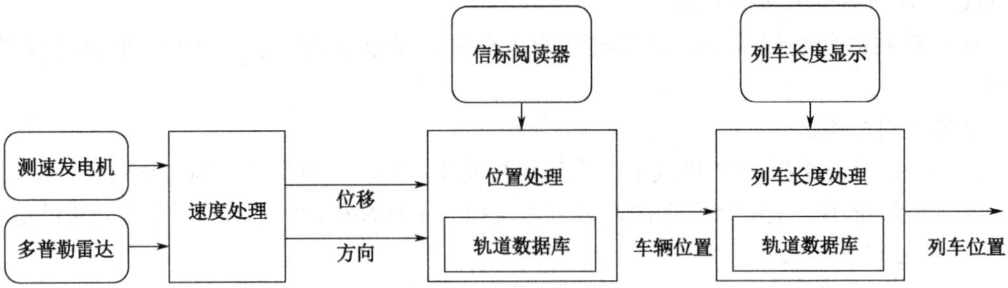

图 5-15　列车定位的过程

① 通过处理测速发电机和多普勒雷达的输出信息，生成行驶距离（位移）、速度和方向的精确表示。线路曲线半径过小可能会导致测速发电机产生一个车载位移的较小误差。为解决这一问题，VATP 在列车运行的整个距离上确定累积错误的误差范围。

② 为了防止定位误差累积过大，沿轨道设置信标，每个信标有一个唯一的编号并带有特定的位置信息，列车上安装有信标读取器，车载设备通过信标读取器识别信标，从而校正自身的位置。当遇到信标时，在更新车载位置和重新设置位置误差之前，VATP 检查信标的位置坐标是否在当前计算的车载位置误差范围之内。如果信标坐标不在当前计算位置（超过位置误差范围），或者信标的坐标错误，其坐标位置不在轨道数据库中，VATP 即采取紧急制动。此外，当列车经过信标标记时，VATP 自动校准车轮直径，消除人为输入车轮直径所产生的误差。

③ 由 VATC 存储的上一个信标位置，计算从上一信标开始的位移和位置误差。

通过加上每一侧的列车长度和列车每一段的位置误差，VATC 确定列车轨迹两端的位置，整个列车确保位于该位置之中，如图 5-16 所示。

图 5-16　列车轨迹

（2）车地通信原理。

CITYFLO 650 的 TWC 子系统采用无线通信。TWC 子系统可以被看成一个“黑盒子”，通过该系统，特定格式的数据信息能够在一定的传输速度和容错率下进行双向传输。在 TWC 系统中，无线通信采用 2.4GHz 的扩频 RF 来完成。

CITYFLO 650 的 TWC 子系统由位于区域控制设备室的 TWC 网络核心设备、轨旁分布式无线设备（RAP、漏缆或 LoS 天线）以及车载 MDR 组成，如图 5-17 所示。TWC 子系统的通信原理显示了这些设备在 CITYFLO　650　ATC 系统中的具体位置。

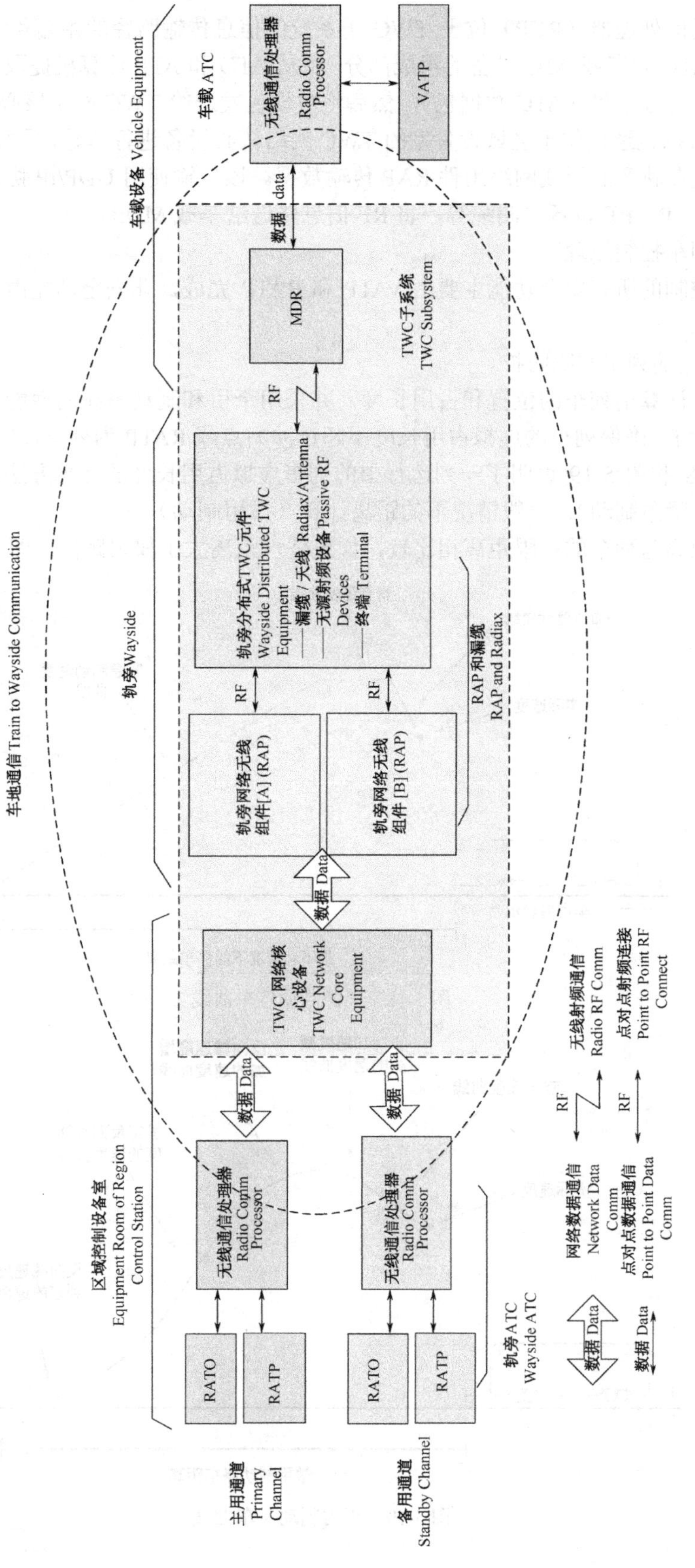

图 5-17　TWC 子系统的通信原理

无线通信处理器（RCP）位于 TWC 子系统的信息传输路径的始端和终端。RCP 分别作为区域 ATC 和车载 ATC 设备的组成部分，将从 ATO 和 ATP 计算机提取的数据打包形成一个列车控制数据包（ATC 数据包），然后将数据包发送给 TWC 网络核心设备或 MDR。

ATC 数据包通过位于区域设备室的 TWC 网络核心设备进行传输，再由 TWC 网络核心设备向安装在轨旁的无线网络组件 RAP 传输数据。该传输使用 UDP/IP 协议。

通过 RAP、RF 设备、漏缆等，将 RF 信息传送给车载 MDR。

（3）列车控制原理。

列车控制的所有安全功能主要由 VATP 和 RATP 完成，非安全功能由 RATO 和 VATO 子系统完成。

① 安全的列车间隔防护。

VATC 计算出列车的位置和占用长度，并采用牵引和制动系统的性能参数计算虚拟占用长度。VATP 确保列车的虚拟占用长度不超过冲突点或 RATP 为列车设定的限制。

图 5-18 和图 5-19 说明了一列运行中的列车虚拟占用长度的计算方法：紧急情况下的距离计算（紧急制动）；一般情况下的距离计算（常用制动）。

制动距离与列车的权限距离相比较，如果任一距离大于权限距离，即采用紧急制动。

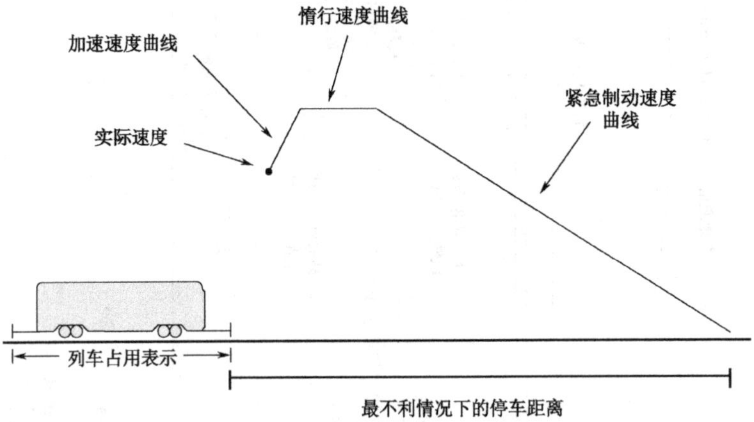

图 5-18　紧急制动停车曲线

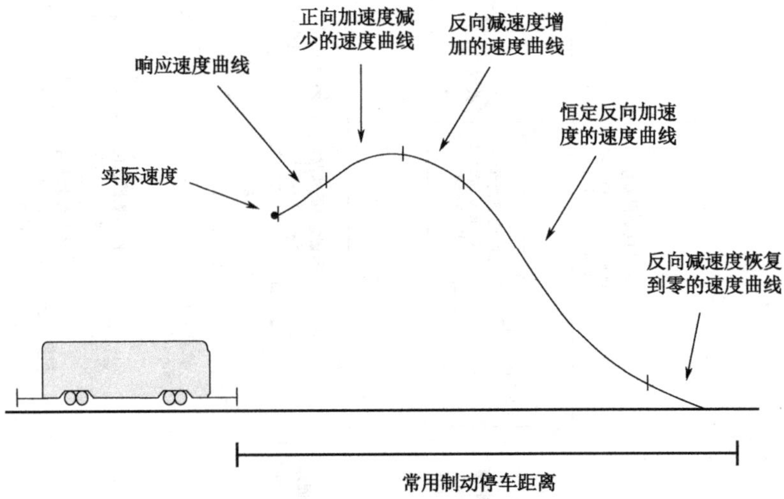

图 5-19　正常制动停车曲线

② 超速保护。

VATP 通过查找在轨道数据库中存储的线路限速来确定列车线路的速度极限。RATP 可在一段轨道上（如工作区域）进行强制临时限速。临时限速通过无线系统传送到 VATP，VATP 强制采用较低的速度值。RATP 将限速信息指令发送给车载设备，如果通信丢失，列车将采取常用制动并停车。

VATP 监控列车的实际速度，如果实际速度超过允许速度极限或轨道占用段的临时限速，VATP 就要采用紧急制动。VATP 也对列车前方所有路段上的紧急制动曲线进行计算，确认在权限范围之内。VATP 计算出与上节描述相同的紧急制动停止曲线，末速度为零的情况除外。该曲线如图 5-20 所示。如果该曲线距离大于速度下限与轨道段起始点之间的距离，即采用紧急制动。

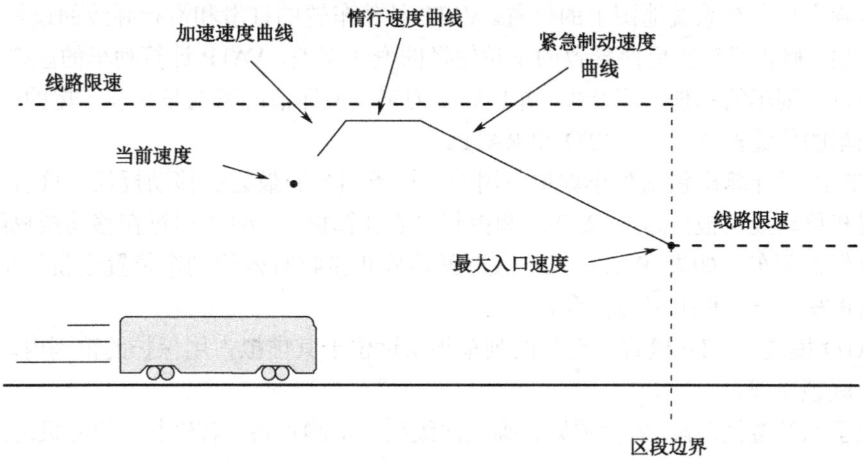

图 5-20 减速限制的紧急制动曲线

③ 上下乘客保护。

VATP 是通过保证车门在安全状态下动作来确保上下乘客安全的。车门动作之前，VATP 要确认以下 4 个条件是否都满足：列车速度为零；牵引系统已关闭；列车已采用制动；列车停车精度在误差范围内。

例如，当列车完全进站后，一旦满足以上安全条件，列车门与站台屏蔽门对齐，VATP 才允许站台一侧车门动作。

VATP 监控车门关闭/锁定表示。在所有车门关闭并锁定之前，VATP 不允许列车动作。如果发生关闭/锁定表示丢失的情况（检测到车门异常开启），VATP 启动制动功能。

④ 运行模式确认。

VATP 确定在当前运行状态下，司机所选的操作模式是否有效。这些状态包括所选的驾驶室（相对于运行方向）、车载设备的状态、轨旁通信状态及系统内列车的位置。在运行状态未确认之前，如列车在转换轨未将驾驶模式转换为 ATO 模式或 ATP 模式时，系统不允许列车运行。

⑤ 列车的初始化。

列车的初始化过程是列车与地面建立通信的过程，一般在列车进入正线前完成。在特殊情况下，如列车在转换轨区域初始化失败，列车可能需要在初始化区域外完成初始化，与地面建立通信。在这种情况下，RATP 采用列车自动轮询机制，连续地搜索系统中未初始化的列车。当在系统中发现未初始化的列车时，RATP 将自动触发列车的初始化程序。

⑥ 删除列车。

当列车离开 ATC 监控区域，不再接受 ATC 控制时，将采用列车删除程序。

列车删除程序是基于列车的位置而自动开始的。如果一辆列车报告其位置处于线路上预先确定的出口位置，并且其运行方向朝着离开线路的方向时，则 RATP 将执行列车删除程序。

⑦ 列车追踪。

CBTC 列车通过 TWC 子系统将自身的位置信息传送给轨旁设备。

VATP 确定列车的物理位置和虚拟占用位置。VATP 采用信标读取器、测速发电机和多普勒雷达确定列车在系统地图上的位置。VATP 补偿车轮的打滑和滑行导致的误差，并且纠正车轮磨损、修正或车轮更换导致的车轮轮径的变化误差。VATP 计算列车的虚拟占用，该虚拟占用包括列车的物理占用长度，并扩展到列车在最坏情况下的车头和车尾的停车位置。之后，列车的位置被传送给 VATO 和 RATP。

RATP 随后计算出包括列车虚拟占用的、授予列车的最远的移动授权。接着，列车的物理位置和移动授权被传送给 RATO 和控制中心计算机。RATP 通过在移动授权终端设置冲突点以保护列车。如果 RATP 在一段时间内停止接收有效的列车位置更新信息，RATP 将向 VATP 发送一个常用制动指令。

在 ATO 模式和 ATP 模式下运行的列车将永远位于其虚拟占用保护的范围内。

（4）联锁原理。

联锁子系统遵循故障-安全原则，确保次级列车检测设备、转辙机、信号机之间的正确的联锁关系，保证列车运行的安全。主备设备之间的切换时间不会影响列车的运行及司机的正常操作。为保证系统的高可靠性和高安全性，联锁子系统采用高可靠性和高安全性的硬件结构和软件设计，以及为保证热备冗余而采用的必要的硬件和软件冗余措施，其中联锁逻辑运算模块采用 2 乘 2 取 2 冗余结构，目标控制器为双机热备结构。同时，在联锁子系统和其他相邻子系统之间配置冗余的通信通道。

联锁设备将信号机、道岔的状态，列车进路设置的状态，保护区段的建立，区段上列车的运行方向以报文形式发送给 RATP，同时能够使得 ATP 报文的传输满足每个折返模式下的运行要求。

在失去 TWC 功能的情况下，联锁设备可以使列车按自动站间闭塞模式运行。

在 ATS 车站设备故障的情况下，联锁设备可以建立自动进路和自动折返进路。

（5）自动站间闭塞模式的工作原理。

在轨旁 ATP 系统故障等情况下，联锁设备提供联锁级自动站间闭塞模式，列车由司机驾驶，目标控制器、轨旁信号机和计轴等设备共同实现列车的自动站间闭塞运行。

自动站间闭塞可在控制中心人工办理，也可在车站控制时由值班员办理。可以在部分站间或全线选择自动站间闭塞模式。

计轴设备采集线路上列车的占用状态，将信息发送给目标控制器和联锁。联锁经过联锁逻辑运算后，发出控制指令，控制信号机显示“允许”或“禁止”信号，控制转辙机及进路。司机以信号机的指示作为行车凭证。

联锁级自动站间闭塞满足下列功能：

① 若控制中心 ATS 正常，联锁设备能在控制中心 ATS 的控制下，实现进路的自动和人工设置；若控制中心 ATS 故障，联锁设备能在车站值班员的控制下，实现进路的自动和人工设置。

② 进路可在控制中心或车站现地工作站上进行设置，联锁设备能实现基本进路和延续进路的自动排列，所有进路（含延续进路）能实现取消和人工解锁功能。

③ 如果联锁进路的车站终端防护信号机内方有道岔时，该进路可设置延续进路。当列车速度为零并且不在联锁区域时，延续进路将解锁。

④ 联锁设备支持按站间闭塞原则设置的进路排列和基本的联锁进路排列。按站间闭塞原则设置的进路的始端是车站出站信号机，进路的终端是下一车站的出站信号机，在满足联锁条件后，其进路中的信号机应能自动由远至近顺序开放（除进路终端的信号机外）；基本的联锁进路的始端是信号机，进路的终端是下一架信号机。联锁系统设置的所有进路（包括延续进路）应具有安全防护功能，包括进路锁闭、解锁、道岔侧向防护等。

⑤ 联锁设备能对某一信号机或全部信号机设置为自动模式和人工模式两种状态。当信号机被设置为自动模式时，能实现进路的自动排列，当信号机被设置为人工模式时，能按基本的联锁进路方式人工排列进路。

⑥ 信号机的显示要求：在后备模式下，信号机蓝灯显示灭灯，当进路上所有道岔处于直向开通位置，设置进路且空闲，显示绿灯；当进路上至少有一组道岔处于侧向开通位置，设置进路且空闲，显示黄灯；信号机内方的轨道区段占用时，或未设置进路时，显示红灯。

⑦ 联锁设备确保与停车场出入场线、联络线等的安全继电接口。

⑧ 联锁设备将轨道占用/空闲状态、进路状态及信号设备故障等控制和监督列车运行的基础信息发送给控制中心和车站现地工作站并显示。控制工作站人机界面对话窗口主要由联锁、轨道、道岔、信号、进路、车站及故障报警等部分组成。在相应的对话窗口中，可对对应的控制对象进行监控。

⑨ 若 ATP 系统恢复正常，系统将从后备模式下恢复，转变为正常运行模式。

5.3　相关规范、规程与标准

《庞巴迪信号系统 CITYFLO 650 解决方案》相关条文。

项目小结

（1）CITYFLO 650 系统的数据传输系统根据环境的不同采用不同类型的天线系统，可保证最大的无线覆盖率和最小的通信丢失。对于隧道里的运行，采用沿轨道分布的 Radiax 漏缆天线系统；对于地面或高架区域，用可视天线（LoS）系统。

（2）车地无线通信系统由轨旁无线设备和车载无线设备构成，采用专有的车地通信协议在轨旁 ATP 和车载 ATP 之间提供无线数据传输。

复习思考题

1. 简述 CITYFLO 650 信号系统的结构。
2. 简述 DTS/TWC 子系统的结构及功能。
3. 简述 CITYFLO 650 系统的控制级别。
4. 简述各子系统的信息交换。
5. 简述系统的列车控制原理。

项目6 其他各类 ATC 系统认知

项目引导

依据控制方式及信息传输方式的不同，ATC 系统结构的组成和配置方式也完全不同，在工程设计中选择何种配置，需要依据行车组织、车辆性能、车站规模、线路条件等，以安全性、可靠性为基本原则，兼顾成熟性、经济性、合理性，以发挥最大效能为目标，并需适当考虑先进性等。

6.1 MTC-Ⅰ型 CBTC 系统认知

6.1.1 工作任务

认知 MTC-Ⅰ型 CBTC 信号系统。

6.1.2 知识链接

1. MTC-Ⅰ型 CBTC 信号系统的结构

MTC-Ⅰ型 CBTC 信号系统主要由以下 6 个关键业务子系统构成：

（1）列车自动监控（ATS）。由中央和车站本地控制设备组成的 FZy 型 ATS 子系统。

（2）计算机联锁（CBI）。包括计轴、应答器、本地通信与控制器。它是符合故障–安全设计、高可用性的 TYJL-Ⅲ型 CBI 子系统。

（3）列车自动防护（ATP）。包括基于单端 2 乘 2 取 2 冗余架构的 VOBC 和轨旁 ZC。

（4）列车自动驾驶（ATO）。基于紧凑型局部互联总线（CPCI）通用工业计算机平台、双机热备冗余配置的 ATO 子系统。

（5）数据通信系统（DCS）。基于同步数字体系（SDH）骨干通信网和 802.11g 无线局域网标准协议的车—地无线通信网构建。

（6）计算机监测维护（CSM）。进行系统设备维修信息收集、管理的 CSM-YH 型计算机监测子系统。

这些系统功能的无缝整合，打造成一套适应我国城市轨道交通运营需要的信号系统自主化整体技术解决方案，全部子系统被概括定义为 5 层，如图 6-1 所示，分级实现 CBTC 系统运行控制功能。

（1）中央控制层。指控制中心的 ATS 系统。

（2）通信层。提供 OCC 与轨旁设备间的网络通信和轨旁与车载之间连续无线通信。

（3）车站层。包括车站 ATS 分机、CBI、ZC、微机监测、本地通信控制器等设备。

（4）轨旁层。包括无线通信设备、计轴设备、应答器、信号机、转辙机、紧急停车按钮、车—地通信单元等。

（5）车载层。包括车载 ATP、ATO、人机接口、车—地无线通信、测速传感器等设备。

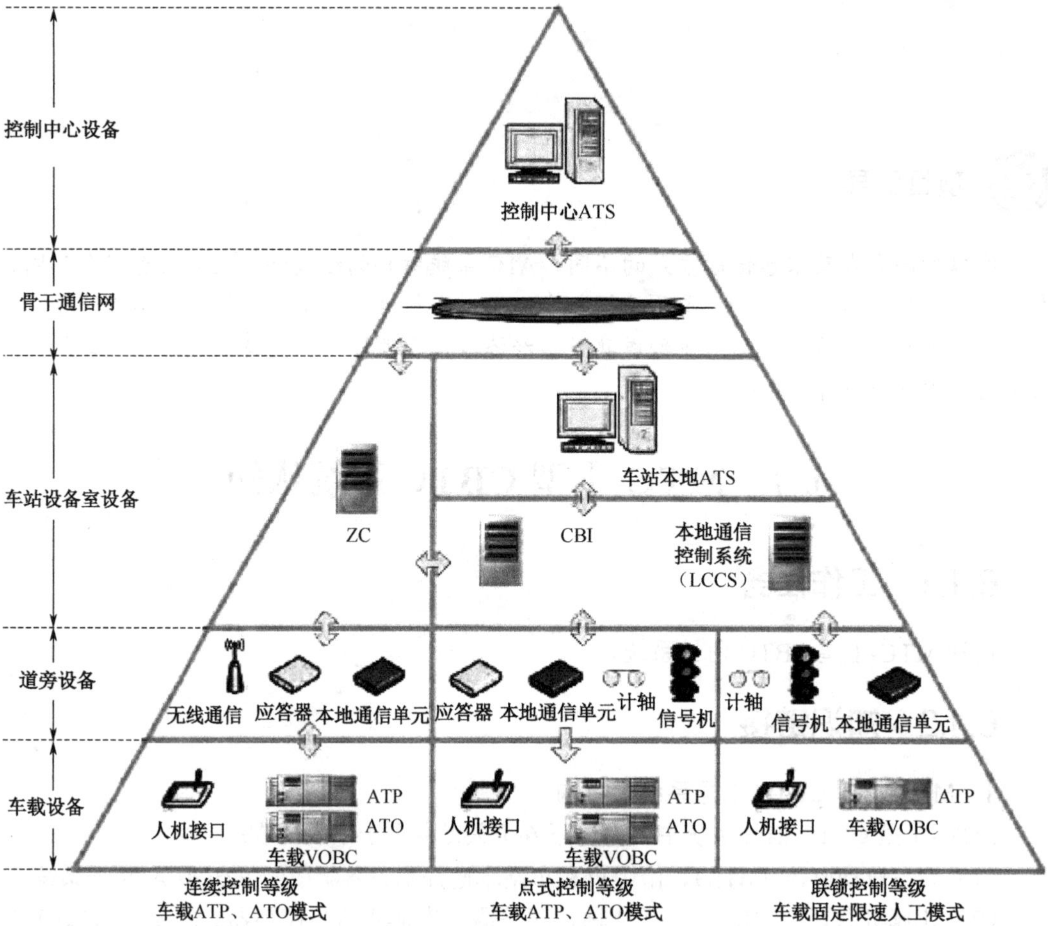

图 6-1　MTC-Ⅰ型 CBTC 系统的总体架构

2. ATS 子系统

MTC-Ⅰ型 CBTC 系统采用的 FZy 型 ATS 子系统由控制中心 ATS、车站 ATS、停车场和车辆段 ATS 设备及相应的通信网络组成，如图 6-2 所示。

ATS 控制中心系统环境基于标准硬件部件的系统体系结构，由 IBM 小型机系列服务器、IBM PC 级服务器及图形工作站等组成，采用 AIX/Windows 操作系统作为服务器和工作站的基础，通过两个冗余的 10/100Mbps 以太网 LAN 相互连接，并通过 ATC 网络和 DCS 及 VOBC 相连。主要硬件设备包括服务器系统、运营操作工作站、维护工作站、网络设备。应用服务器、数据库服务器及接口服务器均采用双机冗余系统，保证系统关键业务的可靠性。

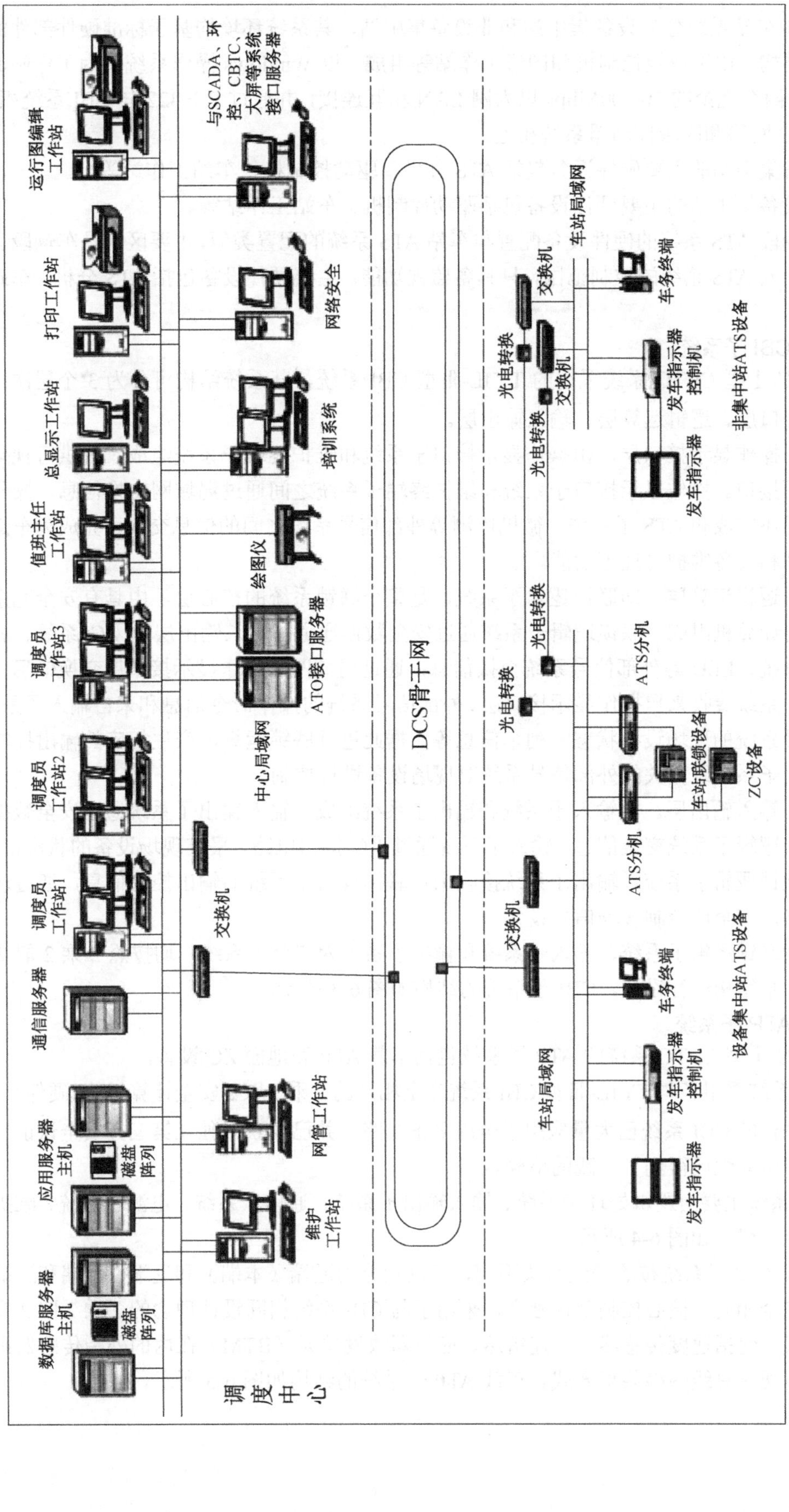

图 6-2　ATS 子系统的结构

ATS 车站系统分为设备集中站和非设备集中站，其系统环境均基于标准硬件部件的系统体系结构，由工业级控制机和图形工作站等组成，以 Windows 操作系统作为工作站的基础，通过两个冗余的 10/100Mbps 以太网 LAN 相互连接，并通过 RS-422 与 CBI 系统相连，通过 ATC 网络和区域控制器系统相连。

设备集中站的主要硬件设备包括 ATS 分机、驱动控制机、车站工作站等。

非设备集中站的主要硬件设备包括驱动控制机、车站工作站等。

车辆段 ATS 系统的硬件设备配置与车站 ATS 系统的配置类似，主要区别是车辆段 ATS 系统不纳入 ATS 系统的控制范围，只具备监视功能。主要硬件设备包括 ATS 分机、车站工作站等。

3．CBI 子系统

MTC-Ⅰ型 CBTC 系统采用的 TYJL-Ⅲ型 CBI 系统，其系统结构可分为 3 个层次：操作显示接口层、逻辑运算层、输入输出层。

（1）操作显示接口层。由操作显示接口子系统和维护终端子系统组成，提供可视化的人机界面接口。操作显示接口子系统和维护终端子系统之间通过局域网交换信息。操作显示接口层还完成和 ATS 子系统、微机监测等外部信号系统之间的信息交换，完成列车运行指挥控制和设备维护管理等功能。

（2）逻辑运算层。即联锁逻辑子系统，是整个联锁系统的核心层，由具有安全冗余结构的专用计算机组成。联锁逻辑子系统通过安全数据通道与输入输出层及 ZC 系统、相邻站联锁系统、LEU 等外部信号系统交换信息；通过局域网和操作显示接口层交换信息。联锁逻辑子系统接收来自操作显示接口层、外部信号系统的操作命令信息和来自输入子系统、外部信号系统的现场设备状态、列车信息等，据此进行联锁运算，产生相应的输出控制，通过输出子系统及相关的外部信号系统对现场设备进行控制。

（3）输入输出层。由输入子系统和输出子系统组成。输入输出子系统通过安全数据通道与联锁逻辑子系统交换信息。输入子系统通过采集接口电路，采集现场设备的状态信息，发送给联锁逻辑子系统。输出子系统接收来自联锁逻辑子系统的输出控制信息，通过驱动接口电路，安全地控制现场信号设备。

上述联锁逻辑子系统、输入子系统和输出子系统为安全子系统，均按照 2 乘 2 取 2 硬件安全冗余结构进行设计。CBI 子系统的结构如图 6-3 所示。

4．ATP 子系统

MTC-Ⅰ型 CBTC 系统的 ATP 子系统包括车载 ATP 和地面 ZC 设备。

ZC 系统采用了与 TYJL-Ⅲ型 CBI 系统完全相同的 2 乘 2 取 2 安全计算机软、硬件平台，采用该平台的 CBI 系统已大量应用于全国多条线路，并已经获得独立第三方安全认证，其安全性和可靠性已得到了实践的检验。

ZC 系统主要由逻辑处理子系统、输入输出子系统、通信子系统、电源子系统、维护终端子系统组成，如图 6-4 所示。

车载 ATP 子系统按照安装端头不同，可以划分为近端（本端）和远端。近端和远端设备配置完全相同，核心控制部件独立，采用了与 CBI 系统相同设计理念的 2 乘 2 取 2 安全冗余方式，包括速度传感器、测速雷达、应答器收发单元（BTM）在内的外围传感器则采用了双端现场总线网络共享方式。车载 ATP 子系统的结构如图 6-5 所示。

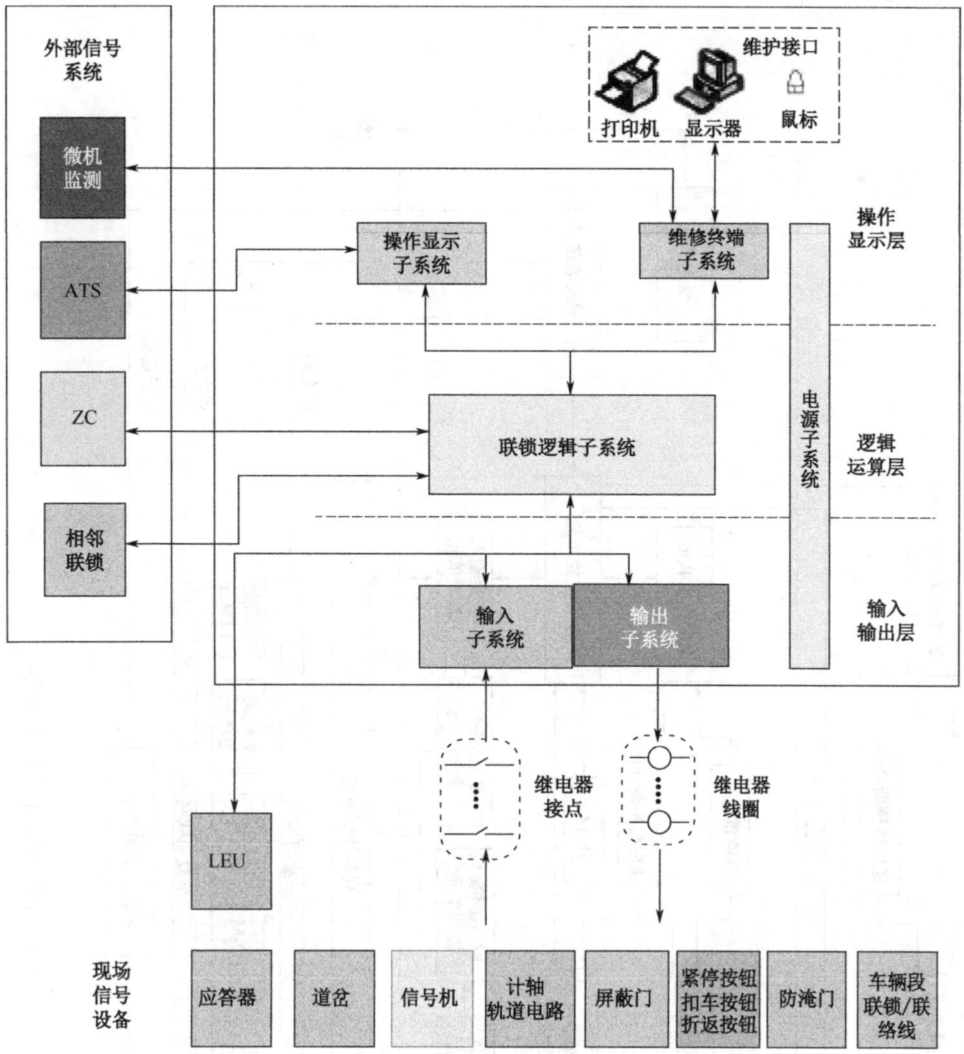

图 6-3　CBI 子系统的结构

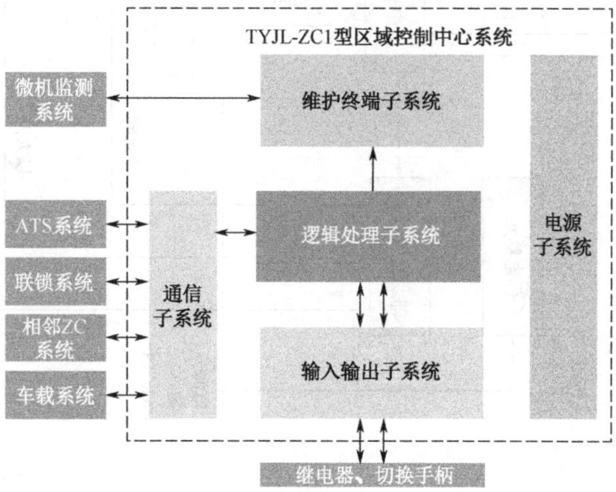

图 6-4　ZC 子系统的结构

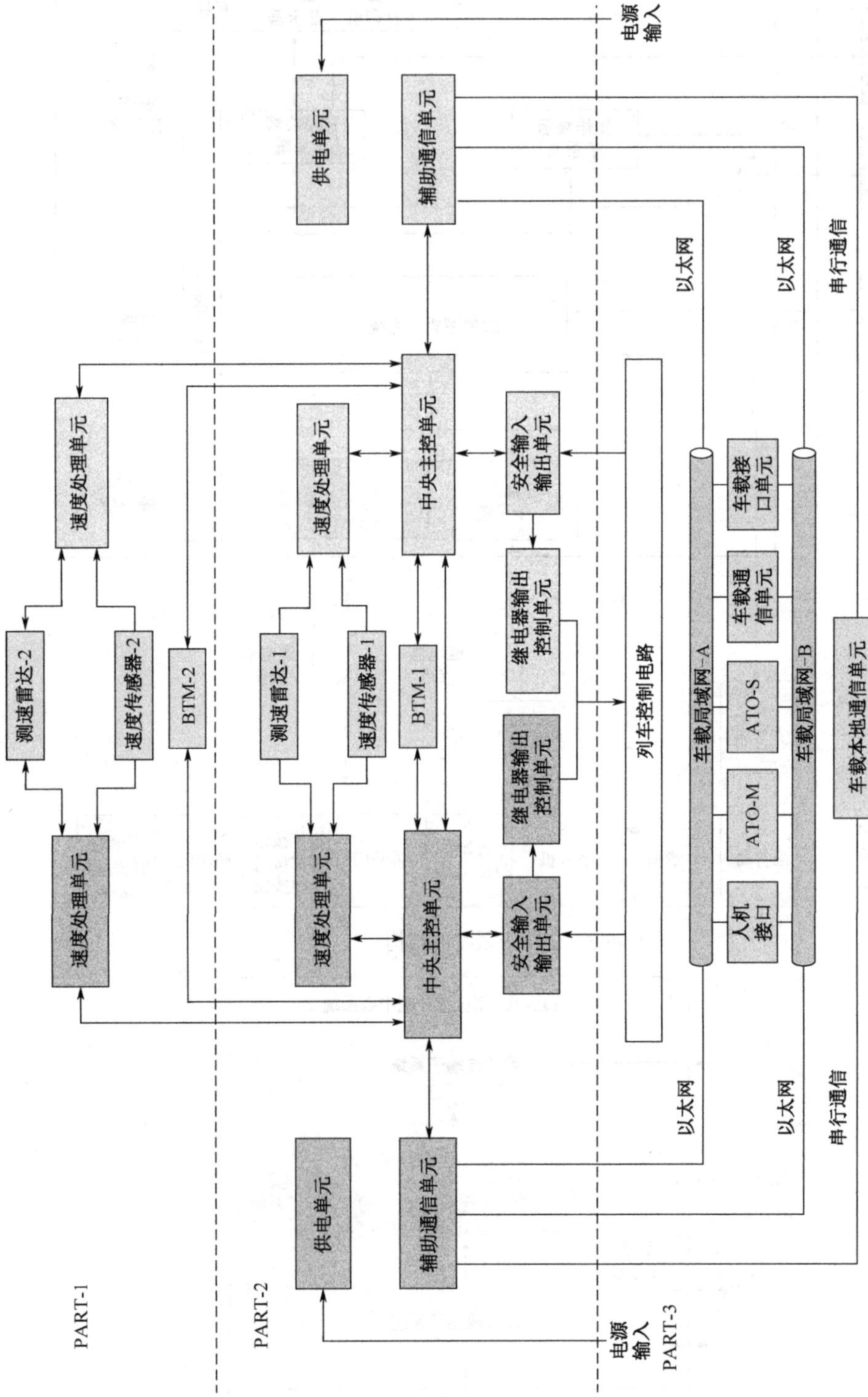

图 6-5　车载 ATP 子系统的结构

ATP 系统主系和从系组成 2 乘 2 结构，有各自独立的电源输入、传感器输入和列车状态采集输入。主系和从系的继电器输出控制单元也是独立的，与列车控制电路的接口采用并联的方式，保证主与从任意一系正常工作的情况下控制命令都可以得到执行。传感器部分为主系与从系共同使用，由主与从双系冗余供电，传感器部分提供给主系与从系的数据为单独通道，避免共模失效。

5．ATO 子系统

MTC-Ⅰ型 CBTC 系统的 ATO 子系统按照业内首创的单端双机热备配置，系统采用 CPCI 通用工业计算机硬件平台和定制化的实时 Linux 操作系统。硬件主要由 CPU 板、IO 板、以太网通信板、电源板及专用车载交换机构成。

ATO 子系统由主系（ATO-M）、从系（ATO-S）组成双机热备冗余架构。其中主系和从系组成热备结构，有各自独立的电源输入、传感器输入和列车状态采集输入。主系和从系的继电器输出控制单元也是独立的，与列车控制电路的接口采用并联的方式，保证主系与从系任意一台正常工作的情况下控制命令都可以得到执行。

6．DCS

MTC-Ⅰ型 CBTC 系统的 DCS 由轨旁骨干网络和车—地无线通信网络构成，如图 6-6 所示。

DCS 有线通信网络采用基于 SDH 的多业务传输平台（MSTP）技术，SDH 节点通过冗余光纤环网连接形成环形拓扑结构。采用双机热备冗余配置的 SDH 节点设备根据系统性能要求安装在沿线的设备集中站、OCC 和车辆段等地点。

有线网承载若干个独立的以太专用局域网为 CBTC 各子系统提供独立通道，同时为用户数据传输提供可靠的带宽。各子网通过 SDH 设备提供的以太网专用局域网互连，采用 IEEE 802.3 以太网标准。

DCS 无线通信网络采用符合 IEEE 802.11g 协议标准的无线局域网（WLAN）技术实现车—地无线数据通信，该通道用来传输 CBTC 系统地面与列车之间的各种列控数据信息。车—地无线通信系统由通信接口服务器、车载无线单元（TRU）和 WLAN 无线通信网络组成。

TRU 与车载控制单元（VOBC）连接，通过 WLAN 无线通信网络与通信接口服务器实现数据连接，建立车载列控设备和地面列控设备的无线传输通道。

接口服务器分别与 ZC、ATS 中心服务器和 WLAN 无线通信网络连接，将通过 TRU 转发的 VOBC 数据报文转发给相应的 ZC 和 ATS 中心服务器，同时把来自于 ZC 和 ATS 中心服务器的数据报文转发给相应的 TRU 设备，再至 VOBC。

7．CSM 子系统

MTC-Ⅰ型 CBTC 系统采用的 CSM-YH 计算机监测系统是一个综合性的信号系统维护监测平台，除了实时在线监测常规的车辆段和设备集中站的外电网、电源屏、转辙机、信号机等设备的模拟量、开关量、状态、报警等信息外，同时还将全线计算机联锁、ATS、ZC、DCS、智能电源屏、信号机灯丝断丝报警、计轴设备等的维护信息纳入其中，从而建立一个综合维护监测平台，实现对信号系统各设备的集中维护、监测和管理。

CSM 子系统由车站设备、控制中心设备和信号分部技术室设备构成。控制中心设置应用服务器、数据服务器、监测终端和维护终端；车辆段和设备集中站车站设备有信息采集机柜、综合采集机、开关量采集机、道岔采集机、电流采集单元、道岔表示采集盒等和监测站机、监测终端、电源设备、网络设备等；在车辆段信号分部技术室设置监测终端，利用通信专业提供的以太网组网，如图 6-7 所示。

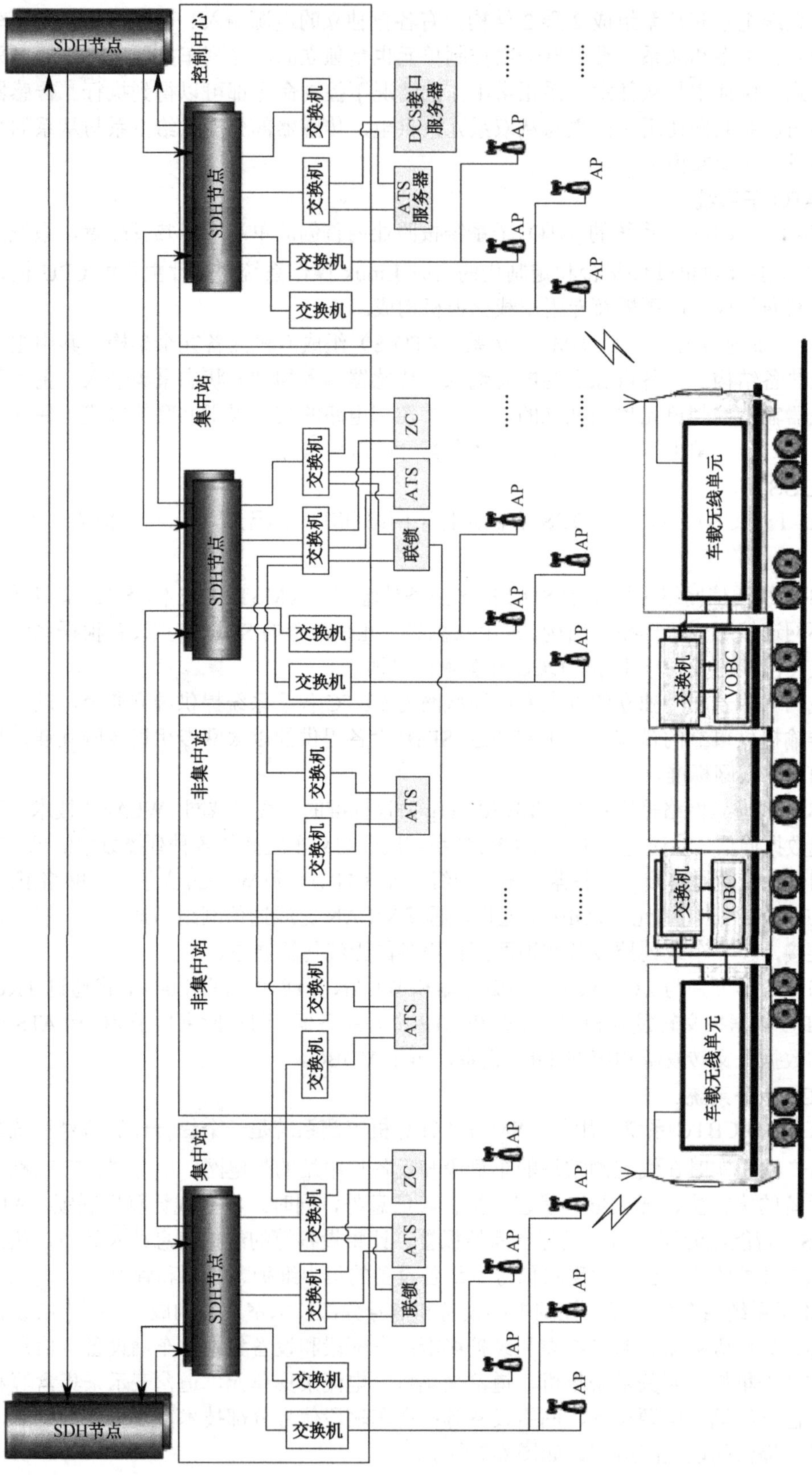
SDH节点
控制中心
交换机
DCS接口服务器
ATS服务器
AP
集中站
ZC
ATS
联锁
非集中站
车载无线单元
VOBC

图 6-6　DCS 的结构

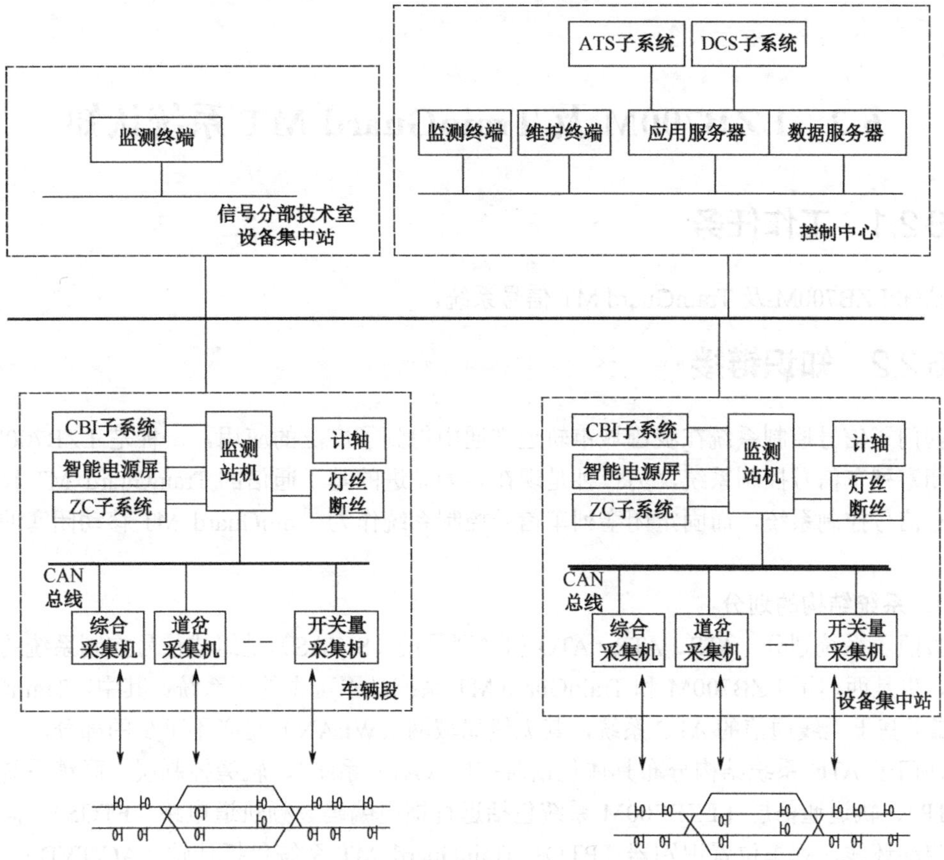

图 6-7　CSM 子系统的结构

8．MTC-Ⅰ型 CBTC 信号系统的技术特征

（1）利用已有 CBI、ATS、微机监测等成熟可靠技术资源。

（2）采用统一的安全计算机平台，系统安全有保障。轨旁 ZC 和联锁系统采用了统一的安全计算机平台。与运行安全相关的逻辑运算全部由 2 乘 2 取 2 冗余配置的安全计算机完成。

（3）系统提供了包括连续 ATP/ATO 级、点式 ATP/ATO 级、联锁级在内的不同运行等级以及多样化的驾驶模式，支持不同类型列车的混跑运行。

（4）系统采用了模块化设计，不仅功能可以依据工程需求配置，而且可满足线路延伸、新增列车等不同类型的系统扩容需求。

6.1.3　相关规范、规程与标准

行业标准 CJ/T 407—2012《城市轨道交通基于通信的列车自动控制系统技术要求》相关条文。

6.2 LZB700M 及 TrainGuard MT 系统认知

6.2.1 工作任务

认知 LZB700M 及 TrainGuard MT 信号系统。

6.2.2 知识链接

西门子信号控制系统在我国城市轨道交通中得到了广泛的应用，一种是 LZB700M 准移动闭塞列车信号控制系统，另一种是现在较为先进的基于通信的 TrainGuard MT 移动闭塞列车信号控制系统，而固定闭塞列车信号控制系统作为 TrainGuard MT 移动闭塞的后备系统。

1. 系统结构的划分

按照子系统划分，ATS、ATP、ATO 和联锁系统（SICAS）是组成信号控制系统的基本要素，也是西门子 LZB700M 和 TrainGuard MT 系统必不可少的子系统。其中，TrainGuard MT 属于基于无线通信的 ATC 系统，其无线局域网（WLAN）是必不可少的部分。

西门子 ATC 系统结构分布具体包括监控层（ATS 系统）、轨旁控制层（联锁系统和轨旁 ATP）、轨道通信层［LZB700M 系统包括远程馈电编码音频轨道电路（FTGS）、同步环线、启动环线、列车位置识别器（PTI）；TrainGuard MT 系统包括计轴（AC/TVD）、应答器、无线系统］和车载应用层（ATP 和 ATO）。LZB700M 和 TrainGuard MT 系统的结构分别如图 6-8 和图 6-9 所示。

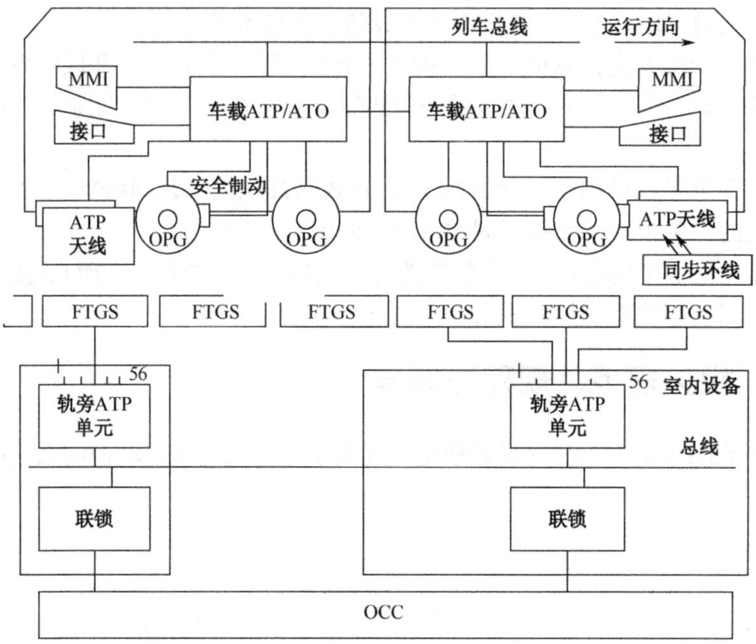

图 6-8　LZB700M 型信号系统的结构

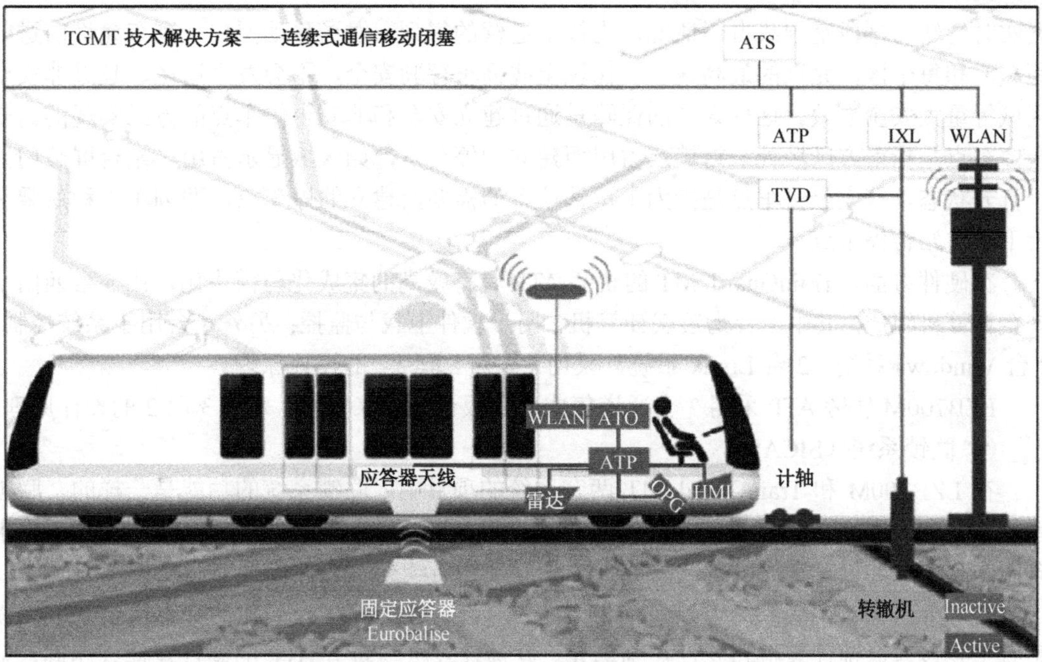

图 6-9　TrainGuard MT 型信号系统的结构

2．LZB700M 和 TrainGuard MT 系统各控制层系统的功能

（1）监控层。

在 LZB700M 和 TrainGuard MT 系统的项目中，ATS 子系统的组成和功能均基本相同。ATS 一般包含位于 OCC 的中央级 OC 501 集中监控系统和位于站级的 OC 101 本地监控系统。一般情况下，使用 OC 501 实现在 OCC 进行运营监控管理，使用 OC 101 实现在车站或作为一种后备模式进行运营监控管理。

① OC 501。

OC 501 的基本思路是把操作监控功能划分为功能模块。不同的功能模块在不同的计算机或系统部件上运行。OC 501 基本由下列计算机设备组成：人机界面 HMI、通信服务器、系统管理服务器、时刻表编辑服务器、用于和站级及其他系统连接的处理器、打印机。OC 501 可实现的基本功能有线路运营状况显示和人工命令操作功能（HMI）、进路自动排列功能（ARS）、时刻表建立和编辑功能（TTS）、时刻表比较功能（TTC）、自动列车调整功能（ATR）、列车运行图显示功能（TGI）、记录操作和数据功能。

② OC 101。

OC 101 包含安装在运营控制中心的操作站（CLOW）、安装在站级的操作站（LOW）、用于和中央及其他设备连接的处理器。

OC 101 的用户界面与 OC 501 的用户界面基本相同。一个 OC 101 操作站的基本配置包括一台计算机、一个彩色显示器、一个键盘和一个鼠标。OC 101 可实现的基本功能有线路运营状况显示和人工命令操作功能（HMI）、进路自动排列功能、记录操作和数据功能。

（2）轨旁控制层。

① 轨旁 ATP。

在 LZB700M 和 TrainGuard MT 系统的项目中，轨旁 ATP 系统的功能是一样的，即根据实时的轨道区段空闲或占用情况，为线上运营的每列车发送移动授权（列车允许前进的距离）和每个区段允许的最高速度，保证全线列车行驶安全，不会发生追尾、越过非安全区域等重大安全事故。这种安全的保障是通过建立安全和非安全停车点的方式实现的。安全停车点是指前方区域处于封锁或占用而建立的停车点，如区域显示占用、站台屏蔽门处于打开状态。非安全停车点是指为了运营停车的需要而建立的停车点，即列车停稳后乘客上下车的站台停车点。

在硬件方面，TrainGuard MT 的轨旁 ATP 具有较高的集成化与模块化，由 5 台西门子安全计算机组成，其中 1 台为装载计算机，用于软件上载与监控；另外 4 台用于系统控制，2 台 Windows 系统、2 台 Linux 系统，采用“2 乘 2 取 2”的设计原理。

LZB700M 轨旁 ATP 采用 3 个通道集成电路板计算机来实现，采用 3 取 2 的设计原理。

② 联锁系统（SICAS）。

在 LZB700M 和 TrainGuard MT 两套系统的项目中，联锁系统的功能是一样的。联锁系统有 3 个最基本的功能：阻止敌对进路的排列，避免列车冲撞运行；侧向防护以阻止来自侧向列车的冲撞；通过固定闭塞原则，为联锁级后续列车运行提供信号机防护。

在硬件方面，两套系统可以使用相同的具有较高集成化与模块化的计算机控制，联锁系统主要包含联锁计算机和元件控制单元。联锁计算机与轨旁 ATP 的硬件及原理相同，采用“2 乘 2 取 2”的设计原理；元件控制单元（ECC）采用 3 个通道集成电路板、计算机 3 取 2 的设计原理。其中元件控制单元直接与所有的外围设备相连接，如信号机、道岔等。

（3）轨道通信层。

① LZB700M 系统。

在 LZB700M 系统的项目中，轨道通信是通过西门子远程馈电编码音频轨道电路（FTGS）、同步环线、启动环线、列车位置识别器（PTI）来实现的。

在 LZB700M 系统中，通过 FTGS 把全线分割成若干个轨道电路区段，列车在轨道上的出清或占用通过这种轨道电路检测，发送给轨旁控制单元，最终在运营控制中心和站级工作站显示。轨道出清和占用的最小显示单位为一个轨道电路区段，而不用考虑其长度是多少。相邻轨道电路的分割是通过西门子专利技术 S 棒来实现的。当列车通过 S 棒时，列车通过车载 ATP 天线收到一个新的轨道电路报文信息，列车会重新定位自身的位置，避免列车距离测量误差的累积。FTGS 的另外一个重要功能是作为报文信息的传输天线，为列车实时发送来自轨旁 ATP 和 ATS 的报文信息，报文信息包含给列车的移动授权、列车当前位置信息、车次和用于列车乘客信息系统（PIS）等所有地对车的信息，列车也是通过车载 ATP 天线接收这些信息的。当列车在正线上处于信号最低控制级别即 RM 模式时，在进路正常排列且有连续轨道电路报文发送的情况下，列车需要经过两次轨道电路报文的变化，才会升级为较高级别的模式，即 SM 模式，进而可以转换为 ATO 驾驶。轨道电路作为列车报文信息传输的载体，实现了准移动闭塞列车控制。当前一列车出清了后一列车所在轨道电路的下一段轨道电路，后一列车即可开始进入，两个信号机之间可以运行多辆列车，一般情况下，可以满足一段轨道电路上行驶一列车，车与车之间的最短距离为本轨道电路区段设定的安全停车点到本轨道电路末端 S 棒之间的距离。LZB700M 准移动闭塞示例如图 6-10 所示。

同步环线用于精确停车功能，特别是用于 ATO 控制列车的停车精度。同步环线一般只安装在站台、存车线、折返线等位置。根据不同项目，同步环线设计有不同数量的多个交叉点，即由多个 8 字形的连续长方形环组成，列车通过每个交叉点时会接收在交叉点上信号的变化，从而使列车不断更新自身的准确位置，有利于 ATO 精确控制列车停在设计的停车点上。

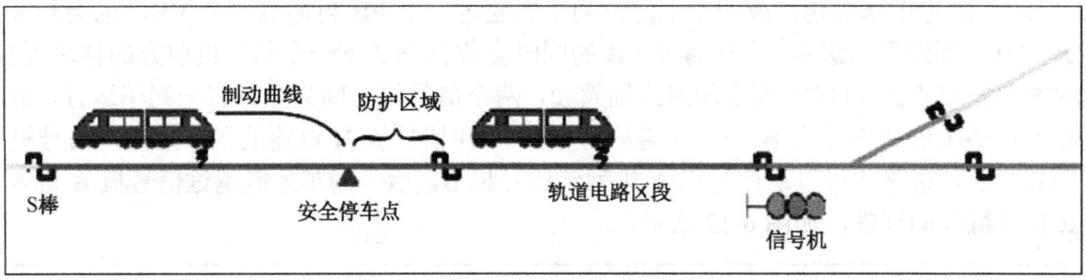

图 6-10　LZB700M 准移动闭塞列车控制

启动环线一般只安装在出车辆段线和入车辆段线的转换轨上，形状与同步环线基本相同，作用是当列车从车辆段开往正线过程中，经过启动环线时，使列车能够快速地从信号最低控制级别模式 RM 迅速升级为较高级别模式 SM，进而能够转换为 ATO 驾驶。

PTI 实现了从车到地的通信。本次列车的基本信息，如列车司机室编号、司机号等，会通过车载 PTI 天线发送给轨旁 PTI 天线，最终发送给 ATS。屏蔽门的开关命令也会通过车载 PTI 天线发送给轨旁 PTI 天线，最终发送给屏蔽门控制单元。轨旁 PTI 天线一般会安装在每个站的站台列车运营正方向的头部。

② TrainGuard MT 系统。

在 TrainGuard MT 系统的项目中，轨道通信是通过计轴、应答器、无线系统来实现的。

在 TrainGuard MT 系统中，通过西门子计轴器把全线分割成若干个“计轴区段”，列车在轨道上的出清或占用通过这种计轴器检测，发送给轨旁，最终在运营控制中心和操作站显示。相邻计轴区段的分割是通过它们共用的计轴器磁头来实现的。对于某一个计轴区段，当一个车轮通过一个计轴器磁头时，计轴器就会产生一个计数。当进入区段入口磁头的计数大于出口磁头的计数时，这个计轴区段就会显示占用；当进入区段入口磁头的计数等于出口磁头的计数时，这个计轴区段就会显示出清。只有在列车的驾驶级别为联锁级（IXL）或点式（ITC）固定闭塞级别时，OCC 和操作站才会以计轴区段为最小单位对轨道进行出清与占用的显示。

对于列车处于基于通信的列车控制（CBTC/CTC）移动闭塞级别时，出清与占用显示的最小单位为系统内部设置的逻辑区段。逻辑区段就是把单个计轴区段划分成的多个区段。很显然，逻辑区段的显示能够更加精确地反映列车的位置，列车通过车载里程脉冲测速仪和测速雷达可以准确地计算出自身的具体位置范围，通过无线系统实时地发送给轨旁控制单元。同时，轨旁 ATP 通过列车的位置报告，实时为列车计算移动授权并通过无线系统发送给列车，实现了在同一个计轴区段可以安全运行至少两列列车的可能，如图 6-11 所示。

在 TrainGuard MT 系统中，列车的定位是靠安装在轨道上的应答器来实现的，也就是无论在哪个控制级别下，当列车通过一个轨旁应答器时，列车车载应答器天线会收到轨旁应答器的信息，列车会重新定位自身的准确位置，然后列车以此为参考重新计算行驶的距离和列车自身在线路上的位置。轨旁应答器包括固定数据应答器（FB）、填充数据应答器（IB）、可变数据应答器（VB）。FB 只用于列车定位；IB 主要用于提前告知列车与其关联的 VB 将要发送给列车的信号机灯位信息，一般 IB 是与安装在区间的 VB 相关联的；VB 主要用于点式（ITC）固定闭塞级别下给列车发送移动授权。对于一个未定位的列车，当列车通过两个 FB 时，列车就会定位，即列车知道自身的运行方向和在线路上的具体位置。定位的列车再通过一个与信号机关联的 VB（信号机开放绿灯或黄灯），列车至少会升级到点式（ITC）固定闭塞级别；或一个未定位列车先通过一个 FB 再通过一个 VB，也会升级到点式（ITC）固定闭塞级别。列车通过 VB 的同时会收到到达下一个信号机前方的移动授权，此时列车是以点式（ITC）固定闭塞级别驾驶，两个信号机之间只允许有一列车运行，前一列车车尾必须驶离信号机 B 并且出清从信号机 A 往信号机 B 进路的保护区段，信号机 A 才可以开放，进路才可以从信号机 A 排列到信号机 B，后一列车才能越过信号机 A 进入 A—B 信号机区间行驶，如图 6-12 所示。

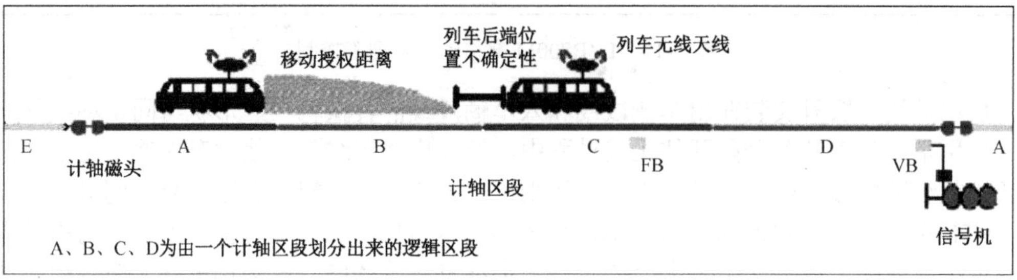

图 6-11　TrainGuard MT 移动闭塞列车控制

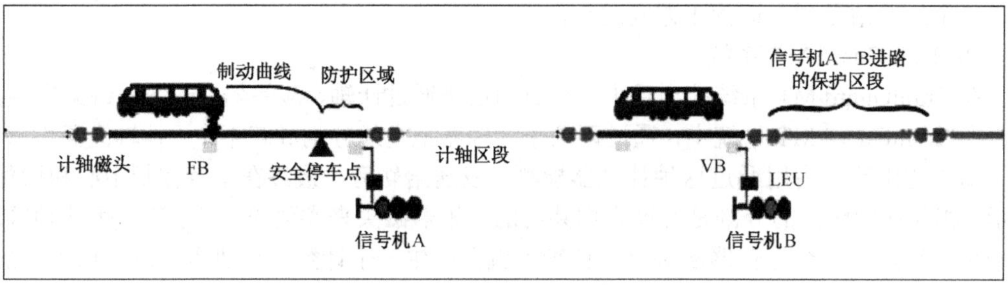

图 6-12　TrainGuard MT 固定闭塞列车控制

如果在列车定位后，列车达到并通过了进入移动闭塞级别的筛选，列车会在通过 VB 或通过筛选位置的计轴后，升级为基于通信的列车控制（CBTC 或 CTC）的移动闭塞级别。

无线系统的作用是用于连续通信，在基于通信的列车控制（CBTC 或 CTC）的移动闭塞级别下，实现列车到地、地到列车的双向通信。把列车的位置报告、运行状态、列车信息、屏蔽门命令信息等通过无线局域网发送给轨旁控制单元，轨旁 ATP 再把给列车的移动授权等信息通过无线局域网发送给列车，同时来自 ATS 的列车运营信息也通过无线局域网发送给列车。

（4）车载应用层。

① 车载 ATP。

在西门子上述两个 ATC 系统的项目中，车载 ATP 系统的功能基本是一样的，都是为确保本列列车的行驶安全而设计的。车载 ATP 的基本功能包括：根据条件使驾驶模式升级与转换；列车行驶报文信息的接收与处理；列车行驶距离与速度的测量计算；列车位置定位；列车后溜监督；列车行驶速度监督；车门和屏蔽门开关状态监督；在违反安全驾驶规则时触发紧急制动。

在硬件方面，两套系统的车载 ATP 均采用 2 取 2 设计原则，只是 TrainGuard MT 系统车载 ATP 的模块集成化更高。

② ATO。

在西门子这两个 ATC 系统的项目中，车载 ATO 系统的功能是一样的，都是在车载 ATP 的保护下，自动驾驶列车离站、运行、制动停车，并使列车停在预定的停车范围内。ATO 的基本功能包括：自动驾驶列车运行；根据站站运行时间控制列车巡航/惰行，从而实现能量优化；车门和屏蔽门控制；在终点站控制列车高效折返。

在硬件方面，两套系统的车载 ATO 均采用 1 取 1 设计原则，只是 TrainGuard MT 系统车载 ATO 的模块集成化更高。对于列车在站台上的精确停车，LZB700M 系统是依靠站台上的同步环线实现的，而 TrainGuard MT 系统是依靠站台上的应答器实现的。

6.2.3 相关规范、规程与标准

IEEE 1474.1—2004《基于通信的列车控制系统（CBTC）性能及功能要求》相关条文。

6.3 FZL 系列城市轨道交通 ATC 系统认知

6.3.1 工作任务

认知 FZL 系列城市轨道交通 ATC 系统。

6.3.2 知识链接

根据不同类型的城市轨道交通建设的需求，我国有关研究单位研发了 3 种不同制式和技术水平的 ATC 系统，分别为：① FZL100 型基于数字轨道电路的准移动闭塞 ATC 系统；② FZL200 型基于交叉感应环线的移动闭塞 ATC 系统；③ FZL300 型基于无线通信的移动闭塞 ATC 系统（CBTC）。

1. FZL100 型准移动闭塞 ATC 系统

FZL100 型准移动闭塞系统包括 ATS 子系统、区域控制中心、数字轨道电路、车载设备等，如图 6-13 所示。

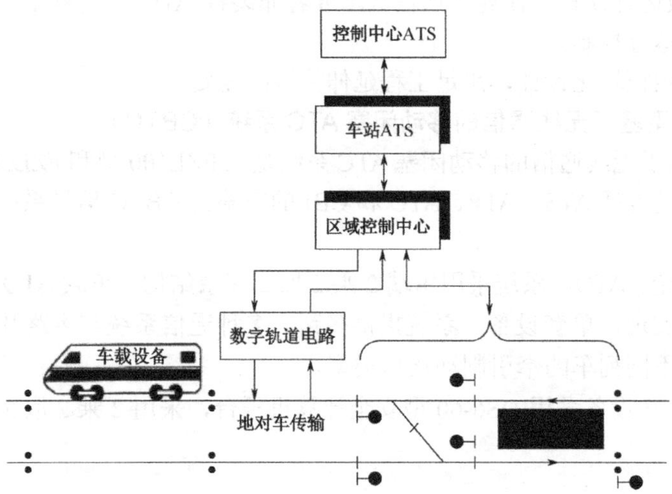

图 6-13　FZL100 准移动闭塞系统的基本结构

ATS 子系统是一个分布式的计算机监控系统，负责全线列车运行的集中监控与管理。

区域控制中心是基于成熟的 DS6-11 升级型 CBI 系统开发的，运用网络通信技术构成多机分布式控制系统，实现正线基本的联锁功能；并根据一次制动模式控制原理，通过数字轨道电路，完成地对车的信息传输，实现对列车的超速防护控制。

数字轨道电路起信息传递的作用，把区域控制中心发出的命令传递给列车，同时将列车的位置信息返回给区域控制中心。

车载设备根据接收到的地面信息和列车信息实现列车超速防护、无意识移动防护、车门防护、实时数据记录，以及临时限速和紧急关闭等功能。

车载设备提供了 3 种驾驶模式：ATP 系统模式、人工驾驶模式（监控模式）、ATP 限速驾驶模式（限速模式）和切除模式。由于车载设备能够连续地收到地面 ATP 的信息，因此系统能够实现准移动闭塞方式，即一次制动的固定闭塞。

2．FZL200 型基于交叉感应环线的移动闭塞 ATC 系统

FZL200 型 ATC 系统主要应用于国内中低速磁悬浮轨道交通领域，运行间隔可达 90s，能实现列车移动追踪的运营要求。

（1）系统结构。

FZL200 型 ATC 系统由 ATS、区域控制器（ZC）、车地通信 TWC、车载 ATP/ATO 设备构成，其中区域控制器（ZC）和联锁设备单独设置，如图 6-14 所示。

① ATS 采用 2 乘 2 冗余结构。实现列车进路、轨道、信号机及道岔控制功能。

② 车载 ATP 采用 2 乘 2 冗余结构。车载 ATP/ATO 可实现车地双向通信、列车位置校正、环线断线检测等功能。

③ 区域控制器（ZC）可提供全面的列车防护、自动驾驶等功能。

④ 车地通信 TWC 可实现列车位置检测。

（2）系统特点。

① 利用环线进行双向通信。满足磁浮及较恶劣无线电磁环境下可靠地双向通信的要求，抗干扰能力强，同时环线和交叉点可以实现位置校正。

② 根据磁悬浮列车的特点，利用电磁脉冲传感器实现测速，利用特殊应用的计轴系统进行轨道占用/空闲检测，结合磁浮道岔的特殊性进行信号系统的“磁浮设计”。

③ 具备降级运行模式。在连续通信故障或者非装备 ATC 设备列车运行时，利用计轴实现联锁级列车运行控制。

（4）系统采用模块化设计，满足工程延伸扩展的需要。

3．FZL300 型基于无线通信的移动闭塞 ATC 系统（CBTC）

FZL300 型基于无线通信的移动闭塞 ATC 系统是在 FZL100 型和 FZL200 型系统的基础上集成开发的，是包括 ATS、ATP、ATO 和 CBI 的完整的 CBTC 信号系统，系统的结构如图 6-15 所示。

（1）车载 ATP、ATO。系统采用单端 2 乘 2 取 2 冗余结构。车载 ATO 设备采用嵌入式控制计算机系统实现，单套设备。系统提供多路、多种通信系统和多路开关量输入、输出接口，能够适应不同列车的牵引制动接口类型。

（2）CBI。CBI 设备采用 DS6-60 型安全计算机平台，采用 2 乘 2 取 2 冗余结构，系统成熟稳定。

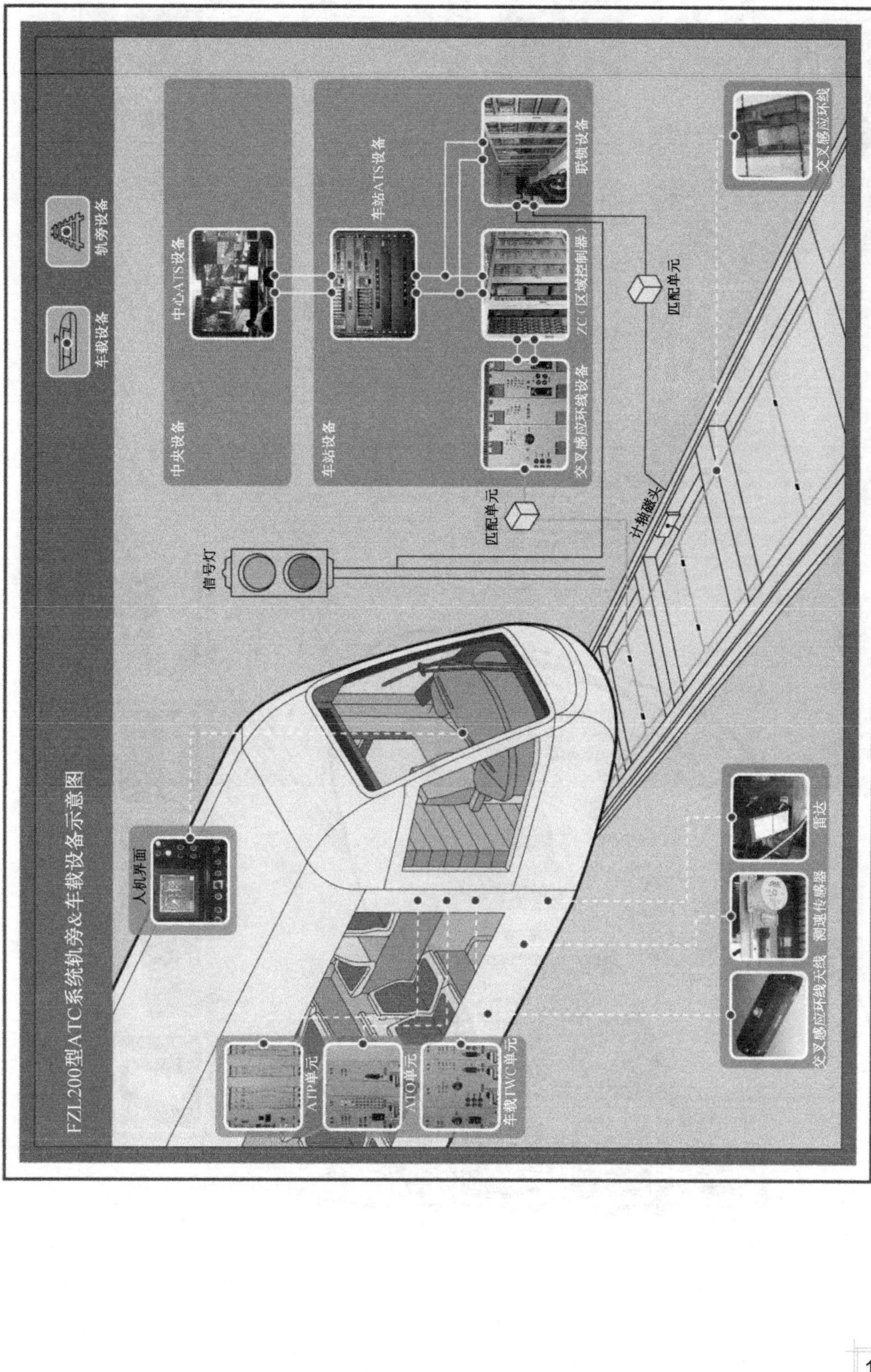

图 6-14　FZL200 型 ATC 系统结构

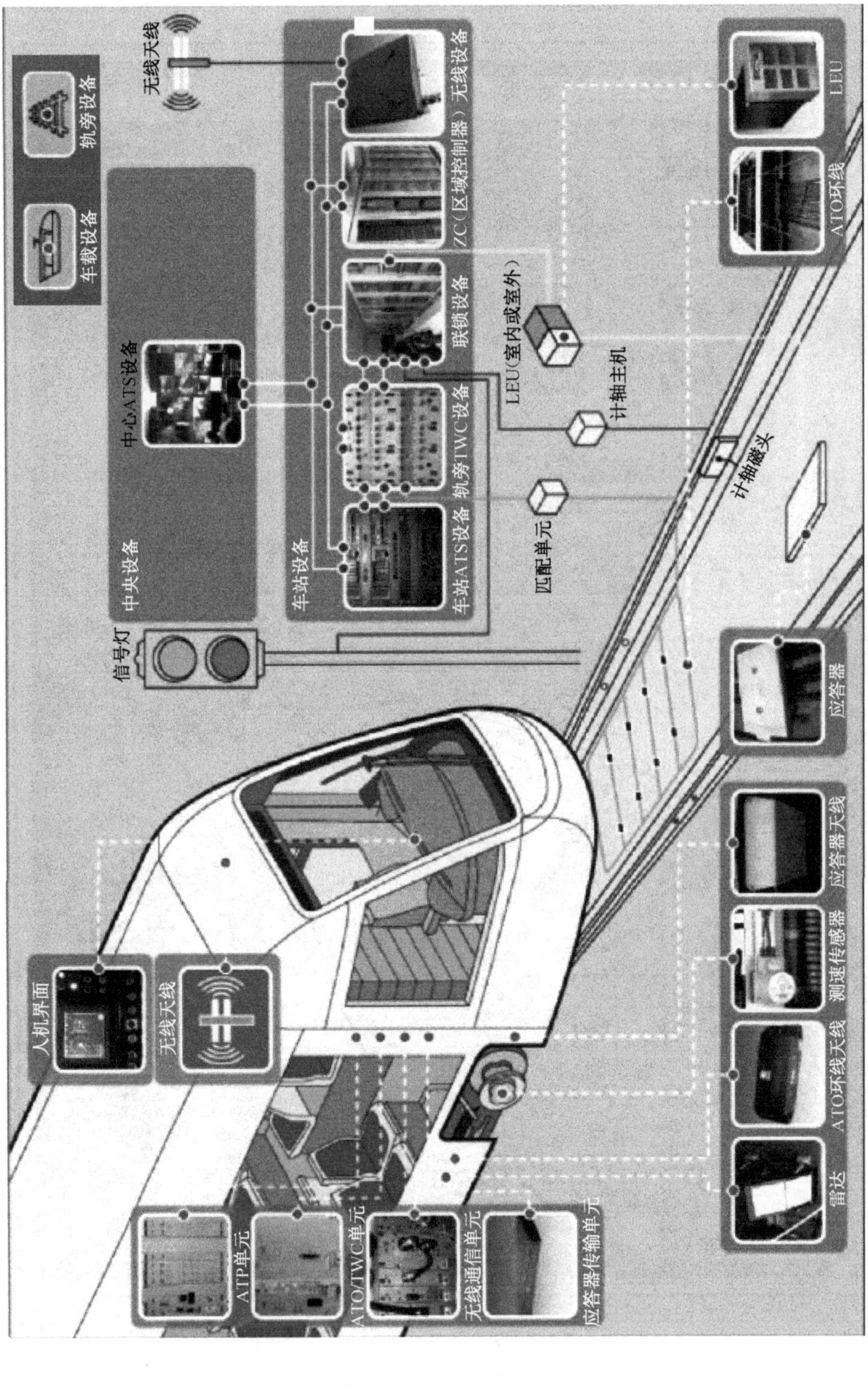

图 6-15　FZL300 型 CBTC 系统的结构

（3）ATS。ATS 设备是一个分布式的计算机监控系统，设置于控制中心、正线车站、车辆段和停车场等地点，配置灵活。系统采用热备冗余的结构，具有符合用户习惯的操作方式。

（4）地面 ATP（ZC）。ZC 设备采用与 CBI 同平台的 DS6-60 安全计算机平台，系统采用 2 乘 2 取 2 冗余结构，安全完善度等级达到 SIL4 级。

（5）数据通信系统（DCS）。DCS 采用满足开放标准协议和接口规范（COTS）的设备。有线网络设备采用 SDH（同步数据系列）骨干传输设备和高端交换设备。无线网络设备由接入交换机、接入单元、天线等组成。可实现非安全与安全网之间的可靠隔离，双网冗余覆盖。设备具有单点故障不影响传输，智能漫游与切换，故障自愈等特点，具有较高的可用性。

（6）维护系统。维护系统用于 CBTC 系统设备状态的监测和系统维护，主要负责 CBTC 各子系统设备状态、通信接口状态、操作日志、故障报警、交互数据等信息的采集、处理以及本地显示和远程集中监视，提供设备亚健康预警，帮助维修人员对故障设备进行分析、定位，指导维修作业管理。

（7）交叉感应环线（TWC）。TWC 设备采用 2 取 2 结构，通过在指定地点部署，可实现车—地的双向通信，用于实现屏蔽门联动、闯红灯防护、基本运行图调整以及列车精确校位停车等功能。上述功能可以使列车在降级为点式模式时满足运营的基本需求，提高系统的可用性。TWC 设备可根据用户的需要灵活配置。

6.3.3　相关规范、规程与标准

国家标准 GB 50157—2013《地铁设计规范》相关条文。

6.4　LCF-300 型 CBTC 系统认知

6.4.1　工作任务

认知 LCF-300 型 CBTC 系统。

6.4.2　知识链接

1．系统的结构

LCF-300 型 CBTC 系统由 ATS 子系统、ATP 子系统、ATO 子系统、CBI 子系统、DCS 五个部分组成。其中最核心的 ATP 系统采用了 CBTC，可以实现移动闭塞；同时为了提高信号系统的可靠性与可用性，将基于点式的 ATP 系统作为 CBTC 系统的后备模式。系统的结构如图 6-16 所示。

ATS 子系统负责列车运行的集中监控与管理，实现进路自动设置，按时刻表控制列车运行，与其他系统接口等。ATP 的主要功能是监督及控制列车安全运行，包括列车位置检测、列车间隔控制和超速防护、车门及屏蔽门的安全监控、站台紧急停车、列车非正常移动控制等。ATO 实现自动控制列车运行，根据 ATS 的指令实现列车的自动驾驶，能够自动完成对列车的起动、牵引、巡航、惰行和制动的控制。CBI 子系统实现信号机、道岔、轨道区段的正确联锁关系，控制进路安全，以及控制屏蔽门和紧急停车按钮。DCS 的主要作

用是在各个子系统之间传输 ATC 报文。

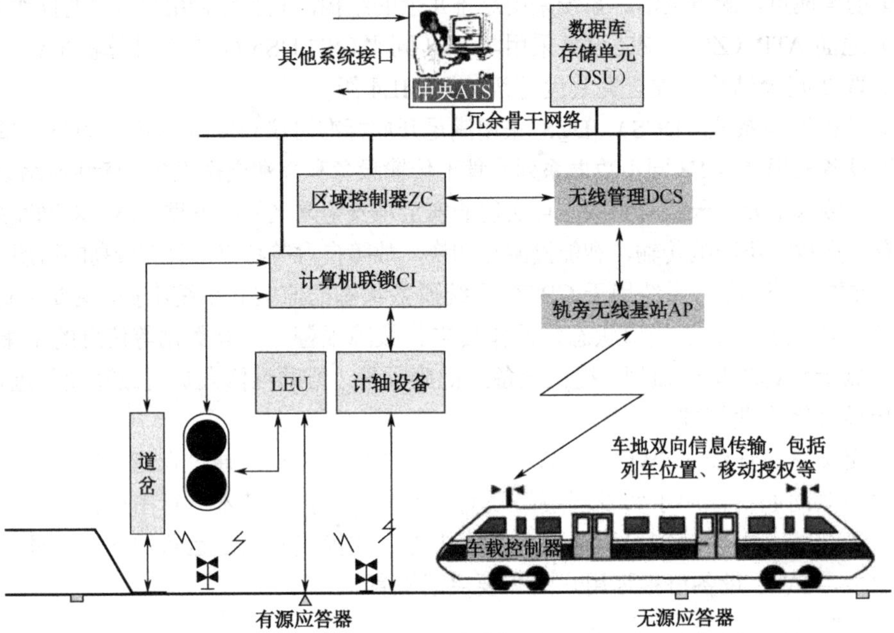

图 6-16　LCF-300 型 CBTC 系统的结构

2．系统的主要设备

（1）VOBC。

VOBC 是 CBTC 系统的关键设备。VOBC 子系统通过速度传感器和里程计实现自主定位，并用测速雷达和应答器对列车的位置和速度信息进行校正，通过无线通信（或 VB）获得列车的移动授权（MA），计算生成列车的控制速度曲线，并对列车的位置和速度进行防护。

（2）数据库存储单元（DSU）。

数据库存储单元（DSU）是 CBTC 系统中地面的关键设备，是存储全线唯一一份电子地图的设备，在实际的系统运行过程中，DSU 实时与 ZC 设备进行信息交互，有规律地、周期性地通过 DCS 进行数据库版本号比较。

（3）DCS。

DCS 的功能：① 车头车尾网络冗余备份；② 车头（车尾）应具备同时接收、发送自由波和波导管的无线信号；③ 从波导区段到自由波区段切换不影响车地通信（反之亦然）；④ 每列车的车头和车尾都安装了一套车载 DCS 设备，包括车载 RF 模块、车载 WGB 模块，且头尾贯通连接。同时接收、发送信息数据，实现车头车尾网络冗余备份。

（4）ZC。

ZC 从结构上划分为 ZC 子系统和 ZC 维护系统（ZCM）两部分，其中 ZC 子系统是 CBTC 系统中 ATP 系统的轨旁部分，主要负责根据通信列车所汇报的位置信息以及联锁所排列的进路和轨旁设备提供的轨道占用/空闲信息，为其控制范围内的通信列车计算生成移动授权，保证其控制区域内通信列车的安全运行，具备在各种列车控制等级和驾驶模式下进行列车管理的能力。

ZC 子系统作为涉及行车安全的设备，其能否安全可靠地运行将直接影响整个 CBTC 系统的安全运营和线路通行效率，因此必须符合故障-安全原则。

装备 CBTC 设备的列车（包括轨旁设备）可以以多种模式驾驶。驾驶模式与列车是在 CBTC 区域还是非 CBTC 区域行驶，以及车载或轨旁设备的操作状态有关。在 CBTC 系统中有 AM 模式、SM 模式、ATP 允许速度下的人工驾驶模式、无限制人工驾驶、自动折返驾驶模式。在 CBTC 区域，可以实现移动闭塞控制方式。

6.5　Ansaldo STS CBTC 系统认知

6.5.1　工作任务

认知 Ansaldo STS CBTC 系统。

6.5.2　知识链接

1. 系统的结构及功能

系统采用分布式结构，由 ATS 子系统、ZC、数据库存储单元、联锁控制器、工作站和 CC 子系统等组成，如图 6-17 所示。

（1）列车自动监控子系统 ATS。

ATS 子系统负责执行各种运营功能，如确认、跟踪和显示列车信息，提供人工和自动进路设置功能，以及调整列车的运行以保证运行时间。

（2）轨旁子系统。

轨旁子系统主要由位于线路上不同车站的一个或者多个 ZC 单元组成，是基于处理器的安全控制器。每个 ZC 通过 DCS 和 CC 连接。ZC 通过运用 CBTC 的移动闭塞概念，确保列车的安全运行。临时速度限制 TSR 储存在 ZC 中。

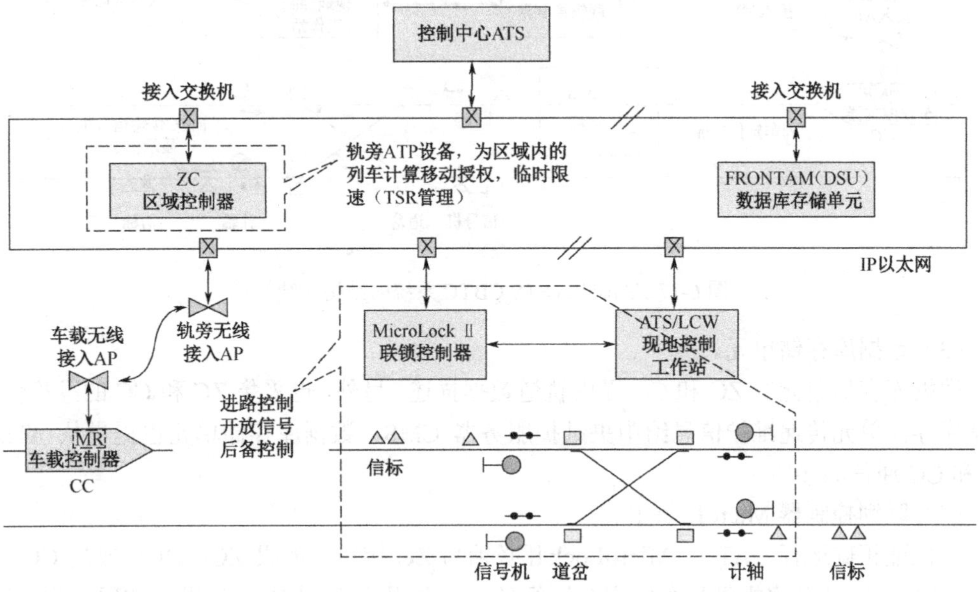

（a）

图 6-17　Ansaldo STS CBTC 系统的结构

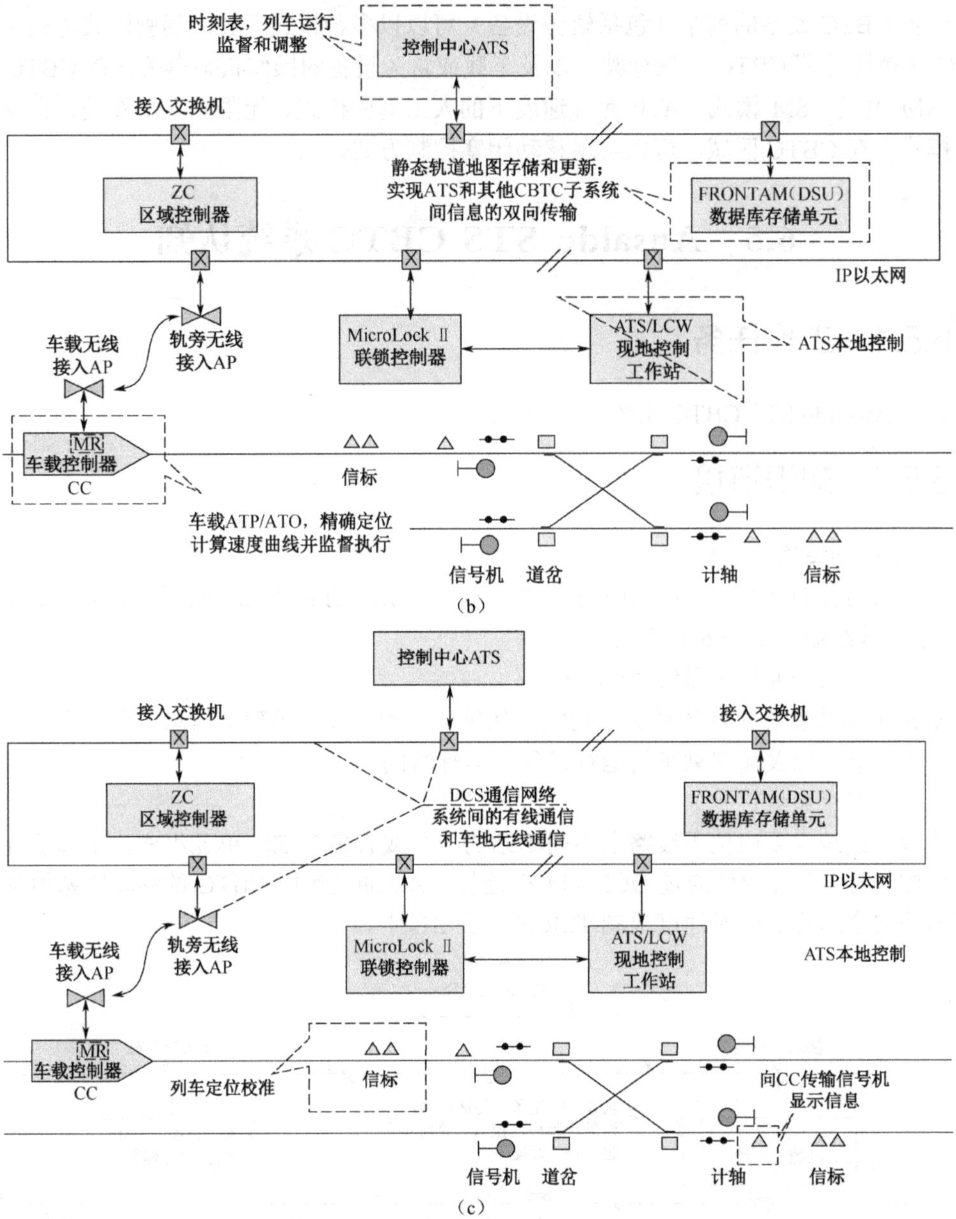

图 6-17 Ansaldo STS CBTC 系统的结构（续）

（3）数据库存储单元。

数据库存储单元给 ZC 和 CC 提供轨道数据描述。另外，也采集 ZC 和 CC 的维护信息。数据库存储单元传递维护信息给中央维护服务器 CMS。数据库存储单元也提供从 ATS 到 ZC 和 CC 通信的接口。

（4）联锁控制器 MicroLockⅡ。

为保证正确运行 CBTC，MicroLockⅡ必须与 ZC 接口。如果 ZC、DCS 或是 CC 出现故障，MicroLockⅡ将提供列车的安全运行条件，并用轨旁 LED 信号机来实现。列车以地面信号显示作为主体信号运行。另外，如果只有 DCS 出现故障，系统则提供超速防护功能并防止列车冒进信号。

（5）工作站。

工作站位于设备集中站的控制室，集成了 ATS 车站工作站和本地控制工作站的功能。该工作站通常用于监督列车运行，也可用于联锁的人工控制。

（6）CC。

CC 包括基于微处理器的控制器、相关速度测量及位置定位传感器。车载设备与列车的各子系统接口，并通过 DCS 与 ZC 接口。CC 负责列车定位、允许速度执行、移动授权，以及其他有关的 ATP 和 ATO 功能。CC 采用 3 取 2 表决方式。每端的 ATO 有一套冗余设备。如果一个 ATO 单元故障，同一端的另一个 ATO 单元将接替工作。切换是自动的，不需要人工干预。

（7）DCS。

DCS 在信号系统各设备之间提供双向、安全的数据交换。

2．系统的设备配置

（1）ATS 子系统。

ATS 子系统采用“集中后备”结构，其设备配置如图 6-18 所示。

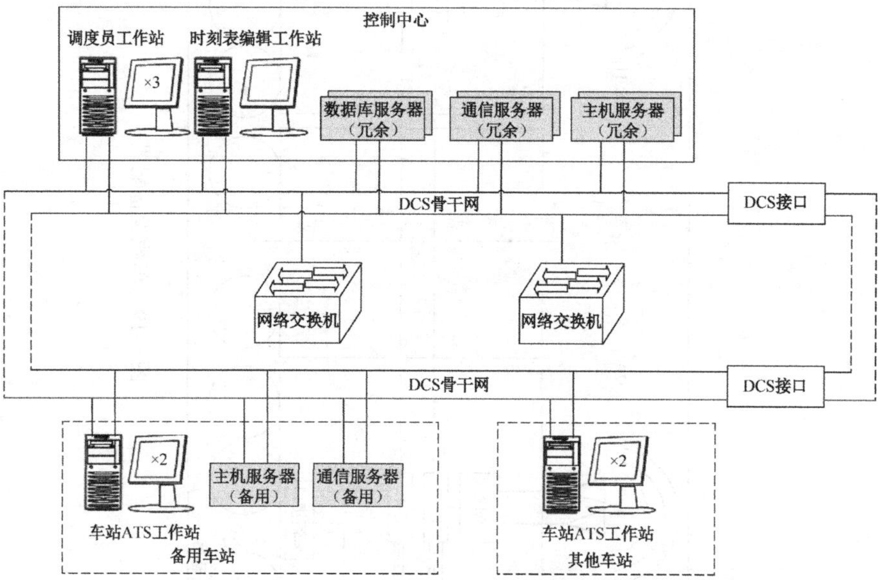

图 6-18　ATS 子系统的设备配置

① OCC 设备：主机服务器（主备双套）、通信服务器（主备双套）、数据库服务器（主备双套）、机架显示器及 KVM 切换器、RS-232 转 485/422 转换器及电源、ATS 调度（长）工作站、系统管理工作站、时刻表编辑工作站、大屏显示工作站。

② 培训中心设备：培训服务器、培训仿真工作站。

③ 车站级 ATS 设备：后备主机服务器（单套）、后备通信服务器（单套）、车站 ATS 工作站、车辆段工作站。

（2）ATP 子系统。

① 主要设备包括 3 取 2 冗余结构的轨旁分布式 ZC、CC（列车每端配置一套）、其他设备（轨旁信标；车载速度传感器；加速度计；TOD；信标读取器天线等）。

② 车载设备主要包括 CC、车载网络 ESE、速度传感器（测速发电机）、加速度计、应答读取器天线、TOD、MR 和天线，如图 6-19 所示。

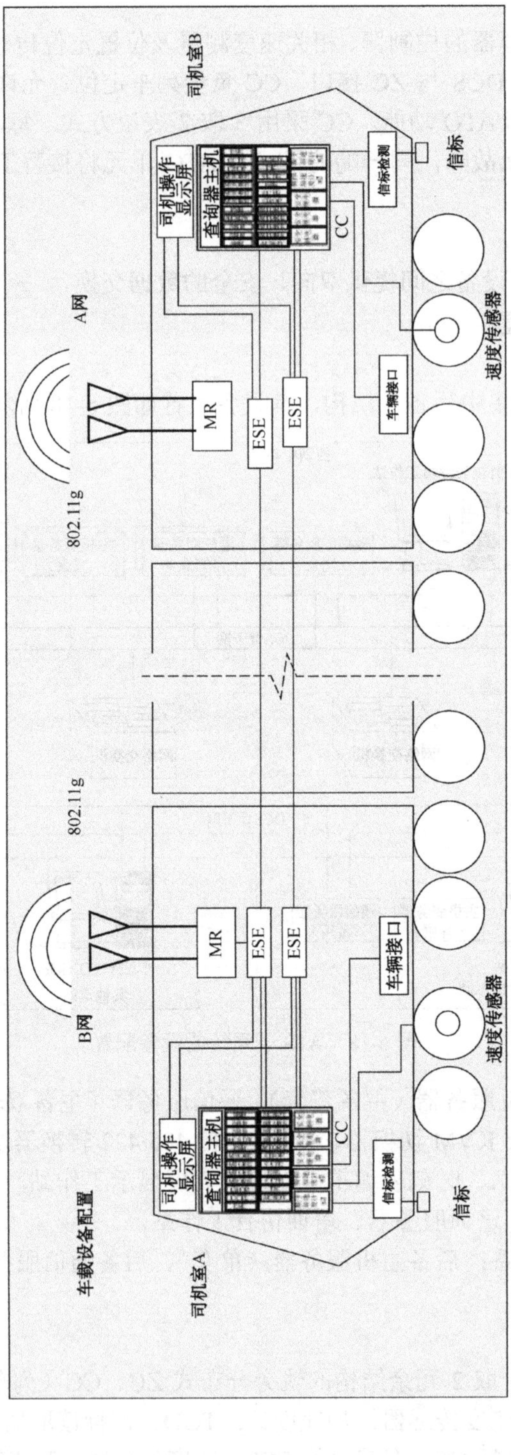

车载设备配置
司机室A
司机室B
B网
A网
802.11g
802.11g
MR
MR
ESE
ESE
ESE
ESE
司机操作显示屏
司机操作显示屏
查询器主机
查询器主机
CC
CC
信标检测
信标检测
信标
信标
车辆接口
车辆接口
速度传感器
速度传感器

图 6-19　车载设备配置

③ 司机操作台。

司机操作台及显示实物图如图6-20所示。

（a）司机操作台

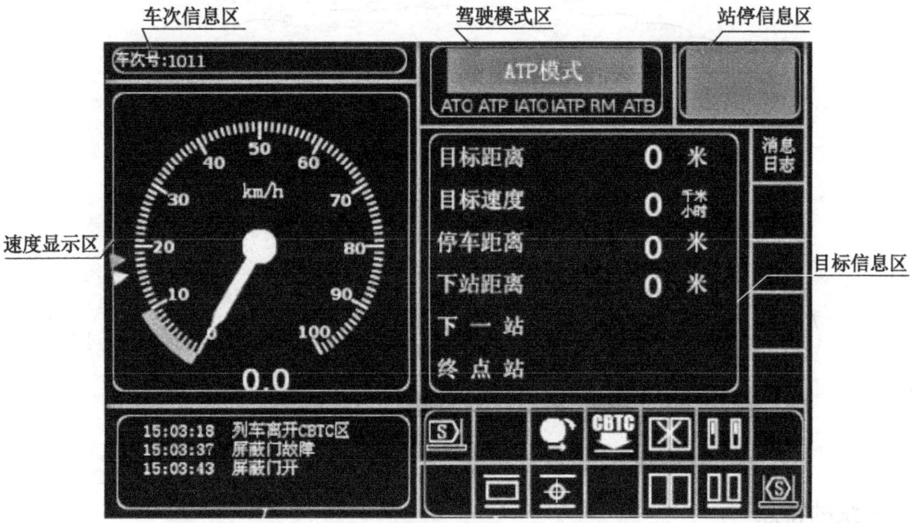

（b）司机操作台显示

图6-20　司机操作台及显示实物图

（3）ATO子系统。

ATO子系统由车载设备和轨旁设备组成。ATO子系统与ATP子系统共用车载硬件设备，并没有独立的设备。

ATO子系统的软件安装在与车载ATP子系统共用的车载计算机中，但使用独立的CPU。

（4）DCS。

DCS的结构如图6-21所示。它采用独立双网的架构，两张网络完全独立且配置相同；轨旁骨干网络使用RPR自愈环网，提高可用性；车地通信使用无线空间波，采用802.11g协议，调制解调方式使用OFDM；使用UDP/IP作为设备之间的通信协议；数据同时在双网中传输，保证了系统的可靠性和可用性，单网络故障时需切换时间。

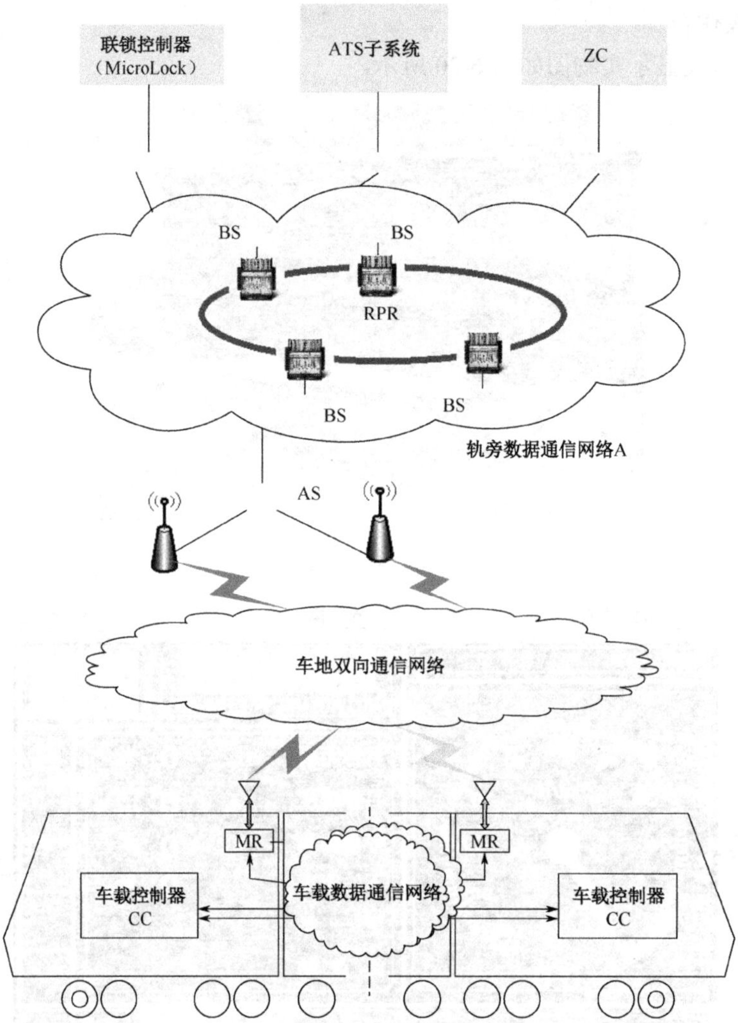

图 6-21 DCS 的结构

3. 系统的特点

（1）系统的运行方式。

① 双线双方向运行，正向具备全功能的 ATP 和 ATO 功能，反向具备 ATP 功能。

② 具备后备点式 iATP 模式。

③ 运营折返站具备无人自动折返模式。

（2）系统的控制级别。

系统具有 CBTC、点式 ATP 和联锁 3 个控制级别，如图 6-22 所示。

① CBTC——完整的系统操作和性能。要求所有列车控制子系统，包括轨旁、中央、车载和通信子系统都完备并工作；提供移动闭塞安全列车间隔和保护，全功能的车载 ATP/ATO。支持所定义的 ATC 驾驶模式 AM 模式和 ATP 监控下人工驾驶（ATPM）模式。

② 点式 ATP——降级的系统操作和性能。提供正方向的车载超速防护，信号灯冒进防护和 210s 的运行间隔。点式 ATP 要求车载 ATP（包括所有的传感器）都在工作，并且轨旁联锁控制系统（MicroLock 和计轴设备）和定位信标（包括动态和静态信标）也工作。

ZC、DCS（骨干网除外）和OCC不需要工作。点式ATP提供单一的操作模式。

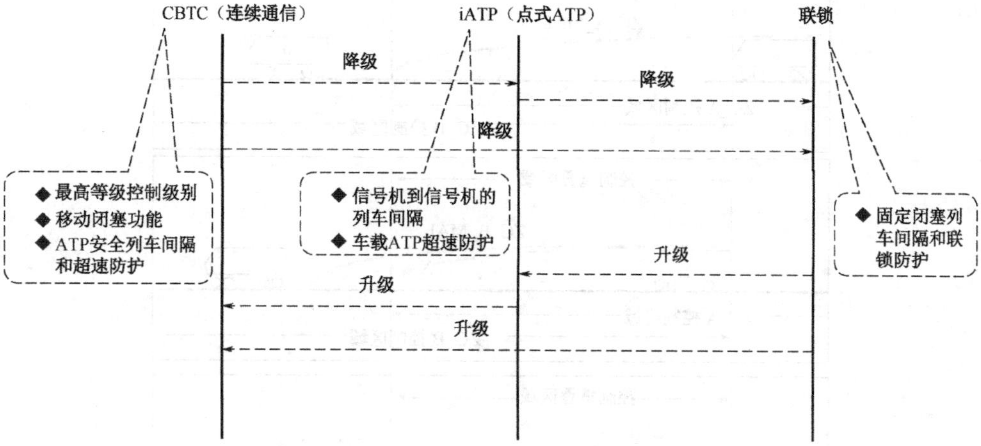

图6-22　系统的控制级别示意图

③ 联锁控制——最低等级的系统操作和性能。联锁控制提供固定闭塞列车间隔和联锁防护，不提供其他的ATC功能，提供ATP 25km/h限速。除联锁外，不需要其他ATC子系统存在或工作。

（3）移动闭塞。

移动闭塞即最高等级的运行模式，要求轨旁ZC、CC、地面应答器、联锁、DCS有线和无线通信全部工作，如图6-23所示。

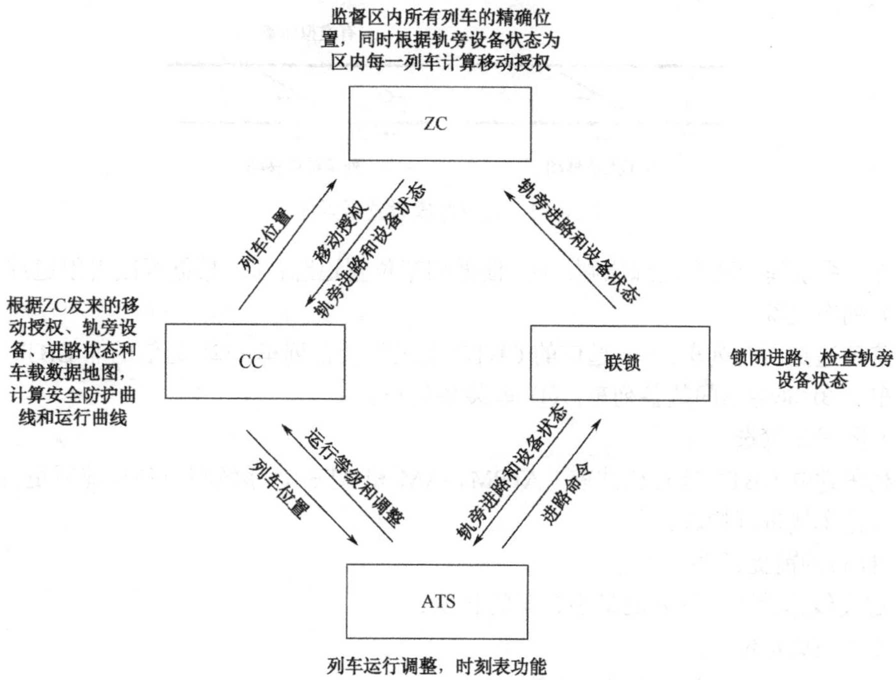

图6-23　系统的移动闭塞控制模式示意图

相邻ZC间的控制交接如图6-24所示。相邻两个ZC会划定一个共管的区域——控制重叠区，在这个区域要保证列车控制的平滑过渡。

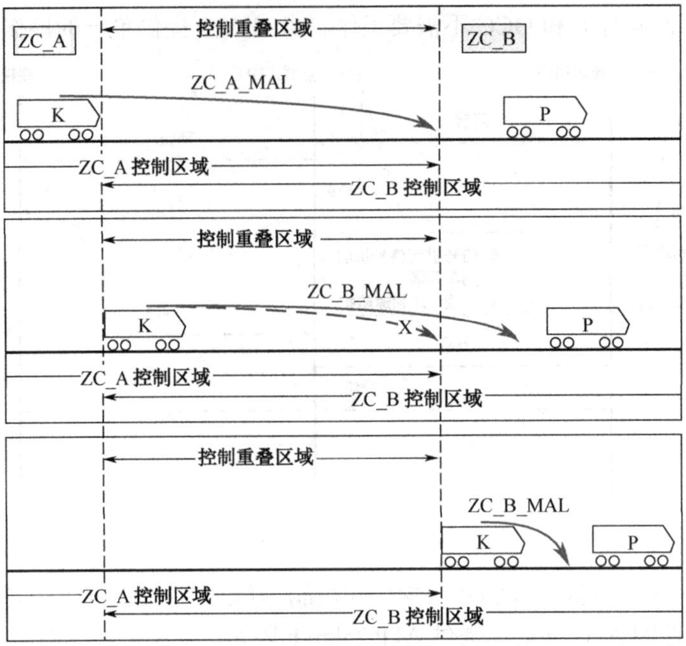

图 6-24 相邻 ZC 间的控制交接示意图

虚拟区段的设置可以与联锁系统配合，如图 6-25 所示。例如，由于某种原因，在一列 CBTC 列车通过道岔后，道岔计轴区段故障；由于 ZC 完全知道区段内所有 CBTC 列车的精确位置，因此，可以通知联锁，忽略计轴区段的占用，授权后方追踪列车的通过。

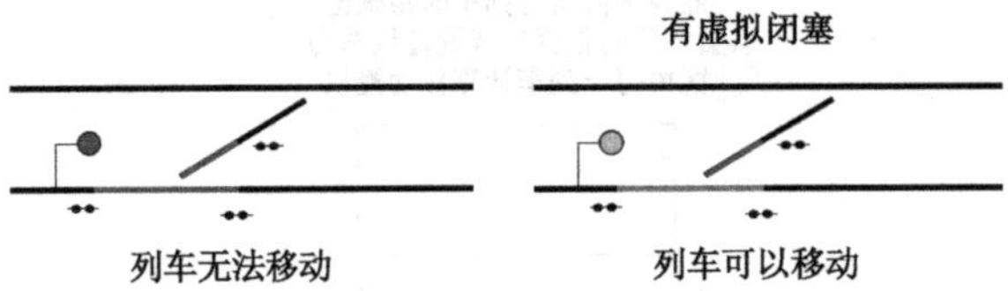

图 6-25 虚拟区段设置示意图

CBTC 系统基于两个追踪原则：① 根据列车位置追踪；② 根据区段占用追踪。

（4）列车追踪。

系统可追踪所有列车：① 通信的 CBTC 模式的装备列车；② 通信的非 CBTC 模式的装备列车；③ 非通信的装备列车；④ 非装备列车。

（5）影子车筛选。

在列车建立 CBTC 运行模式前（ATPM、AM 和 ATB），系统将对列车前后是否存在或隐藏有其他车辆进行检查。

① 检查的前提条件。

- 定义线路上可能进入的最小列车的长度。
- CC 完成定位。
- ZC 工作正常并与 CC 建立通信。
- 计轴系统故障正常。

② 基本原理。

ZC 通过比较车头/车尾与定义的筛选计轴之间的距离（小于最小列车长度）和当前相邻计轴区段的空闲状态，判定列车前后是否跟踪有其他隐藏车辆。

（6）CBTC 与非 CBTC 列车混跑及信号显示方式。

显示原则：CBTC 列车前方移动授权覆盖的信号机灭灯，非 CBTC 列车前的信号机灯亮。

（7）点式 ATP 预告信号。

① 基本原理。

一个动态信标只关联一条联锁进路，如图 6-26 所示。

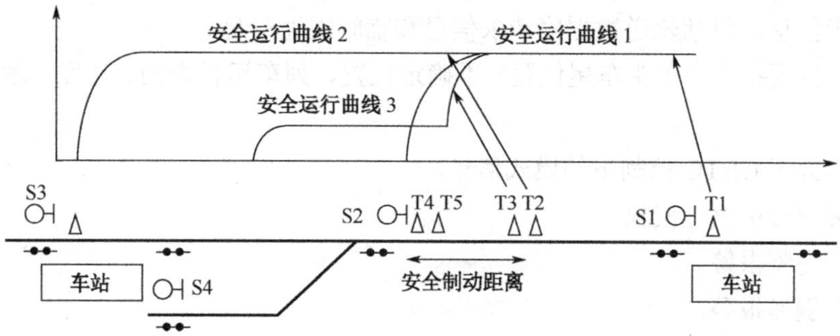

图 6-26　点式 ATP 预告信号的基本原理示意图

② 预告信号。

为消除不必要的停车，为区间信号机设置预告信标。

③ 点式移动授权的时效性功能 DMC：由于“点式”移动授权的非实时性，为每一个动态信标设置有效时间限制，以保证消除潜在的安全隐患，如图 6-27 所示。

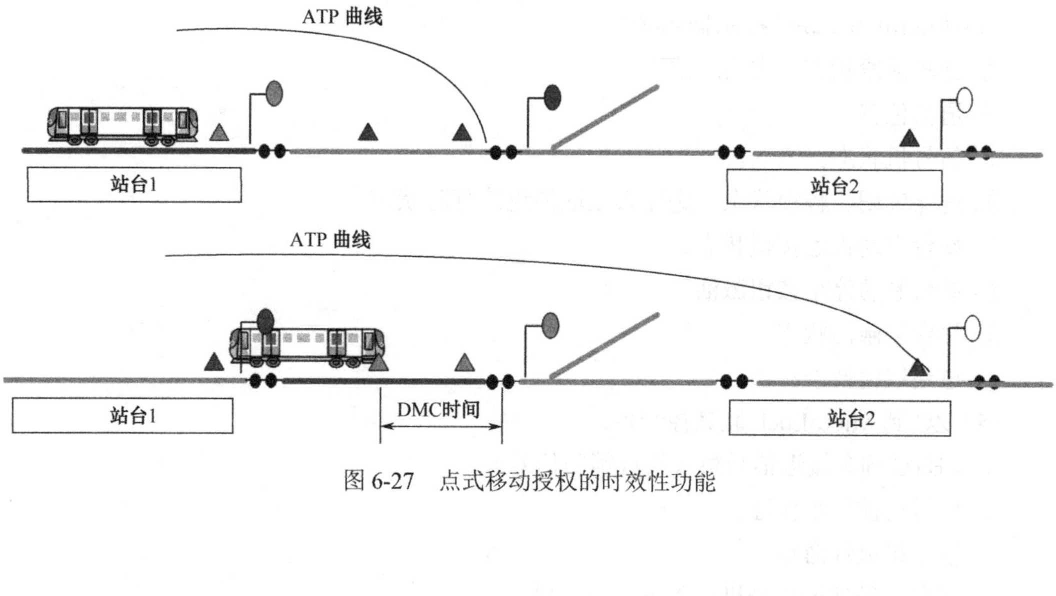

图 6-27　点式移动授权的时效性功能

4．CBTC 子系统间的数据交换

（1）ZC 到 CC。

① 移动授权。

② 停车保证请求。

③ 一般数据（信号机状态、道岔状态、区域防护状态、故障区域状态、控制模式禁止、站台可用信息、站台自动折返按钮状态）。

④ 临时限速。

⑤ 轨道数据库有效版本。

（2）CC 到 ZC。

① 同步信息，包括轨道数据库请求信息和临时限速信息。

② 列车位置报告（车头车尾位置、不确定位置、列车运行方向、速度、激活状态和停车状态）。

③ 列车处于 CBTC 控制下的模式信息。

④ 轨旁信号机灭灯授权。

⑤ 列车完整报警。

⑥ 列车倒溜报警。

⑦ 列车站台停稳。

⑧ 移动授权下的停车保证确认。

⑨ 站台屏蔽门使能和门控命令。

（3）ZC 到 ZC。

① CBTC 方向区域状态。

② 临时限速信息。

（4）MicroLock 联锁控制器到 ZC。

① 计轴区段状态（占用/空闲）。

② 道岔位置。

③ 信号机状态。

④ 进路锁闭、解锁状态，进路人工取消进路延时状态。

⑤ 站台自动折返按钮状态。

⑥ 站台紧急停车按钮激活。

⑦ 站台屏蔽门状态。

⑧ 进路取消请求。

（5）ZC 到 MicroLock 联锁控制器。

① CBTC 列车接近信号机（接近锁闭信号）。

② 信号机前停车保证。

③ 信号机灭灯命令。

④ 列车已经越过信号机压入下一个区段。

⑤ 站台屏蔽门使能和门控命令。

（6）ZC 到 ATS。

① 区域禁止的列车模式。

② 临时限速确认，包含工作区和禁行区域。

③ 临时限速，包含工作区和禁行区域。

④ CBTC 列车移动授权。

（7）CC 到 ATS。

① 列车位置报告。

② 列车位置丢失状态。

③ 列车调整状态（运行等级）。

④ 扣车状态。

⑤ 列车报警状态（如 EB 等）。

⑥ CC 的运行状态。

⑦ CC 的状态［可用控制模式、激活控制模式、人工控制请求（如果列车在无人自动折返模式下）、驾驶室按钮和开关状态、ATO 模式故障和停车失准］。

（8）ATS 到 ZC。

① 区域内禁止的列车模式请求。

② 临时限速请求，包含工作区和禁行区域请求。

（9）ATS 到 CC。

① 任务设置请求（如跳停）。

② 列车运行等级调整请求。

③ 列车扣车请求。

④ 列车报警确认。

（10）ATS 到 MicroLock 联锁控制器。

① 进路请求/信号停止请求。

② 信号锁闭/解锁请求。

③ 引导信号请求。

④ 道岔定/反位/锁闭请求。

⑤ 联锁控制器允许/禁止请求。

⑥ 快速通过信号允许/取消请求。

（11）MicroLock 联锁控制器到 ATS。

① 信号机状态（开放、关闭、灭灯、引导、封锁、接近锁闭、接近锁闭延时、灯丝断丝）。

② 计轴区段状态（占用/空闲，复零提示）。

③ 道岔状态（位置状态、锁闭）。

④ 进路锁闭（方向）状态。

⑤ 站台屏蔽门状态（关闭、旁路）。

⑥ IBP 站台紧急停车按钮激活状态。

⑦ IBP 站台扣车请求。

⑧ 联锁状态（离线、通信故障、恢复状态）。

⑨ 电源故障状态（接地检测故障，熔丝报警）。

⑩ 防淹门状态等。

6.6 TRANAVI CBTC 系统认知

6.6.1 工作任务

认知 TRANAVI CBTC 系统。

6.6.2 知识链接

1. 系统的结构

TRANAVI（原 iCMTC）系统是基于通信的移动闭塞列车控制系统，系统由 i LOCK 型 CBI 系统、i TC 型 ATC 系统（包括 ATP、ATO）、i TS 型 ATS 系统、i DCS 型数据传输系统（DCS）、i MSS 型维修支持系统（MSS）组成，如图 6-28 所示。

其中，i LOCK、i TS、i DCS 和 i MSS 为卡斯柯的成熟产品，并在国内城市轨道交通市场广泛使用。

2. 维修支持系统

i MSS 型维修支持系统 i MSS 由采集站机、MSS 服务器和 MSS 工作站构成，通过与 ATP 系统、ATO 系统、数据传输系统、ATS 系统、联锁维护台（SDM）等的接口，实现在 OCC 对全线信号系统设备状态的监控和维护，其系统结构如图 6-29 所示。

3. 系统的特点

系统支持自由无线、波导和漏缆等多种方式的车—地无线传输方式，并具备在系统故障时降级至点式后备的能力，支持 CBTC 与点式后备混跑模式运行。

6.6.3 相关规范、规程与标准

IEEE 1474.1—2004《基于通信的列车控制系统（CBTC）性能及功能要求》相关条文。

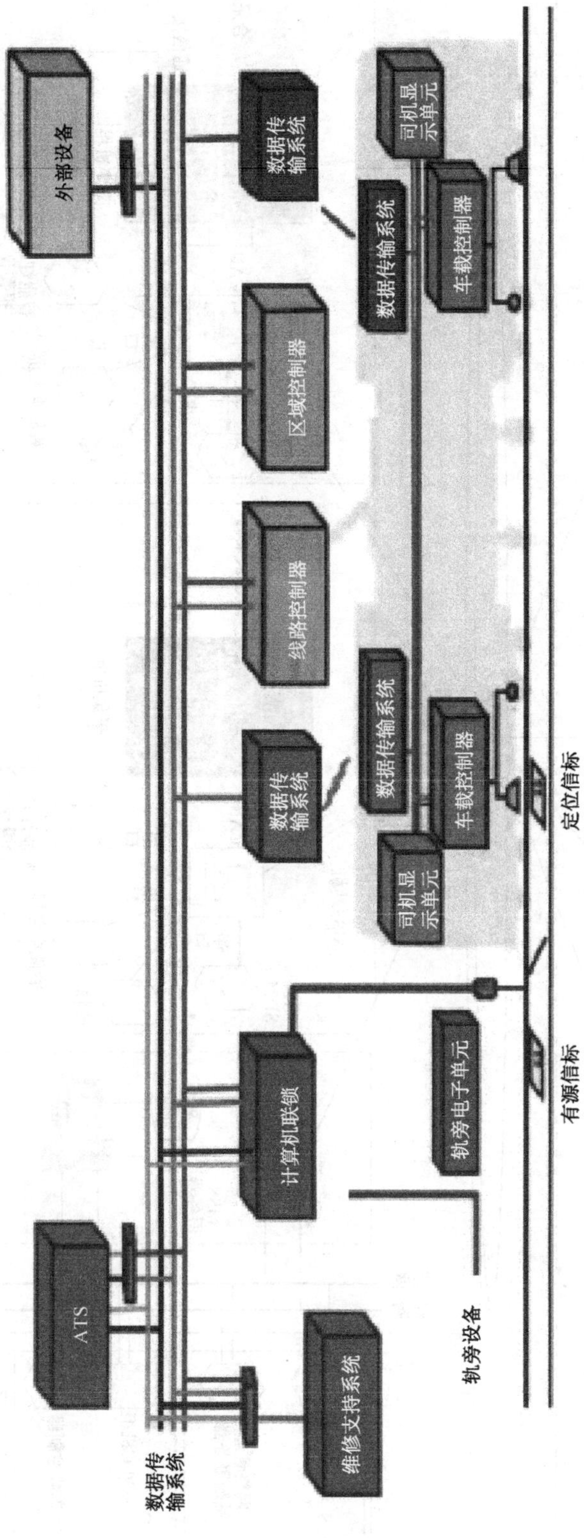

图 6-28　TRANAVI 系统的结构

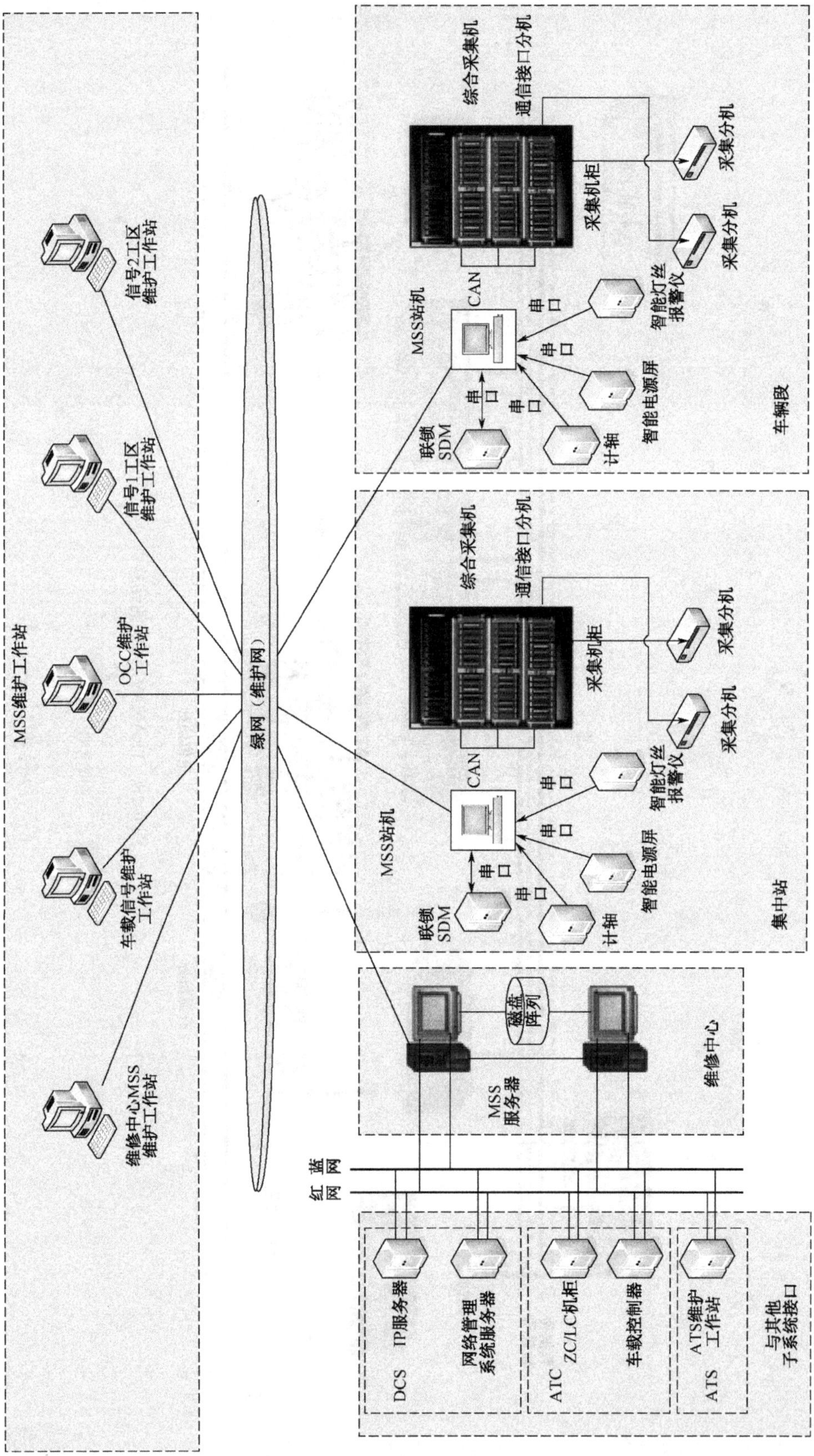

图 6-29 i MSS 系统的结构

6.7　JeRail CBTC 系统认知

6.7.1　工作任务

认知 JeRail CBTC 系统。

6.7.2　知识链接

1．系统的结构

JeRail CBTC 信号系统包含 6 个子系统：ATS 子系统、ZC 子系统、CBI 子系统、车载子系统（OBCU）、DCS 及 MMS，其系统结构如图 6-30 所示。

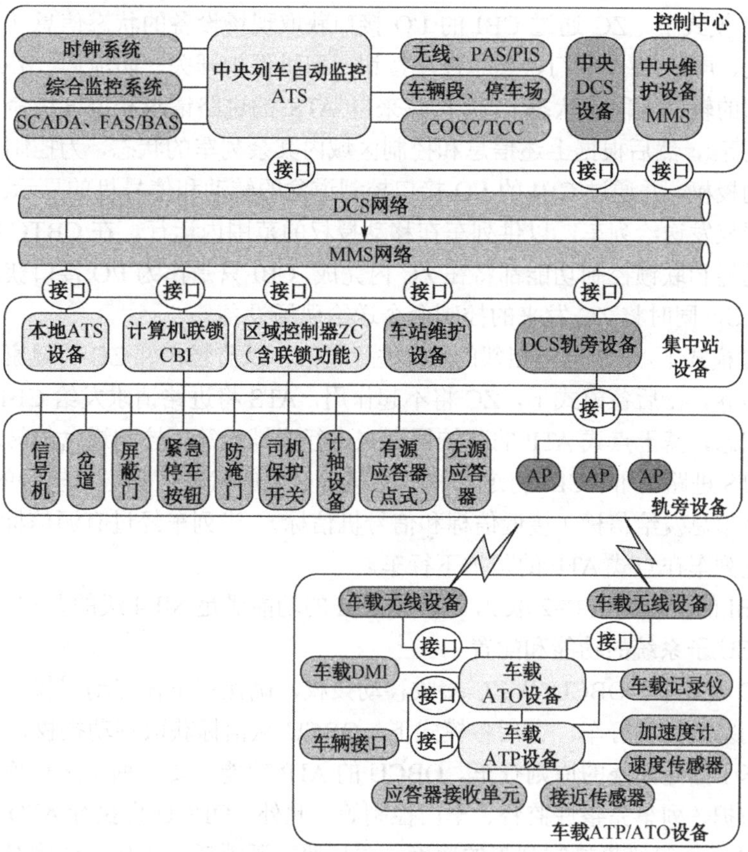

图 6-30　JeRail CBTC 系统结构

2．系统的功能和配置

JeRail CBTC 系统采用分布式架构，主要设备位于控制中心和设备集中站。

（1）ATS 子系统的功能和配置。

ATS 子系统的主要功能是为 ATS 调度员提供人机接口界面。ATS 可以根据时刻表信息自动向轨旁设备 ZC 或联锁发送进路请求，也可以根据调度员的人工命令为列车排列进路。

ATS 也向 ZC 发送临时限速、关闭轨道、道岔单锁等命令，以及向列车发送停站时间、运行等级调整等调度员命令。列车具体位置、轨旁设备（信号机、道岔、计轴区段、紧急停车按钮、屏蔽门/安全门、防淹门、司机保护开关、发车指示器等）的状态和进路请求的结果显示在 ATS 界面上。

此外，ATS 还将在中央与外部系统进行接口，如大屏、电力监控、主时钟、无线、FAS/BAS、PAS/PIS 和 COCC/TCC，ATS 还可对车辆段/停车场的站场和设备状态进行显示。

ATS 分为三级控制：中央控制、车站控制及车站紧急控制。正常情况下，系统采用中央控制。

当中央的服务器发生故障时，可以自动激活车站控制。当中央和车站控制设备都发生故障时，可以启用车站紧急控制，以确保系统的运营。

ATS 设备在中央、车站级采用热备冗余配置，ATS 的功能满足 SIL2 级的要求。

（2）ZC 和 CBI 子系统的功能和配置。

在 CBTC 模式下，ZC 通过 CBI 的 I/O 接口获取现场设备的状态信息（如信号机、道岔、计轴区段、屏蔽门/安全门、紧急停车按钮、司机保护开关、防淹门、外线路信号机以及与正线相邻的轨道区段的状态），并接收来自 ATS 的进路请求和调度员命令（如关闭轨道、临时限速等），然后根据上述信息和控制区域内其余列车的状态，为控制区域内的所有列车计算移动授权，并通过 CBI 的 I/O 接口控制道岔的转动和信号机的显示。同时，ZC 将计算的移动授权发送给列车，以供列车在移动授权的范围内运行。在 CBTC 模式下，所有的进路执行功能和联锁控制功能都将在 ZC 内完成，CBI 只是作为 I/O 接口获取现场设备的状态并传给 ZC，同时将 ZC 发来的控制命令送给现场设备。

在 CBTC 模式下，ZC 也与相邻的 ZC 进行通信，以监督相邻 ZC 的健康状态，方便列车顺利通过边界。在后备模式下，ZC 将不起作用，ATS 将进路请求发给 CBI，CBI 将根据现场设备的状态，基于点式 ATP 的防护原则来进行联锁运算，控制道岔的转动和信号机的显示，执行 ATS 进路。同时 CBI 将道岔和信号机等必要的状态信息送给轨旁的有源应答器，有源应答器将信息发给信标（接近信标和信号机信标），当列车经过有源信标时，将获取移动授权，控制列车在点式 ATP 的防护下行车。

ZC 和 CBI 的配置为 2 乘 2 取 2，ZC 和 CBI 的功能满足 SIL4 级的要求。

（3）OBCU 子系统的功能和配置。

在 CBTC 模式下，OBCU 从 ZC 接收移动授权，确保列车在移动授权范围内移动，列车基于移动闭塞的原则行车。在后备模式下，OBCU 从信标获取移动授权，进行点式 ATP 防护，系统基于固定闭塞的原则行车。OBCU 的 ATP 功能主要有列车运行模式判定、列车速度监督和防护、列车完整性监督、车门控制等。此外，OBCU 也执行 ATO 功能，如根据来自于 ATS 的运行等级来控制列车的速度，并且使能源消耗最小化，精确对位停车以及控制列车门的打开。

OBCU 的配置为 2 乘 2 取 2，OBCU 的 ATP 功能满足 SIL4 级的要求，ATO 功能满足 SIL2 级的要求。

（4）DCS 的功能和配置。

DCS 的主要功能是在信号系统中包含的中央、轨旁和车载等各个 ATC 子系统（ATS、ZC、CBI 和 OBCU）之间可靠地双向传输信息，由提供端到端数据安全防护的轨旁有线通信网络和车地无线通信网络两大部分组成，具有实时性。

DCS 采用具有开放标准协议和接口的通信设备。整个网络分为传输层和接入层，核心传输层采用 IP/MPLS 技术，接入层采用 IEEE 802.3 以太网标准，车地移动通信采用扩频通信技术。DCS 采用 VPN 技术来保证网络通信的保密性和数据安全。

DCS 可以提供优越的通信性能，其可靠性是通过采用稳定的、多级冗余配置的高可靠设备来保证的。

（5）MMS 的功能和配置。

MMS 具有信号设备监测、报警与统计、故障诊断与处理及维修辅助管理的功能。

MMS 监测的设备信号既包含外电网质量、信号机 LED 电流报警、道岔启动电流和功率、断路器熔丝状态、电缆绝缘、接地漏流报警、外线路轨道电路状态、设备房环境监控等传统的信号设备的检测，同时也包含 CBI、ZC、OBCU、ATS、计轴等子系统硬件板卡、软件、通信状态、与外部系统（FAS/BAS、SCADA、RADIO 等）的连接状态报警信息。根据上述的监测结果和报警信息，MMS 进行预测性分析，给出可能发生故障的板卡；针对已经发生故障的情况，推荐故障的处理方式，从而实现在线故障诊断与处理。

此外，MMS 还提供维修辅助管理的功能：对维护工单进行自动派发，对系统设备、软硬件版本进行配置管理，同时提供备件管理和维护人员的信息管理。

3．系统的运营等级和模式

系统运营等级和系统模式、子系统模式及车载模式的对应关系如表 6-1 所示。

表 6-1　系统运营等级和系统模式、子系统模式及车载模式的对应关系

系统运营等级	系统模式	CBI 模式	ZC 模式	车 载 模 式
连续通信级	CBTC	CBTC	CBTC	DTB、ATO、ATPM、RM、NRM
点式通信级	CBTC	CBTC	CBTC	IATP、RM、NRM
联锁级	后备	后备	后备或不工作	IATP、RM、NRM
	后备	后备	后备或不工作	RM、NRM

注：DTB——无人折返模式；ATO——自动驾驶模式；ATPM——ATP 人工服务；IATP——点式 ATP 模式；RM——限制人工模式；NRM——非限制人工模式。

6.7.3　相关规范、规程与标准

IEEE 1474.1—2004《基于通信的列车控制系统（CBTC）性能及功能要求》相关条文。

项目小结

（1）MTC-Ⅰ型 CBTC 信号系统由 6 个关键业务子系统构成。全部子系统被概括定义为 5 层，分级实现 CBTC 系统的运行控制功能。

（2）LZB700M 准移动闭塞与列车定位功能相关的设备主要有 FTGS 轨道电路、测速发电机（OPG）和同步环线。TrainGuard MT 属于基于无线通信的 ATC 系统。二者通过监控层、轨旁控制层、轨道通信层和车载应用层分别实现系统指定的功能。

（3）FZL 系列城市轨道交通 ATC 系统采用了统一的安全硬件平台，符合相关信号安全标准，安全完善度等级达到 SIL4 级。

（4）LCF-300 型 CBTC 移动闭塞系统中，轨旁无线通信设备多为免维护设备，减少了各系统与土建工种的相互干扰，增加了系统的可维护性。

（5）Ansaldo STS 移动闭塞系统具备 ATP 防护、ATO 驾驶和后备的点式 ATP 防护功能。

复习思考题

1．简述 MTC-Ⅰ型 CBTC 系统的总体构架。
2．简述 LZB700M 和 TrainGuard MT 系统各控制层的系统功能。
3．简述 FZL 系列城市轨道交通 ATC 系统的构成。
4．简述 LCF-300 型 CBTC 系统的结构。
5．简述 Ansaldo STS CBTC 系统的结构及功能。
6．简述 Ansaldo STS CBTC 各子系统之间的信息交换。
7．简述 TRANAVI CBTC 系统的结构
8．简述 JeRail CBTC 系统的结构。

参 考 文 献

[1] 肖宝弟，蔡昌俊，李晋．城市轨道交通信号系统自主化整体技术解决方案——MTC-Ⅰ型基于通信的列车控制系统研发与应用[J]．现代城市轨道交通，2014，（1）：11-17.

[2] 陈锋．LZB700M 和 TrainGuard MT 列车信号控制系统综述[J]．现代城市轨道交通，2011，（4）：11-14.

[3] 邓红元．全自主知识产权 FZL300 型 CBTC 系统助力城轨发展[J]．现代城市轨道交通，2014，（1）：18-21.

[4] 王成．城市轨道交通信号系统国产化方案分析[J]．城市轨道交通研究，2010，（6）：75-77，80.

[5] 袁克力．SELTRAC 控制系统在轨道交通中的应用[J]．都市快轨交通，2004，17（4）：48-51.

[6] 李冬，邓宏武．武汉轻轨列车运行控制系统[J]．都市快轨交通，2004，17（5）：44-48.

[7] 陈丽君．自主化的移动闭塞 CBTC 系统[J]．铁路通信信号工程技术，2013，10（3）：36-39.

[8] 傅世善．闭塞与列控概论[M]．北京：中国铁道出版社，2006.

[9] 于清雲．城市轨道交通信号系统功能探究[J]．信息技术与信息化，2014，（4）：180-182，187.

[10] 刘晓娟，张雁鹏，汤自安．城市轨道交通智能控制系统[M]．北京：中国铁道出版社，2008.

反侵权盗版声明